区域国别学

AREA STUDIES

第二期

2

姜景奎 主编

清华大学国际与地区研究院 主办

商务印书馆
The Commercial Press

Area Studies
区域国别学

主办单位
清华大学国际与地区研究院

编辑委员会
编委会主任　彭　刚
主　编　姜景奎
副主编　段九州
编　委（以姓氏笔画为序）
　　　　丁辰熹　王勇　牛可　石靖　叶海林　毕世鸿　李宇晴
　　　　杨崇圣　沐涛　沈志华　张敢　周燕　周庆安　赵建世
　　　　段九州　侯宇翔　姜景奎　彭刚　彭宗超　董经胜　雷定坤
编辑部主任　段九州
　　副主任　雷定坤　丁辰熹
　　编　辑　石靖　李宇晴　杨崇圣　周燕

编辑部联系方式：
地址：北京市海淀区清华大学主楼205国际与地区研究院
电话：（010）62780635
邮箱：areastudies@tsinghua.edu.cn

目 录

专题　南北关系

003　专题导言：南北关系

005　制度供需：巴西与美国的亲近性探因　　　/周燕

032　法国与马里交恶原因探究：
　　　　基于价值理性与工具理性的解释　　　/唐溪源

061　英国普通法在阿联酋金融自由区的移植
　　　　——基于法律移植和法律全球化理论的分析　　　/马悦

历史与地理

093　从部落联盟到边疆国家：论阿尔及利亚早期国家的
　　　发展逻辑　　/张玉友

129　地理学的地区研究转向：差异衍射的研究实践路径
　　　　　　　　　　　　　　　　　　　/迪恩·夏普

田野调查

163　跨学科视野下的田野调查：
　　　　愿景、生态与共性　　/李宇晴

183　19世纪末以来的墨西哥城：都市人类学视野下的
　　　　城市变迁与发展　　/ 李音

评论与争鸣

209　作为国家知识体系要件的中国"区域国别学"建设：
　　　　政治经济过程与前景　　/ 张昕
225　区域国别学人对话
　　　　——学科建设九人谈　　/ 龚浩群等

257　《区域国别学》征稿函

专题　南北关系

专题导言：南北关系

作为学科术语和政治话语，南北关系通常用来描述富裕的工业发达国家与较为贫穷的发展中国家之间的关系。尽管上述关系被冠以地理之名，但决定南北分野的结构性因素在于社会经济指数而非地理位置。事实上，并不是所有的发达国家都位于北半球，也并非所有位于南方的国家都是发展中国家。具体而言，人均国民生产总值、生产力、失业率、文盲率、婴儿死亡率、平均寿命等各方面要素共同决定了衡量社会经济发展程度的判定标准。除社会经济维度外，南北关系中同样存在政治层面的含义，南北双方在国际政治中形成各种联盟和机构，以代表各自的利益。发展中国家的历史在南北关系中扮演了重要角色，被殖民掠夺和压迫的经历造就了南方国家共同的身份认同。然而，南北国家并非总是处于冲突当中，由于过去的殖民历史和当前的全球化现象，双方已经你中有我，我中有你。除了南方国家对北方国家在殖民时代的统治制度有大量继承之外，双方也产生了超越南北框架的新的联结。

国际学界对于南北关系研究的关注是随着发展中国家的重要性提升而逐渐出现的。在 20 世纪的冷战中，美苏两国为了争夺世界霸权，都试图拉拢刚刚独立的前殖民地国家。这样的战略兴趣导致 20 世纪 50 年代北方国家的大学中建立了发展研究。当时主导发展研究的现代化理论普遍认为，全球南方的传统机制和价值是发展的障碍，现代化之路是南方国家向北方国家学习的单一、线性发展道路。与现代化理论不同，在 20 世纪 60 年代由拉美学者提出的依附理论指出了南北关系的冲突性，认为北方国家的政治经济霸权是导致南方国家落后的主要原因。然而，随着全球南方国家中出现了成功的发展案例，越来越多学者呼吁不要将"南北"一词理解为固定的空间单位，而是一种基于不平等和支配的全球现象。这种关系不仅存在于前殖民大国和南方国家之间，也存在于各类国家群体之间。

　　本期设置"南北关系"专题，试图从多学科的视角探讨发达国家和发展中国家关系的不同层面。其中，周燕的文章指出，巴西与美国的紧密关系并非只是因为同处美洲地区，而是巴西因自身发展的制度需求而向美国学习并靠近的结果；而美国对巴西的制度输出则更多是出于自身在拉美地区的战略利益考量。唐溪源的文章指出，法国对非洲的政策长期受到以西式自由民主制度为内核的"价值理性"规则和以国家实际利益为主导的"工具理性"规则影响，并以法国近年来对马里军政府的政策为例，证明了"工具理性"仍是法国对非政策的首要标准。马悦的文章指出，主要受到大陆法和伊斯兰法影响的阿联酋主动在迪拜和阿布扎比建设施行普通法制度的金融自由区，开创了 21 世纪英国前殖民地和被保护国主动移植英国法律的新模式，是具有成文法传统的国家引进判例法的最新案例。

《区域国别学》编辑部

制度供需：巴西与美国的亲近性探因

周 燕[*]

摘要： 巴西是拉丁美洲众多国家里与美国关系最紧密的国家之一，在一定程度上与美国存在相似性，甚至被认为是"热带美国"，在政治、经济和文化等方面都与美国有着亲近性。本文认为这并不是近些年两国极右翼政府之间简单的呼应与模仿，其背后有长期演进的制度性原因。自19世纪末以来，巴西与美国在制度层面供给与需求之间的互动关系演变生成了这种亲近性。本文从制度供需的角度切入，从政治、经济、文化等三个方面分析巴西与美国存在亲近性的原因。从供给与需求的分析框架来看，巴西与美国的亲近性是巴西因自身发展的制度需求而向美国学习并靠近的结果，同时也是美国为了实现其在拉美地区的战略利益而对巴西提供和输出制度的结果。

关键词： 巴西；美国；亲近性；制度供给；制度需求

巴西和美国作为美洲的两个大国，长期以来一直存在较为紧密的关系，在政治议程、经济交往、文化运动、社会思潮等方面频繁互动。2018年赢得大选胜利并上台执政的巴西极右翼总统雅伊尔·博索纳罗（Jair Bolsonaro）则使两国的亲近性进一步凸显：博索纳罗是美国前任

---

[*] 周燕，清华大学国际与地区研究院助理研究员。

总统唐纳德·特朗普（Donald Trump）的忠实追随者和效仿者，在执政思想、策略和风格上都与后者十分相似，甚至被称为"热带特朗普"。

巴西与美国的亲近性并不是近期才产生的，而是长期以来在政治、经济和文化等领域不断演进的结果。两国首先在地理状况和人口构成方面有相似之处，这也为两国的亲近交流提供了基础。巴西和美国同在西半球，在国土面积和人口总量方面都排名世界前列，幅员辽阔，地广人稀；大多数人口和主要城市都集中分布在沿海地带，内陆则有着丰富的自然资源与肥沃的农业用地。[①] 巴西和美国的人口构成也具有高度相似性，都是由印第安人、黑人、亚洲移民和欧洲移民后裔组成的多种族社会，既是文化熔炉，也是种族问题的矛盾冲突之地。自18世纪起，美国就开始影响巴西的历史发展，美国独立战争显著激励了巴西国内的独立革命运动。虽然革命失败了，巴西在1822年通过葡萄牙王室摄政王宣布独立的方式终结殖民统治取得独立，但1889年巴西推翻君主制并建立共和国时再次借鉴了美国的经验。当时巴西采取的联邦制和制定的宪法都参照了美国模式，同时还采用了与美利坚合众国相似的"巴西合众国"（Estados Unidos do Brasil，译为英文为United States of Brazil）作为国名，并一直沿用至1967年。巴西如今的政治中依然有很多美国的影子，如左右翼党派竞争、平权运动、街头政治等方面的特点与发展。在经济层面，巴西与美国自19世纪起就是重要的贸易伙伴。2009年之前，美国一直是巴西最大的贸易伙伴国，如今虽被中国取代，但美国与巴西之间的双边贸易额依旧可观，美国对于巴西而言始终具有贸易重要性。在社会文化层面，由美国传教士在20世纪初引入巴西的属于五旬节运动的福音派教会在巴西生根发芽，在经历了本土化的过程后吸引了越来越多的信众，并开始挑战天主教的传统地位，对巴西的底层以及一部分收入中间阶层民众的价值观产生了重要影响，推动了巴西的保守主义浪潮。

---

① "Comparing Brazil and the United States: American Brothers", *The Economist*, August 13, 2010, https://www.economist.com/americas-view/2010/08/13/american-brothers.

本文中的两国亲近性指的是双方在特定的历史环境下经过互动所产生的相似性表现。实际上，美国对于拉丁美洲以及其他全球南方国家的影响十分普遍，许多国家在政治、经济和文化等领域都存在一定的"美国化"现象，体现出与美国的亲近性。选择巴西进行分析，是因为巴西的案例具有一定的特殊性，有助于更加深入地理解亲近性产生背后的机制和原因。首先，巴西与美国虽然同在西半球，但相距较远，文化底色也不一样，因此为何巴西会演变成与美国最具亲近性的国家之一值得探究；其次，巴西自独立后期以来就是一个有一定自主性的地区大国，在与美国的互动关系中存在更多的主体性和能动性，因此两者如何在具有张力的关系中发展出了较高的亲近性，值得作进一步理解。

本文提出的研究问题是，为什么巴西和美国在历史进程和语言文化基调都不相同的情况下，仍然在多个方面表现出亲近性？文章从制度供需的角度切入，分析巴西与美国在政治、经济、文化等三个方面存在亲近性的原因。

一、南北关系的探讨：现代化理论、依附理论与制度供需视角

巴西和美国的亲近性问题与"南北关系"的讨论有关，尤其是拉丁美洲国家与美国的关系。第二次世界大战之后，关于南北关系的讨论伴随着去殖民化的进程兴起。在南北关系中，"北方"和"南方"这两个术语分别指的是富裕的发达工业化国家与贫穷的工业化程度较低的发展中国家。南方和北方的分界线并不仅指涉地理空间，更主要的划分标准是发展水平不同的经济、政治和社会结构。显然，在这一讨论中，巴西属于"南方国家"，美国属于"北方国家"。与此相关的既有理论主要包括现代化理论和依附理论。

现代化理论兴起于第二次世界大战后。随着欧洲国家的相对衰

落,美国的力量和国际地位进一步提升,对国际事务的介入更为广泛和深入。与此同时,许多前殖民地国家纷纷取得民族独立,开始探索自主的本国发展道路。为了防止这些新兴国家在苏联的影响下选择社会主义发展道路,美国的政策制定者们更加关注如何使这些欠发达国家采取西方发达国家式的现代化发展路径。学界也开始探讨现代化视角下的发展问题。现代化理论认为,新兴国家"非经济"的文化因素是决定其发展潜力的重要因素;社会组织方式和价值体系中的传统性和现代性对发展而言十分重要;包括拉丁美洲国家在内的第三世界国家被认为并没有达到现代性的门槛,传统观念在这些国家里依然占据主导地位。[1] 传统社会的价值观、制度和行为方式既是南方国家不发达的表现,也是其不发达的原因。要实现现代化发展,这些国家需要克服传统的规范和结构,向北方发达国家学习并与其密切合作,以争取实现政治、经济和社会的转型。在现代化理论的视角下,盎格鲁-撒克逊国家(美国和英国)以及其他西欧国家被描述为现代性、创新、工业化、企业家精神、理性和自由的中心,而大部分亚洲、非洲和拉丁美洲国家则被认为是传统体制盛行、原始仪式和习俗占主导、前民主体制的欠发达地区。西方发达工业化国家的经验在现代化理论中成了定义现代性的标准。这种基于少数北方国家发展经验概括而成的现代性定义被认为是一种模式或理想类型,可以适用于所有社会,并作为衡量任何社会的标准。[2] 现代化发展是欠发达国家逐渐形成一系列发达国家所具有的特征:在政治方面主要指的是国家建构、民族建构、民主化和再分配等;[3] 经济方面指的是资本积累、技术进步、自我持续

---

[1] Myron Weiner, *Modernization: The Dynamics of Growth*, New York: Basic Books, 1966.
[2] Gabriel A. Almond, "Introduction: A Functional Approach to Comparative Politics", in Gabriel A. Almond & James S. Coleman (eds.), *The Politics of the Developing Areas*, Princeton, N. J.: Princeton University Press, 1960, pp. 3-64.
[3] Seymour Martin Lipset, "Some Social Requisites of Democracy: Economic Development and Political Legitimacy", *American Political Science Review*, Vol. 53, No. 1, 1959, pp. 69-105; Stein Rokkan, "Models and Methods in the Comparative Study of Nation-Building", *Acta Sociologica*, Vol. 12, No. 2, 1969, pp. 53-73.

的经济增长、高水平的大众消费等；① 社会方面指的是人口增长、城市化、教育水平提高、社会动员等；② 文化方面指的是世俗化、理性化、结构分化等。③

该时期的许多美国学者在对比拉丁美洲国家与美国或西欧的发展经验时，将拉美的欠发达状况与现代化理论联系在一起，认为拉美地区源自殖民时期的传统观念和制度是实现政治、经济和社会等方面自主发展的主要障碍。例如，天主教信仰及价值观、印第安人的习俗、基于庄园经济的农村精英等都是不利于实现现代化的非理性模式，尤其不利于具有开拓性和创新性的经济行为，基于这些传统价值观的教育体系则促进了问题的持续，文化价值观是影响经济发展潜力的重要因素。④ 拉美地区的传统价值观不仅对经济增长产生影响，而且也左右了其政治表现和社会发展。一些美国学者建议，美国应该将国内政治的天平向这些正要现代化的国家倾斜，援助那些具有现代性意识的人们的教育，帮助他们形成符合现代化发展的规范和价值观，从而促进其发展。⑤

现代化理论在很大程度上忽视了南方国家的特殊性和历史文化背景。在此情况下，许多发展中国家当地的学者们开始思考关于发展与欠发展的其他理论。依附理论兴起于 20 世纪 60 年代的拉丁美洲学界，在该地区一度十分盛行。该理论在拉美的兴起无疑与其殖民历史以及美国在拉美地区的干预和介入相关。依附理论反对现代化理论提

---

① Walt Whitman Rostow, "The Stages of Economic Growth", *The Economic History Review*, Vol. 12, No. 1, 1959, pp. 1-16.
② Karl W. Deutsch, "Social Mobilization and Political Development", *American Political Science Review*, Vol. 55, No. 3, 1961, pp. 493-514.
③ Talcott Parsons, *Structure and Process in Modern Societies*, New York: Free Press, 1960; Shmuel N. Eisenstadt, "Studies of Modernization and Sociological Theory", *History and Theory*, Vol. 13, No. 3, 1974, pp. 225-252.
④ Seymour Martin Lipset, "Values, Education and Entrepreneurship", in Peter Klarén & Thomas Bossert (eds.), *Promise of Development: Theories of Change in Latin America*, New York: Routledge, 1986, pp. 39-75.
⑤ Kalman H. Silvert, *The Conflict Society: Reaction and Revolution in Latin America*, New York: American Universities Field Staff, 1966.

出的假设，认为研究不发达和欠发展的分析单位不应该是单个的社会和国家，而应该侧重北方和南方国家之间的关系，考虑南方国家所受到的外部渗透和干预的历史及由此产生的对其内部特征和发展的影响。拉丁美洲国家的国内文化和制度特征可能是干预发展的重要因素，但并不是解释该地区相对落后的关键变量，传统性和现代性的对立并不是可成立的分析框架，而应该将拉美国家的发展与其在随着欧洲殖民浪潮而兴起的世界政治经济体系中的地位联系在一起。[1] 拉美国家从殖民时期开始就被纳入了世界政治经济体系，通过资本主义与北方国家建立了不对等的经济关系，并作为农产品或原材料的出口国被纳入国际分工，导致其经济高度依赖北方国家的市场；此外，殖民历史中，资本主义的引入也在一定程度上改变了拉美社会的传统价值观，打破了传统性与现代性的二元分析结构。[2] 欠发展和发展是同一现象的两个方面，从历史的角度来看也是同步且互相作用的，这导致了世界被划分为工业化、发达的"中心"国家，以及欠发达的、落后的"边缘"国家。[3] 许多边缘国家的经济受到其他中心国家的发展和势力扩张的制约，处于被主导国家剥削的落后地位。[4] 一些支持依附理论的学者认为，北方国家对南方国家的压迫和剥削导致了南方的不发达和贫困，其表现形式体现在不平衡的国际贸易、跨国公司对重要资源的开采、南方国家高额且不断增长的国际债务等许多方面，因此，南方国家应该与北方国家脱钩，开启

---

[1] Osvaldo Sunkel, "Política Nacional de Desarrollo y Dependencia Externa", *Estudios Internacionales*, Vol. 1, No. 1, 1967, pp. 43-75.

[2] Andre Gunder Frank, "The Development of Underdevelopment", in Peter F. Klarén & Thomas J. Bossert (eds.), *Promise of Development Theories of Change in Latin America*, New York: Routledge, 1986, pp. 111-123.

[3] Osvaldo Sunkel & Pedro Paz, *El Subdesarrollo Latinoamericano y la Teoría del Desarrollo*, México: Siglo Veintiuno, 1973.

[4] Theotonio dos Santos, "La Crisis de la Teoría del Desarrollo y las Relaciones de Dependencia en América Latina", in Helio Jaguaribe et al. (eds.), *La Dependencia Político-económica de América Latina*, Buenos Aires: CLACSO, 2017, pp. 125-156, (original México: Siglo XXI Editores, 1969).

以本国为中心的发展策略。

另有一些学者则持更温和的观点，认为依附与发展事实上是共存的关系，其中的主要代表人物是巴西社会学家与政治学家、后来担任巴西总统的费尔南多·恩里克·卡多佐（Fernando Henrique Cardoso）。卡多佐批判了帝国主义视角下"欠发达的发展"[1]这个概念，认为其过于简单化，没有考虑到南方国家的内部分化和异质性，事实上，在拉丁美洲存在不同类型的依附，如"连带的依附性发展"或"依附内的发展"。[2]卡多佐认为，在拉美的大部分地区，帝国主义的兴起是一个更为复杂的过程，在此期间拉美国家保持了政治独立，但慢慢从早期对英国影响的顺从转变为对美国的依赖。早期的依赖关系更多表现在贸易和金融关系方面，直接的生产领域即原材料出口领域至少在某种程度上仍由当地资产阶级控制；此后，新的依赖形式表现为在原材料出口和工业领域对外国投资、先进技术和组织形式上的依赖，外部投资不再是简单的零和剥削。在许多拉美和其他发展中国家，出现了一种内部结构性分裂：本国经济中最为先进和现代化的部分与国际资本主义体系联系在一起，而本国经济和社会中最为落后的部分则成了"内部殖民地"。在这个内部分化的体系中，部分农业、商业、工业或金融方面的民族资产阶级是外国利益的直接受益者，部分包括知识分子、国家官僚机构成员、军队等在内的中产阶级也参与了这个新体系，甚至部分工人阶级也参与其中。[3]"依附"不应被视为一种"外部变量"，而是应该在依附国家各社会阶级间关系体系的框架内进行分析，依附意味着一种在结构上保持同外

---

[1] Andre Gunder Frank, "The Development of Underdevelopment", in Peter F. Klarén & Thomas J. Bossert (eds.), *Promise of Development Theories of Change in Latin America*, New York: Routledge, 1986, pp. 111-123.

[2] Fernando Henrique Cardoso & Enzo Faletto, *Dependência e Desenvolvimento na América Latina: Ensaio de Interpretação Sociológica*, Rio de Janeiro: Editora LTC, 1970.

[3] Fernando Henrique Cardoso, "Dependency and Development in Latin America", *New Left Review*, No. 74, 1972, pp. 83-90.

部经济联系的统治形式；统治集团体现了整体利益，而只有在工业化和经济发展到一定阶段以后，民众才有条件成为政治和社会的参与力量。①

从现代化理论和依附理论的讨论中可以理解拉丁美洲国家和美国之间的关系，但这两个理论都无法充分解释巴西和美国的亲近性。按照现代化理论的解释，巴西向美国看齐是为了克服原有的落后传统规范和价值观，力争实现美国式的政治、经济和社会领域的现代化转型。然而，巴西从殖民时期起就被迫融入了世界资本主义体系，其传统规范和价值观早已受到葡萄牙殖民文化及英国和法国等其他欧洲强国的影响，传统社会结构慢慢发生变化，现代化发展的历程已经开启。此外，巴西并不只是学习美国的先进性，两国的亲近关系并不只是表现在积极的现代化发展过程中，还表现在保守主义浪潮等方面。巴西由于本国文化和历史的特殊性、资源条件的有限性等，无法完全实现美式的现代化政治、经济和社会发展模式，依然带有明显的自身特点。按照依附理论的解释，巴西与美国存在亲近性是由于巴西依赖且依附于美国的政治、经济和文化霸权，在本国亲美精英的控制下经历着依附性发展。然而这一视角忽视了巴西作为地区性大国的主体性和能动性；与美国在当地参与度更高的少数中美洲小国相比，巴西与美国的关系更具有张力，并不是简单的依附关系。

为了弥补现代化理论和依附理论在解释巴西和美国亲近性原因方面的不足，本文提出从制度供给与需求之间的互动来解释两国自19世纪末以来的亲近性。这一框架考虑到了关系双方的主体性和能动性，并关注在此基础上的互动关系产生的结果；在一定程度上超越了现代化理论下西方发达国家的优越视角，也拓展了依附理论在后殖民时期的发展。这里的制度指的不仅是法律、组织等正式制度，而且也包括习俗、惯例等文化方面的非正式制度。从供给与需求的分析框架

---

① 费尔南多·恩里克·卡多佐、恩佐·法勒托：《拉美的依附性及发展》，单楚译，世界知识出版社 2002 年版。

来看，巴西与美国的亲近性是巴西因自身发展的制度需求而向美国学习并靠近的结果，同时也是美国为了实现其在拉美地区的战略利益而对巴西提供和输出制度的结果。

巴西自独立以来就一直在探索本国的发展之路和强国策略。葡萄牙殖民者在1500—1822年统治巴西期间并没有创造本土文化，而是将欧洲的理念和价值观移植到巴西，希望以此改变巴西的落后状态。在这种逻辑下，逐渐成长起来的本土精英阶层也寄希望于通过学习外国的政治、经济和社会发展模式来实现本国的现代化发展，尤其是那些相对强大的国家。英国和法国都曾是巴西精英阶层学习的对象，而后来逐渐崛起的美国则成为新的理想效仿对象。地理状况和人口构成的相似性为巴西渴望成为像美国一样的强国提供了最基本的可能性，而巴西精英阶层始终具有的向强国学习的意识则为此添加了动力。因此，尽管巴西在历史、语言和文化等方面都与美国存在差别，但这完全不妨碍巴西将美国视为其发展的榜样，并在政治、经济和文化等制度方面产生效仿美国的需求。

从美国的角度而言，巴西对其在拉丁美洲地区推进政策目标和利益具有重要的战略意义。巴西的领土面积、人口规模和经济产出等约占南美洲的一半，其军队规模超过南美洲其他国家武装部队的总和，国内武器工业是许多邻国的主要供应商。[①] 作为南美洲的大国，巴西对于其他邻国有着广泛的影响力。在政治上，巴西是美国维持拉美"后院"稳定、推行其政治意识形态的重要合作伙伴；在经济上，巴西是美国的主要贸易国之一，美国从巴西进口矿产、农产品和其他原材料，并在巴西当地有大量的直接投资，巴西也是美国试图建立区域性经济合作组织时的关键伙伴；在文化上，同样存在过奴隶制、具有丰富移民文化和多种族构成的巴西是美国推行其价值观、生活方式、人权议程等的重要对象国。因此，美国在巴西有充分的输出其政治、

---

① Evan Ellis, "The Strategic Importance of Brazil", *Global Americans*, October 31, 2017, https://theglobalamericans.org/2017/10/strategic-importance-brazil/.

经济和文化制度的理由。

下文将从制度供给与需求的角度出发，分析自19世纪末以来巴西与美国在政治、经济、文化等三个方面存在亲近性的原因，主要时间阶段分为19世纪末至20世纪30年代、20世纪40年代至80年代、20世纪90年代至今。

二、19世纪末至20世纪30年代：世纪之交的美洲同盟

巴西于1822年以葡萄牙王室摄政王宣布独立的方式终结殖民统治取得独立，1889年推翻君主制并建立共和国。19世纪末20世纪初，在共和国成立伊始，巴西面对的是高度地方分权、充斥着世袭政治和庇护主义的政治局面。在经济上，巴西依然没能摆脱殖民时期以出口原材料为主的模式，从对葡萄牙的经济依赖转为对英国的严重依赖，出口市场主要为英国，进口制成品的很大一部分也来自英国；同时，其资本需求的主要来源是英国贷款。在文化和社会层面，巴西在1888年废除奴隶制后面临劳动力严重短缺的情况，开始大量吸引外来移民，在此过程中如何处理不同种族之间的关系是一个急迫且重要的社会问题。因此，从制度需求的角度而言，巴西在共和国新成立后于政治制度层面的需求包括国家建设、法律法规制定、解决与周边国家的边界划分问题、得到国际社会的认可和重视等；经济制度层面的需求包括减轻对外依赖、转变经济结构、开启本国工业化进程等；文化制度层面的需求包括民族建构、民族文化建设等。美国对于巴西而言不只是遥远的学习榜样，而且是能够获得实际帮助的政治同盟。两国在地理位置上相距较远，因此巴西并不认为美国对其国家安全存在严重威胁；巴西作为葡萄牙的前殖民地，在历史与文化传统上有别于西属拉丁美洲，同时也与周边其他国家存在一定的领土矛盾和竞争关系，而同样不属于西班牙文化传统的美国则成了巴西可以借

助的强大外部支持力量，能够帮助其维持国内的政治、经济和社会稳定。[1]

对于美国而言，1823 年发布"门罗宣言"后开始强调对于美洲大陆的控制权，试图使刚独立的拉美国家摆脱欧洲旧列强的干预，以便美国在该地区施加政治和经济影响。作为崛起的新世界大国，美国从 19 世纪中后期开始积极干涉美洲事务，先是以"大棒政策"在军事上维持西半球秩序，再是以"金元政策"在经济上扩大对拉美地区的资本渗透以获得更多的市场和特权，后来又于 1933 年提出"睦邻政策"以平息拉美国家对美国干涉内政的反对情绪，试图以经济、外交和文化等手段强化美国作为"好邻居"的理念，在缓和关系的同时进一步巩固美国在西半球的政治霸权。与美国对邻国墨西哥以及一些中美洲国家的干预和介入相比，美国对巴西的干预和介入在整个 19 世纪内相对较少，但随着两国经济联系的重要性不断上升以及美国在拉美地区的整体扩张，美国必须确保巴西是其在拉美地区的可靠盟友。因此，从制度供给的角度而言，美国该时期在政治制度层面对巴西的供给包括提供国家建设和制定法律法规方面的参照、支持巴西的地区性势力扩张；经济制度层面的供给包括提高对巴西初级产品的进口份额以帮助其减少对英国的依赖、提供用于工业化发展的资金和技术等；文化制度层面的供给包括提供移民经验和处理种族关系的借鉴等。

例如，在政治制度层面，巴西在 1889 年推翻君主制并建立共和国后，采用了联邦体制以及与美利坚合众国相似的"巴西合众国"作为国名，此后又在 1891 年制定的第一部宪法中规定实行总统制，这些都在一定程度上参照了美国的制度建设。巴西的总统联邦共和制是基于美国的模式，但也有其自身的特殊性，是巴西在本国的历史状况和现实需求的基础上借鉴北美模式的结果。美国的联邦制产生于已经发展较为成熟的、各自为政的前殖民地方政府之间的共识，是自下而

---

[1] Joseph Smith, *Brazil and the United States: Convergence and Divergence*, Athens, GA: University of Georgia Press, 2010, p. 2.

上的联邦构建模式；而巴西的情况恰恰相反，巴西在殖民时期以及独立后的君主制时期都是集权统治的模式，联邦制的诞生也是由中央政府赋予原本的各省以更为自主的州政府的地位。[①] 平衡集权与分权之间的张力始终是巴西政治中的关键问题，借鉴美国模式由此更加体现出巴西对美国政治体制的认同。而美国也乐于输出其政治制度，扩大其民主体制的影响，获得更多关系友好的盟国。

此外，在 20 世纪初，巴西与美国的关系曾到达一个高点，当时的巴西政府希望借助与美国的紧密同盟关系解决本国与邻国之间的边界争端，成为主导南美地区事务的大国，同时在一定程度上实现去欧洲化。1902—1912 年期间任职巴西外交部长的里奥·布兰科男爵（Baron of Rio Branco, 原名 José Maria da Silva Paranhos Jr.）成功地以和平的方式解决了巴西与周边几个国家超过一万公里未划定边界的争端，其背后依靠的就是美国的支持；他也是巴西和美国建立"传统友谊"的主要推动人。[②] 同时期的第一任巴西驻美国大使若阿金·纳布科（Joaquim Nabuco, 1905—1910 年在任）更是泛美主义的坚定支持者，主持了 1906 年的泛美同盟会议，并推动泛美联盟大厦于 1910 年在华盛顿特区落成。巴西在第一次世界大战中也坚定地站在了美国一边，希望以此得到美国对其地区大国地位的支持。1930 年巴西政权发生变动，旧农业寡头政府被推翻，支持工业发展的右翼民粹主义总统热图利奥·瓦加斯（Getúlio Vargas）通过军事政变上台。尽管被认为带有一定的法西斯色彩，但瓦加斯政府在第二次世界大战中仍然选择支持美国一边的同盟国，背后的考量还是巴西国家利益的最大化，通过获得美国的贷款和技术援助来促进本国工业发展，同时以美国的军事支持来遏制阿根廷在南美的势力扩张，并寄希望于美国能支

[①] Júnio Mendonça de Andrade, Karlos Kleiton dos Santos & Gustavo Santana de Jesus, "Formação do Federalismo Norte-Americano e do Federalismo Brasileiro", *Interfaces Científicas-Direito*, Vol. 5, No. 2, 2017, pp. 29-36.

[②] José Honório Rodrigues, *Interesse Nacional e Política Externa*, Rio de Janeiro: Civilização Brasileira, 1966, pp. 102-103.

持其成为联合国安全理事会常任理事国。与此前和葡萄牙及英国的关系相比，巴西这一阶段在与美国关系的需求中更加体现出其对独立发展和地区大国地位的追求。

在经济制度层面，19世纪中后期的巴西需要美国帮助实现出口对象国的多元化，摆脱当时对英国的严重经济依赖。这两个正在崛起的美洲国家在该阶段都试图超越来自英国的经济影响。巴西从17世纪开始就是英国的原材料供应地及制成品的销售地，当时的殖民宗主国葡萄牙利用对巴西的商业垄断作为交易中介赚取中间利益。巴西在独立后，不仅要承担葡萄牙王室之前对英国欠下的债务，且国家独立伊始，百废待兴，因自身发展对资本的需求而被迫继续向英国借贷，致使19世纪中期巴西政府预算中近40%用于偿还英国贷款的利息。[①]自1865年后，美国就成为巴西咖啡的最大进口国，也从巴西进口其他原材料，同时不断增加对巴西的制成品出口。美国在第二次工业革命中的工业化发展和经济崛起成为巴西转移其对英国经济依赖的助力，此外德国和法国在其中的参与度也有所提高。在第一次世界大战之前，英国在巴西市场的主导地位就已经被削弱，来自美国和德国的制成品在巴西市场上的份额不断增加；在1904—1914年期间，获准在巴西经营的美国公司在数量上增加了664%，巴西基础建设中需要的电气设备等工业化新产品很多都来自美国。[②]第一次世界大战结束后，美国的经济霸权开始凸显，剩余资本以贷款和产品的形式对外输出，拉美地区是其最重要的市场之一，因此美国对拉美的经济渗透更加深入。巴西出口原材料和初级产品，同时进口外国工业品和消费品的经济模式在20世纪30年代的经济大萧条中受到重大打击，在瓦加斯执政后开始进口替代的本国工业发展道路。而在巴西该阶段的工业

---

① Caio Júnior Prado, *História Econômica do Brasil*, São Paulo: Editora Brasiliense, 2012, p. 142.
② Richard Graham, *Britain and the Onset of Modernization in Brazil 1850-1914*, Cambridge: Cambridge University Press, 1968, pp. 300-301.

化起步过程中，美国成为巴西获得所需外资和技术的最重要来源，这恰好也符合美国在拉美的战略目标。

在文化制度层面，巴西在19世纪中后期采取的吸引欧洲移民的政策很大程度上借鉴了美国的实践经验，并在此基础上不断构建其多种族融合的民族文化。巴西在1850年禁止奴隶贸易后就因对劳动力的迫切需求而开始吸引欧洲移民，1888年废除奴隶制后开启了移民潮的高峰阶段。当时的巴西共和国新政府推出了一系列吸引欧洲移民的政策，包括在欧洲港口设立招募站、扩大宣传、为移民提供补贴、允许宗教信仰自由等。[1]这些都在一定程度上参考了美国在19世纪中后期吸引欧洲移民的政策，甚至连宣传册上都写着"欢迎来充满机遇的富饶之地巴西构筑梦想"等语句[2]，与美国在1864年通过《鼓励外来移民法》后在欧洲报纸上刊登的广告和分发的小册子里的内容有很大的相似性，描述的都是新大陆的经济机会和生活梦想。巴西精英们将美国的成功发展归因为在种族构成上的欧洲移民优势以及在政治和经济方面采用的欧洲思想体系。[3]当时也正是"科学种族主义"思想在巴西占主导地位的年代，巴西精英们受人种改良学的影响，认为白人人种更优越，在种族构成上更有利于国家发展。因此，在鼓励引进欧洲移民的同时，巴西政府还鼓励种族通婚，改变废除奴隶制后以黑人和混血人为主的人口结构，力争在一百年内"消除"混血人，实现人口的"白化"。"白化政策"后来备受诟病，种族优劣论也在20世纪40年代以后逐渐被淘汰，但基于肤色的种族歧视在巴西社会扎下了根，混血通婚带来的种族融合则为巴西文化的多样性奠定了基础。

---

[1] 杜娟：《废奴前后巴西关于外来劳动力问题的争论》，《拉丁美洲研究》2019年第2期，第111—132页。
[2] Jeffrey Lesser, *Immigration, Ethnicity, and National Identity in Brazil, 1808 to the Present*, Cambridge: Cambridge University Press, 2013, p. 64.
[3] 杜娟：《废奴前后巴西关于外来劳动力问题的争论》，《拉丁美洲研究》2019年第2期，第111—132页。

三、20世纪40年代至80年代：
二战后的意识形态趋同

1945年，巴西再次通过军事政变的方式结束了瓦加斯的独裁统治，成立了民主体制的政府。然而，在第二次世界大战后冷战的大背景下，巴西政治中占主导地位的保守派精英们支持军方发动政变，推翻了意图亲近国际共产主义阵营的民选政府，开始了1964—1985年的军政府独裁统治。在20世纪40年代至80年代的这一阶段，巴西在政治上面对的是不稳定的政权状态，民主体制仍未扎根，集权与分权的矛盾凸显，保守派精英们根据自身利益来主导巴西政治的走向，同时担心国内发生重大的政治变革；在经济上，为了防止仅以出口原材料为导向的经济发展模式受到出口市场的影响以及全球经济危机的冲击，巴西开始进一步发展民族工业，并主要采取进口替代的工业发展策略；在文化领域，巴西的种族融合和文化多样性进一步发展，在此基础上开始构建国家身份认同和巴西民族性，经济发展和城市化进程逐渐改变人们的生活方式和价值理念。因此，从制度需求的角度而言，巴西在20世纪40年代至80年代期间在政治制度层面的需求包括稳定政治局面，尤其是维护保守派精英们的政治利益，采用有利于国家工业化和现代化发展的政治体制；经济制度层面的需求包括推进本国工业化进程、建立民族工业的基本体系等；文化制度层面的需求包括构建巴西人的国族认同、建设民族文化、发展教育等。

第二次世界大战结束后，美国取代英国，成为世界资本主义经济的中心，同时在战后的国际事务中积极谋求世界范围内的领导地位，苏联成为唯一能与其抗衡的另一强国。两个意识形态不同的世界强国在1947年后开始相互遏制、不动武力的"冷战"，美国为首的资本主义阵营与苏联为首的国际共产主义阵营展开了在政治、经济、军事、文化等领域的全面较量。美国在二战后一度将战略重点转移至欧洲和亚洲，但冷战的深入促使美国继续重视拉丁美洲这块战略重地，通过各种方式遏制苏联在该地区的影响。1947年，美国与拉美18个国家签订了《美洲国家间互助条约》（Inter-American Treaty of Reciprocal Assistance），旨在形成共同防御外部武装攻击的同盟；1948年，美国主导成立"美洲国家组织"（Organization of American States），在区域性国际组织的框架下深化对拉美国家的政治、经济和文化等领域的干预；1959年，美洲开发银行（Inter-American Development Bank）成立，成为美国为拉美国家提供经济和社会发展领域的资金和技术援助的重要渠道之一。为了遏止社会主义意识形态在拉美国家占据主导，美国在冷战期间直接或间接干预多个拉美国家的内政，其中包括提供军事支持以镇压左翼游击队反抗运动、支持右翼军政府发动政变并实行独裁统治等。巴西作为重要的拉美大国，自然是美国在政治、经济和文化领域推行意识形态渗入的重点对象国，美国意图以此将巴西这个传统盟友稳固在资本主义阵营中。因此，从制度供给的角度而言，美国自20世纪40年代至80年代在政治制度层面对巴西的供给主要包括支持右翼意识形态的主导地位；经济制度层面的供给包括提供工业化发展所需的资金、技术和管理模式；文化制度层面的供给包括输出美式民主价值观和生活方式、建立教育交流项目等。

例如，在政治制度层面，右翼保守主义势力在20世纪以来继续在巴西政治中占优势地位，美国在二战后也积极支持巴西的右翼政府，与其建立良好关系，并共同抵制左翼势力的崛起。由此，两国更多地在意识形态上体现出亲近性。有学者认为，美国出于其政治和经济利益的考虑，支持并在一定程度上促进了巴西1964年的军事政变，推翻了左翼总统若昂·古拉特（João Goulart）政府，建立了此后长达21年的右翼军政府独裁统治。[①]事实上，事态发展之所以能顺应

---

① José Paulo Netto, *Pequena História da Ditadura Brasileira (1964-1985)*, São Paulo: Cortez Editora, 2016; Flávio Tavares, *1964: O Golpe*, Porto Alegre: L&PM, 2014.

美国的心意，主要原因在于该阶段美国在巴西的利益也符合当时占巴西主导地位的保守精英阶层的利益。[①] 当时巴西最大的两个保守党派共同支持军方发动军事政变，他们担心执政风格偏左、对苏联和中国持友好态度、计划将大公司利润用于国民再分配的古拉特可能会损害他们的既得利益，同时不断恶化的经济形势也加剧了传统精英阶层对古拉特政府的不满。

在经济制度层面，巴西继续推进本国的工业化进程，在20世纪40年代至80年代主要采取进口替代的工业发展策略。在此过程中，美国不仅提供了重要的外资支持和经济援助，而且还积极输出美式的经济发展模式与管理经验，在更为"软性"的意识形态层面深刻影响巴西经济的长期发展。早在二战期间，富兰克林·罗斯福（Franklin Roosevelt）总统就于1940年建立了美洲事务协调办公室（Office of the Coordinator of Inter-American Affairs），任命纳尔逊·洛克菲勒（Nelson Rockefeller）为负责人。该机构最初是为了遏制二战期间轴心国在拉美地区的影响而建立，实际上成为美国此后在该地区实施经济和文化战略的有力工具。除了教育交流、英语教学和美国文化传播等项目外，商人出身的洛克菲勒主导推行技术培训与支持、技术现代化、经济援助、扶贫、商贸、促进美国直接投资等项目。美国的技术和资金支持对处于工业化起步阶段的巴西而言至关重要。在这一过程中，美国的管理经验也在巴西得到了实践和传播。英语作为第二语言在技术教育、高等教育、研究生教育等层面推广开来；两国签订协议，在1946—1963年间为巴西工人提供美式技术教育和培训；巴西政府在1938年建立的公共管理部门，更有力地促进了美国管理技术的学习和引进；此后，巴西政府还与联合国等国际组织、美国等部分西方国家签订了合作协议和资金支持协议，这些实际上也有利于美国

---

① Anthony W. Pereira, "The US Role in the 1964 Coup in Brazil: A Reassessment", *Bulletin of Latin American Research,* Vol. 37, No. 1, 2018, pp. 5-17.

管理经验在巴西的传播和吸收。[1]

影响更为深远的是传授美式管理经验的商学院的建立，这些商学院也为巴西持续培养熟悉美国模式和经验的高端人才。20世纪40年代后期，巴西第一所管理学院"商业管理高等学院"（Escola Superior de Administração de Negócios，简称 ESAN）创立，创办者是与哈佛商学院有直接联系的耶稣会神父。此后，1944年由瓦加斯总统批准成立的、旨在为国家公共部门和私营部门培养人才以适应当时经济建设需要的瓦加斯基金会在20世纪50年代资助创办了著名的里约热内卢公共管理学院（FGV-Escola Brasileira de Administração Pública e de Empresas）和圣保罗管理学院（FGV-Escola de Administração de Empresas de São Paulo）。签订圣保罗管理学院协议时，巴西政府、美国政府、瓦加斯基金会与密歇根州立大学达成一致，由密歇根州立大学派代表团赴巴西负责组建该学院，由此可见美国对这所商学院的影响。20世纪60年代中期，圣保罗管理学院大楼落成时，以美国总统约翰·肯尼迪（John F. Kennedy）命名。

在文化制度层面，巴西在20世纪40年代进一步构建其国族认同，以此服务于国家发展主义模式下的民族团结和经济发展的需要，而美国在此阶段的强力文化输出提供了重要助力，使得美式价值观和文化在巴西广泛传播。种族优劣论自20世纪30年代起逐渐被淘汰；在发展主义模式对构建民族团结的需要下，巴西政府开始构建"种族民主"的概念，弱化基于生理因素的种族差别，强调种族混血下的社会和谐与民主。这种忽视巴西种族不平等的民主概念及其蕴含的发展逻辑在来自美国的外来文化的影响下得以进一步加强。洛克菲勒负责的美洲事务协调办公室在二战期间实际上也起到了推广美国文化以及民主、自由、平等价值观的作用。该机构利用电影、广播、报纸、杂志、音乐和其他形式的艺术等多种方式向巴西人"推销"美国，洛

---

[1] Rafael Alcadipani & Miguel P. Caldas, "Americanizing Brazilian Management", *Critical Perspectives on International Business*, Vol. 8, No. 1, 2012, pp. 37-55.

克菲勒甚至说服了通用和福特等美国大公司在巴西利用广告来推销它们的产品和美式生活，其背后的理念包括技术、进步、工业化、现代化、自由、消费等。[1] 此后，进口替代的经济政策将更多美国跨国公司带到巴西，通过在当地生产的美国品牌的产品进一步影响巴西人的生活方式。这种美式民主和生活价值观迄今在巴西依然很有市场。

同样是在二战期间，美国参议员詹姆斯·富布赖特（James Fulbright）于 1945 年提出，将美国政府的二战海外剩余物资变卖后，建立资助美国与当地之间的教育交流项目，这一富布赖特项目后来成为世界上规模最大的国际交流计划之一，也对拉美地区的教育和思潮具有重要的影响。1957 年，巴西与美国签订文化交流协议，建立了美国驻巴西教育委员会（Comissão Educacional dos Estados Unidos da América no Brasil），后来成为巴西富布赖特项目委员会。富布赖特项目一开始是为了促进美国与拉美地区研究者、教授、专家和学生在社会科学领域的学术对话与合作，旨在培养并影响当地领袖，从而左右公共意见，该项目也确实取得了成功，大量巴西学者与学生赴美交流；自 20 世纪 90 年代起，巴西在富布赖特项目合作中采取更加积极主动的态度，不仅将教育合作从高等教育扩展到基础教育，而且也承担了一部分交流费用。[2] 富布赖特项目为扩大美国在巴西当地的文化影响起到重要的促进作用。

四、20 世纪 90 年代至今：
新自由主义下的多元发展

1985 年，巴西的军政府统治被平民政府取代，恢复民主体制；

---

[1] Antonio Pedro Tota, *O Imperialismo Sedutor: A Americanização do Brasil na Época da Segunda Guerra*, São Paulo: Companhia das Letras, 2000.
[2] Daniella Maria Barandier Toscano, *Diplomacia Pública, Soft Power e Influência dos Estados Unidos no Brasil: O Programa Fulbright e A Cooperação Educacional (1957-2010)*, Tese de Doutorado: Universidade de Brasília, 2017.

1988年巴西颁布新宪法，1989年举行了三十年来的首次总统直接选举；此后，巴西的民主体制虽然偶尔遇到波折和挑战，也在一定程度上存在缺陷，但民主的实践在整体上处于不断完善和巩固的过程中。同时，两极格局结束后，世界格局朝着多极化的方向发展，巴西在此形势下继续追求区域和世界大国地位。自20世纪80年代后期恢复民主体制以来，巴西的经济发展模式也发生了转变，改变了此前的进口替代政策，在新自由主义的影响下逐步向国际贸易和投资开放，取消价格控制，私有化国有企业，更加依赖市场的力量。巴西在20世纪90年代初克服了恶性通货膨胀和债务危机，但在逐渐开放国内市场并实行贸易自由化的过程中无法在国际竞争中取得优势，出现了过早去工业化的情况，似乎回到了以出口大宗商品带动经济的老路上。在文化领域，与军政府时期对比，巴西在再民主化后社会文化层面的活力进一步被释放，非政府组织和各类社会运动更加积极地参与到影响国家政治、经济和文化发展的进程中。因此，从制度需求的角度而言，巴西自20世纪90年代以来在政治制度层面的需求包括不断完善各项制度，将独裁政府时期的集权模式逐渐转变为联邦总统制民主共和制下联邦与地方分权、国家行政长官与立法和司法机构分权、政府与社会和市场分权的模式等；经济制度层面的需求包括克服并防止再次陷入严重的经济危机、扩大国际贸易、吸引外资参与再工业化的进程、探索更多元化和可持续的经济发展模式等；文化制度层面的需求包括满足多元化社会力量的发展诉求等。

20世纪90年代初，美国和苏联两极争霸的格局结束，世界格局朝着多极化的方向发展；许多发展中国家作为新兴国家崛起，在国际舞台上发挥更加重要的作用。20世纪八九十年代，美国支持拉美国家的民主化运动，通过直接或间接的干预确保拉美国家在意识形态上与美国保持亲近，以此维持美国在该地区持续的主导地位。在经济上，美国在1989年与国际货币基金组织、世界银行共同提出"华盛顿共识"，促使当时陷于债务危机的拉美国家在政治转轨的同时实行基于新自由主义理论的经济发展模式。"华盛顿共识"的提出主要针对的是拉美和东欧国家，倡导减少政府干预、促进贸易和金融自由化、实施国有企业私有化、放松对外资的管制、改革税制和汇率制度、实行利率市场化、控制财政赤字和通货膨胀等。"华盛顿共识"与新自由主义思想在20世纪90年代后在全球范围内产生了广泛的影响，成为主流的发展理念，事实上涉及经济体制、政治体制和文化体制等三个方面的发展模式。拉美国家在20世纪90年代至21世纪初深受新自由主义的影响，但此后这种发展模式的弊病不断显现。同时，21世纪初拉美"粉红浪潮"下许多国家左翼领导人上台，对美国在拉美的霸权大多持反对态度，拉美国家的民族主义情绪和自主性越来越强，国家间的区域性合作也在不断加强。虽然此后许多拉美国家在"钟摆效应"下又由右翼政党执政，与美国再次缓和关系、增进联系，但整体而言拉美国家自主发展的意愿更为强烈。在新的区域与国际形势下，继续维持与巴西的紧密友谊对美国十分重要。因此，从制度供给的角度而言，美国自20世纪90年代以来对巴西在政治制度层面的供给包括支持巴西的再民主化和制度建设；在经济制度层面的供给包括输出新自由主义的发展模式、增进贸易、提供外资等；在文化制度层面的供给包括提供多元社会发展的经验和助力等。

例如，在政治制度层面，从20世纪80年代开始，美国就针对巴西军政府独裁统治期间的人权问题开始施压，在此基础上推动巴西国内的再民主化社会运动。在巴西恢复民主体制后，建设相关制度的过程也受到了美国的重要影响。巴西在1891年制定第一部宪法时就参照了美国宪法，而在恢复民主体制后制定的1988年宪法又再次借鉴了美国的实践。[1] 这部现行宪法规定了巴西实行三权分立和联邦体制，明确了公民的权利和义务，界定了经济和社会等各方面事务的运行规

---

[1] Júnio Mendonça de Andrade, Karlos Kleiton dos Santos & Gustavo Santana de Jesus, "Formação do Federalismo Norte-Americano e do Federalismo Brasileiro", *Interfaces Científicas-Direito*, Vol. 5, No. 2, 2017, pp. 29-36.

则。宪法规定的内容在很多方面都参照了美国的经验和模式。虽然巴西由于葡萄牙殖民历史的影响而采取欧陆法系，但其宪法和其他法律则显著受到了美国的影响，最典型的是最高法院在司法审查方面所起到的重要作用。[1]巴西在20世纪90年代开始政治和行政领域的改革，其中，将权力下放、修改联邦总统的特权、给予州政府和市政府更多的财政自主权和决策能力等，都受到了美国经验的影响。

此外，巴西的第三部门在20世纪90年代后不断发展壮大，在政治制度完善的过程中成为重要的共建力量。巴西的第三部门概念源自美国，20世纪90年代以来随着与美国慈善基金会相关的社会组织及社会企业投资而在巴西广泛传播，主要指的是非营利性的民间社会组织。[2]在巴西由军政府向民主体制转型的过程中，美国的各类基金会和资金援助机构就开始向巴西的第三部门提供资金支持，有些则直接参与当地项目的运营。[3]第三部门的具体形式包括非政府组织、基金会、慈善实体、社区基金、居民协会和其他非营利实体等。作为第一部门政府和第二部门企业之外的社会力量，巴西的第三部门致力于回应公共权力效率低下或不可及的问题，弥补政府公共政策的不足，很多时候与政府部门配合工作。近年来，第三部门开始涉足政治领域。一些政治、商业和社会各界的领导人物在面对巴西2014年"洗车行动"牵出的大规模腐败案以及此后的政治和经济危机时，认识到必须要改变国家政治的现状，倡导更具透明度和参与度的政治实践，选择更有能力和民主观念的新政治候选人。由此，"可持续发展政治

---

[1] Dias Toffoli, "Democracy in Brazil: The Evolving Role of the Country's Supreme Court", *Boston College International & Comparative Law Review*, Vol. 40, No. 2, 2017, pp. 245-259.

[2] Eider Arantes Oliveira & Edileusa Godói-de-Sousa, "O Terceiro Setor no Brasil: Avanços, Retrocessos e Desafios para as Organizações Sociais", *Revista Interdisciplinar de Gestão Social*, Vol. 4, No. 3, 2015, pp. 181-199.

[3] Anthony Hall, "Non-Governmental Organizations and Development in Brazil under Dictatorship and Democracy", in Christopher Abel & Colin M. Lewis (eds.), *Welfare, Poverty and Development in Latin America*, London: Palgrave Macmillan, 1993.

行动网络"（Rede de Ação Política pela Sustentabilidade）、"革新巴西"（RenovaBR）、"相信运动"（Movimento Acredito）等社会组织相应建立，旨在为巴西腐败的政治阶层带来新鲜的民主血液，引进更多具有真正民主观念并懂得民主实践的政治候选人。然而，这些社会组织的理念和实践充满了来自美国的影响。例如，"革新巴西"是一家为政治候选人提供培训课程的非营利性机构，一些课程案例中用的都是美国民主的实践，还开设了专门介绍美国国家领导人执政理念和政策的培训课程。"革新巴西"的创始人及主要推动者爱德华多·穆法雷（Eduardo Mufarej）是企业家和投资人，与美国投资界保持着紧密的关系，还是伍德罗·威尔逊国际学者中心（Woodrow Wilson Center）、耶鲁大学和斯坦福大学的顾问。该组织的学员数量每年都在增加，且不少学员通过竞选获得了立法机构和行政机构的职位。2018年大选中，该组织的17名学员当选联邦议员或州议员；2020年地方选举中，150名学员当选市议员或市长；2022年大选中，18名学员当选联邦议员或州议员。

在经济制度层面，"华盛顿共识"和新自由主义思想自20世纪80年代以来持续影响巴西的经济发展路径，在各阶段有不同的侧重点，但始终遵循新自由主义的核心要素。巴西在20世纪80年代初经历了严重的债务危机后开始逐渐转向新自由主义的发展模式，从保护本国工业发展的封闭市场转变为自由市场经济，实行国有企业私有化、降低关税、吸引外资等策略。1995—2002年连任两届巴西总统的费尔南多·恩里克·卡多佐在任期内进一步推进并稳固了新自由主义在巴西的深入发展，在广泛的中右翼联盟的支持下扩大政治和经济改革，缩小国家在经济中的引导作用，使巴西进一步融入世界市场。在此后2003—2016年左翼劳工党执政期间，虽然经济政策有所调整，但新自由主义的思想依然体现在宏观经济政策中。有学者认为，左翼劳工党总统卢拉（Luiz Inácio Lula da Silva）第一个任期内（2003—2006）的经济政策可归类为"包容型新自由主义"，注重通过再分配来改善收入不平等的状况;卢拉的第二个任期(2007—2010)以及其同属劳工党的继任者罗塞夫(Dilma Rousseff)在其任期内(2011—2016)的经济政策可归类为"发展型新自由主义",增强了政府在经济中的指导作用。这两个阶段的经济政策依然属于新自由主义,因为劳工党政府在宏观经济政策上维持了新自由主义政策的三个核心要素,即设定通货膨胀目标和中央银行的自主地位、实行浮动汇率且大体上不管制国际资本的流动、实行收缩性的货币和财政政策。① 也有学者认为,劳工党执政期间的经济政策可以被认为是"自由型新发展主义",在延续"华盛顿共识"的经济自由化要素之外,采取了与新发展主义思想相关的一些政府介入经济的措施,如减少对外汇储备的依赖、加强政府在工业和金融业的参与度、逐步提高最低工资标准、通过国有企业扩大福利和就业等。② 然而,总的来看,这一阶段的经济政策虽然加入了新发展主义的措施,但在整体上并没有脱离"华盛顿共识"的主要目标,因此仍然可以被认为具有新自由主义的色彩。在2016年罗塞夫被弹劾下台后,右翼政府上台,新自由主义则更为全面地回归到了巴西的经济政策中。

在文化制度层面,美国的文化和价值观继续对巴西社会产生广泛而深远的影响,在宗教领域尤其突出。在宗教领域,巴西的新教福音派不断壮大,并积极参与制度化政治。在传统天主教国家巴西,新教福音派人数已达到总人口的22.2%,并呈现不断上升趋势。巴西的福音派主要分为"历史福音派"和"五旬节运动",其中"五旬节运动"的教会更为激进。巴西的五旬节运动福音派教会最初是由20世纪初来自美国的传教士建立的,此后经历了本地化发展的过程,大大小小不同派别的福音派教会在巴西全国落地开花。巴西福音派所倡导

---

① Alfredo Saad-Filho, "Varieties of Neoliberalism in Brazil (2003-2019)", *Latin American Perspectives*, Vol. 47, No. 1, 2020, pp. 9-27.

② Cornel Ban, "Brazil's Liberal Neo-Developmentalism: New Paradigm or Edited Orthodoxy?", *Review of International Political Economy*, Vol. 20, No. 2, 2013, pp. 298-331.

的主要价值观在一定程度上与美国福音派相近,强调同教会"兄弟姐妹"间的紧密联系与互助,强调家庭观念的传承和自然家庭的再生产,反对同性恋、堕胎、吸毒、酗酒等异常行为,鼓励人们依靠个人努力摆脱贫困、获得更好的物质生活等。此外,巴西福音派教会倾向于选择发起自己的候选人参与政治竞选的方式直接参政,成为党派政治中的重要变量;同时,福音派教会尤其是五旬节运动教会,能通过垂直且集权的组织结构对信众进行有效的政治动员,鼓励信众们为其教会政治竞选人或其结盟政党的候选人投票。[①] 博索纳罗(Jair Messias Bolsonaro)能够在2018年总统大选中获得高票,就是得到了福音派教会的鼎力支持。在其他许多国内外政治问题上,巴西福音派教会领袖和政客也倾向于持保守态度。"依靠个人努力、追求更好物质生活"的价值观与"美国梦"的逻辑相近,在很大程度上也受到了新自由主义思潮的影响。这种价值观不仅广泛存在于大多数属于社会底层的福音派信众,而且对巴西的收入中间阶层也十分具有吸引力,由此可见其影响的广泛程度。

五、结语

作为美洲的两个大国,美国与巴西自19世纪末以来在政治、经济和文化等领域持续互动,发展出了亲近关系,有着紧密联系和许多相似性。巴西对于美国在拉丁美洲维持主导地位而言有着高度重要性,而美国对于巴西而言也是其实现本国利益的重要助力。两国之间的亲近性是双方在制度层面需求与供给相互匹配的结果。在政治制度层面,巴西自19世纪末以来始终在探寻适合本国发展的政治体制,在内部精英阶层的力量角逐中寻求地区主导势力美国的支持,同时从美国的政治体制和实践中汲取可借鉴的部分,以期实现强国之梦;美

---

① 周燕:《基督教福音派在巴西制度化政治中的参与及其影响》,《世界宗教文化》2019年第3期,第60—67页。

国则积极输出美式民主的意识形态和具体实践，同时通过间接方式干预巴西内政，保证巴西在政治和国际事务上的传统盟友角色。在经济制度层面，巴西深知美国对其经济发展的重要性，积极开展与美国的双边贸易，同时利用美国的外资、经济援助和技术支持等促进本国的工业化和现代化发展，在此过程中美式管理经验、技术发展模式、市场所起作用等对巴西探索本国经济发展道路也有很大的影响；美国则需要保持并加强与巴西的经济联系，从巴西市场进口原材料和初级产品，向其出口高附加值的制成品，并通过国际金融组织、外资、技术和管理经验等影响巴西经济的发展模式。在文化制度层面，巴西与美国同为多种族的移民社会，美国的种族关系发展、国家身份认同建设、文化价值观和生活方式等对巴西人有很大的吸引力；美国则乐于通过软实力输出自己的民主、自由、消费主义等价值观，扩大在巴西的文化影响。

巴西与美国关系的发展也并非一帆风顺，有冲突期也有蜜月期，但整体而言仍是亲近性不断发展的过程。从 19 世纪末 20 世纪初巴西担忧对美国的贸易依赖是否会重蹈与英国关系的覆辙，到冷战时期美国对巴西的干预和两国在军政府统治后期的分歧，再到 20 世纪 90 年代以来巴西在追求自主发展的前提下继续拓展与美国的亲近性。这个过程体现了巴西的自主发展意愿与和美国的紧密关系之间的张力，但在一定程度上也是美国的政治、经济和文化价值观在巴西被不断内化的过程。

（责任编辑：雷定坤）

Institutional Demand and Supply: Exploring the Reasons for Brazil's Proximity to the United States

Zhou Yan

Abstract: Brazil is one of the countries with the closest ties to the United States among countries in Latin America, and to a certain extent it is similar to the United States, even considered as the "tropical United States", with political, economic and cultural affinities. This paper argues that this is not a simple echo or imitation between the extreme right-wing governments of the two countries in recent years, but there are long-standing institutional reasons behind this evolution. Since the late 19th century, this proximity has evolved through the interaction between supply and demand at the institutional level between Brazil and the United States. Starting from the perspective of institutional demand and supply , this paper analyzes the reasons for the closeness between Brazil and the United States from three perspectives: political, economic, and cultural. From the analytical framework of institutional demand and supply, Brazil's proximity to the United States lies in its learning from and approaching the United States, based on its own institutional needs for development; also results from the United States's efforts to supply and export institutional models to Brazil, in order that the United States achieves its strategic interests in Latin America.

Keywords: Brazil, United States, Proximity, Institutional Supply, Institutional Demand

法国与马里交恶原因探究：
基于价值理性与工具理性的解释

唐溪源[*]

摘要：自 2020 年马里发生军事政变以来，法国与马里军政府的关系在短时间内迅速恶化。一些研究认为俄罗斯"瓦格纳"集团的介入、马里社会各界的反法情绪、马里军政府对民主规则与价值的违背是导致法马关系破裂的主因。这些观点大多从具体的事件因果逻辑层面诠释问题，将法国视为被动回应的一方，而非从国家行为逻辑层面系统地解释法国作出相关决策的原因。法国的对非政策长期受两套理性规则影响，即以西式自由民主制度为内核的"价值理性"规则，与以国家实际利益为主导的"工具理性"规则。历史上，法国的对非政策以"工具理性"优先。近年来，奥朗德、马克龙领导下的法国政府试图将"价值理性"作为对非政策的主要指导原则。法国 2013 年对马里军事干预的决策过程，表明"价值理性"在法国对马里政策中的权重已显著增加，已经等同乃至超过"工具理性"的影响力。这种对"价值理性"的重视在马克龙时期进一步加强。2020—2022 年马里连续两次发生政变后，法国政府的决策表明其愿意为了遵循"价值理性"而牺牲"工具理性"，这种变化具有趋势性。但这并不意味着法

---

[*] 唐溪源，外交学院外语系讲师，法语国家与地区研究中心副主任。

国在萨赫勒地区乃至更广大的撒南非洲地区完全抛弃"工具理性"。法国对 2021 年政变后的乍得的态度表明，对于具有特殊战略意义的支点国家，法国仍然愿意执行一些与"价值理性"相违背的政策。因此，如乍得、尼日尔等因其军事资源与自然资源对法国具有重要意义的国家，很有可能获得法国基于"工具理性"的特别宽待。而像马里、布基纳法索等军事能力薄弱、战略资源匮乏、治理赤字高筑的国家，可能会成为法国"价值理性"下苛责的对象。

关键词： 法国；马里；法非关系；价值理性；工具理性

长期以来，与非洲国家的关系是法国对外政策的重要组成部分，也是其大国地位的一个重要支柱。由马里、乍得、尼日尔、布基纳法索与毛里塔尼亚构成的"萨赫勒五国"及其周边延伸区域，是近年来法国对非政策和行动的重点关注区域，了解法国在此区域采取的措施对于理解其对非政策具有重要意义。近几年，该地区是冲突与动荡的高发地区。而 2020 年以来马里发生的两次政变，以及法马关系的急剧恶化，使得法国对马里的政策尤为值得研究和关注。

一、问题的提出与概念界定

冷战结束以后，马里政府重新发展了其与法国的密切联系。这种联系表现为 1992 年后的历届马里政府在政治、经济和外交等多个层面对法国态度上的友好、立场上的追随以及物质上的依赖。在此过程中，尽管马里国家内部的各阶层都会不时传出对新殖民主义、帝国主义和不平等国家关系的质疑、愤怒和抵制，但密切的合作关系依然长期占据马里与法国关系的主流。2013 年法国在马里发起的"薮猫行动"（Opération Serval），以及 2014 年法马《防务合作条约》（Traité de coopération en matière de défense entre la République française et la République du Mali）的签订，将双边关系推向了新的高度。

然而，自从 2014 年法国在萨赫勒地区开展"新月沙丘"行动（Opération Barkhane）以来，双边关系的裂痕逐渐明显。特别是马里于 2020 年 8 月和 2021 年 5 月连续发生两次军事政变后，法国与马里的关系急转直下。在不到两年的时间内，两国关系从政变前的并肩作战迅速发展为互相猜疑、相互指责以及相互惩罚。

两国关系转变的速度之快、程度之深令人印象深刻，这也引出了本文的研究问题：为什么法国与马里政府之间的关系会在短时间内迅速恶化？如果仅仅将这种变化归咎于马里自 2020 年以来发生的军事政变，那么这种解释显然过于表面化，也缺乏说服力。法国在与其非洲前殖民地国家交往的过程中，遭遇非洲国家政变的情况并不罕见，但大部分政变都未引发双边关系如此剧烈的恶化。因此，分析法国与马里政府此轮交恶的原因，将有助于理解法国与非洲前法属殖民地国家之间关系发展的内在逻辑，这也将是本研究的意义所在。

此次法国与马里关系的破裂，其过程主要可分为四个阶段，分别是：（1）矛盾酝酿阶段（2014 年 8 月—2020 年 8 月）；（2）猜疑试探阶段（2020 年 8 月—2021 年 5 月）；（3）公开破裂阶段（2021 年 5 月—2022 年 1 月）；（4）冲突升级阶段（2022 年 1 月之后）。第一阶段始于"新月沙丘"行动开始，结束于 2020 年 8 月马里第一次政变；第二阶段与第三阶段的分界线是 2021 年 5 月马里的第二次政变；而 2022 年 1 月法国驻马里大使被驱逐事件则成为第三阶段与第四阶段的分界线。

在双方关系破裂的过程中，有几个值得注意的事实。首先，关于法国在马里驻军去留的争论贯穿了法马关系破裂的全过程；其次，法国对马里军政府态度的剧烈转变，发生于 2021 年第二次政变之后，而非 2020 年第一次政变之后；最后，俄罗斯军事组织"瓦格纳"的介入，发生于法国与马里关系公开破裂之后，而非双方关系破裂之前。

了解这几个事实对于探究法马关系破裂的真正原因非常重要。同时还应注意到，在整个破裂过程中，法国政府的态度呈现出一种相当复杂的，甚至前后矛盾的表象。例如，法国一方面将从马里撤军看作对马里军政府的惩罚，另一方面又对马里终止双方的《防务合作条约》感到愤怒，更对俄罗斯军事力量填补法军撤退后的空间感到无法接受。又比如，法国在马里第一次政变之后宣布将继续双方的军事合作，在第二次政变后宣布终止军事合作但法军会继续在马里单独行动，最终又于2022年2月宣布全部撤军。法方这种复杂而矛盾的态度和举动，反映的是其对非政策中不同主张之间的斗争与妥协。

在一个国家的对外政策中，同时存在多种决策标准和原则的现象并不罕见。几乎所有国家的对外政策都有"义""利"两个维度，但其内涵却各有不同。本文将借用德国社会学家与哲学家马克斯·韦伯（Max Weber）所归纳的"价值理性"与"工具理性"概念作为分析工具，用以概括和分析法国对非政策背后的不同原则。根据韦伯的定义："工具理性"（zweckrational），即由对环境中物体和其他人的行为的预期决定，这些期望被用作"条件"或"手段"，以实现行为者自己理性追求和计算的目的；"价值理性"（wertrational），即由一种自觉的价值观所决定，这种价值观是为了某种道德、美学、宗教或其他形式的行为，而与成功的前景无关。[1]

韦伯认为，"价值理性"是行动者向自己提出某种"戒律"或"要求"，并使自身的行为服务于他内在的某种对义务、尊严、美、宗教训示、孝顺，或者某一件"事"的重要性的信念。[2] 而对于"工具理性"，韦伯的进一步解释是，"谁若根据目的、手段和附带后

---

[1] Max Weber, *Economy and Society*, Berkeley: University of California Press, 1978, pp. 24-26, 399-400.
[2] 马克斯·韦伯：《经济与社会（上卷）》，林荣远译，商务印书馆1997年版，第57页。

果来作他的行为的取向，而且同时既把手段与目的，也把目的与附带后果，以及最后把各种可能的目的相比较，作出合乎理性的权衡，这就是目的合乎[工具]理性的行为"。①

在法国的对非政策背后，长期存在着"价值理性"与"工具理性"两套决策标准。"价值理性"与"工具理性"的相互关系，实际反映了法国近年来对非政策改革的趋势。本文将在第三节详细分析这两套价值标准在法国对非政策中的具体内涵，并在第四节探讨和检验这两套理性标准的相互关系与先后顺序，以更清晰地呈现法国对马里政策的行事逻辑，这种逻辑也可以应用到法国对其他许多非洲国家，特别是萨赫勒地区的法国前殖民地国家。

二、对于法国与马里关系破裂的一些现有解读

法国与马里关系在短时间内的迅速破裂与恶化，引发了各界关注。目前，关于双方关系破裂的原因，主要有三种解释：第一种解释认为"瓦格纳"的介入导致了法马两国的决裂；第二种解释认为马里政界、军界和民间的反法情绪是双方关系恶化的主因；而第三种解释则认为马里过渡政府对民主制度的破坏促使法国不得不采取强硬措施。

（一）瓦格纳介入说

法国方面始终将"瓦格纳"武装人员对马里的介入作为其与马里政府断绝关系的主要理由之一。2021年9月，法国外交部长勒德里昂（Jean-Yves Le Drian）就表示，马里军政府与俄罗斯瓦格纳集团之间的任何协议都将与留在马里的法国军队"不相容"。他还指责

---

① 马克斯·韦伯：《经济与社会（上卷）》，林荣远译，商务印书馆1997年版，第57页。

瓦格纳在叙利亚和中非曾做出许多滥用职权及违法行为。① 2021 年 12 月 23 日，法国与德国、比利时、加拿大等 15 个国家发布了《关于在马里部署瓦格纳集团的联合声明》，强烈谴责在马里领土上部署雇佣军，声称这种部署只会导致西非安全局势和马里人权状况的恶化，威胁马里和平和解协议。② 法国国际广播电台（Radio France Internationale，简称 RFI）的评论文章认为，大量俄罗斯雇佣兵在马里的出现构成了一个转折点，促使法国以及欧洲下决心撤离并调整政策。大量俄罗斯雇佣兵在马里出现突破了法国以及以法国为主力的反恐行动的底线。

然而，将法马关系破裂主要归咎于俄罗斯雇佣兵的解释存在明显的缺陷。尽管瓦格纳在马里的出现确实严重刺激了法国，导致了法国在口头与行动上的双重激烈反应，也使马里军政府的回应趋于强硬，但军政府寻求瓦格纳集团帮助的实质性行为发生于 2021 年 5 月的二次政变之后，而法国方面对瓦格纳在马里部署问题的激烈言论也均发生于此时间节点之后。在 2021 年 5 月的政变之前，马里军政府对于法国的态度并不强硬。马克龙于 2021 年 6 月宣布结束"新月沙丘"行动时，实际上是将部分撤军作为一种对马里军政府的惩罚和施压措施来使用。马里方面对于法国撤军举措的第一反应是感到愤怒和被抛弃，马里总理马伊加（Choguee Kolalla Maiga）在法国决定部分撤军后曾表达强烈不满，他说：

> 在基地组织加倍攻击我们的同时，我们的主要盟友（法国）——无论如何我们还认为它是盟友——决定离开其影

---

① John Irish, "France criticises deal bringing Russian mercenaries into Mali", Reuters, September 15, 2021 [January 18, 2023], https://www.reuters.com/world/france-criticises-deal-bringing-russian-mercenaries-into-mali-2021-09-14/.
② Ministère de l'Europe et des Affaires étrangères de la France, "Communiqué conjoint sur le déploiement du groupe Wagner au Mali (23 décembre 2021)", 23 décembre 2021 [18 Janvier 2023], https://www.diplomatie.gouv.fr/fr/dossiers-pays/mali/evenements/article/communique-conjoint-sur-le-deploiement-du-groupe-wagner-au-mali-23-12-21.

区域，专注于（马里邻国与马里之间的）三条边界。这不是在飞行途中将乘客扔下的行为吗？我们正在寻找解决方案。①

可见，正是这一撤军举措使马里军政府面临更大的军事和安全威胁，迫使马里方面考虑其他替代性安全措施。因此，瓦格纳的介入更应该被理解为法国与马里关系破裂的结果，以及双方矛盾冲突升级的催化剂，而不是双边关系破裂的根本原因。

（二）马里民粹主义运动说

另有一些观点将马里的"民粹主义运动"或反法情绪视为法马关系破裂的原因。佛罗里达大学学者塞巴斯蒂安·艾力舍（Sebastian Elischer）认为，军政府领导的过渡政府塑造马里政治的能力取决于两个相互关联的支柱，一是以"6月5日运动-爱国力量联盟"为代表的民粹主义力量，二是通过开展与俄罗斯雇佣军的安全合作而形成的针对法国和欧盟的替代性安全伙伴关系。马里的"民粹主义"根源于公众对1991年后的政治阶层以及法国对该国的军事介入的不满。这种不满演化为对政治现状的反对以及反法言论和行为。怀着这些情绪的民众将军事政变者视为变革者，反对军政府将马里政局引回政变之前的状态。而俄罗斯在非洲影响力的提升对马里民众产生了明显的影响，与俄罗斯更为密切的合作为军政府提供了将马里从西方经济和军事支持所附带的政治条件中解放出来的机会。在这两个支柱的支撑下，马里军政府才能够无视以法国为首的国际干预力量带来的巨大国际压力，非但没有在短期内为多党选举铺平道路，反而似乎在缩小民主空间，对法国和其他西方盟国发表咄咄逼人的言论，从而引发人们对军政府打算建立专制政府的

---

① Maxime Poul, "Pourquoi les relations entre la France et le Mali sont tendues?", 2 Février 2022 [18 Janvier 2023], https://fr.news.yahoo.com/pourquoi-les-relations-sont-tendues-entre-la-france-et-mali-172822636.html.

担忧。① 最终导致双方关系破裂。

马里社会的普遍反法情绪让法国各界感到受挫和沮丧。一方面，法国人认为自身为马里作出了很多牺牲。2019 年 11 月，13 名参与"新月沙丘"行动的法军士兵在马里因直升机失事丧生。法国政府和媒体将此事渲染为法国人为保护马里而牺牲的悲情英雄事件，马克龙在哀悼仪式上称"他们是为了保护萨赫勒地区人民而死"。② 但马里民众并不像法国人期待的那样因此而感激，在哀悼活动结束后不到一个月的时间内，马里又发生了多起反法抗议示威。2022 年法国总统竞选候选人埃里克·泽穆尔（Éric Zemmour）在谈及与马里关系时曾表示"我们的士兵正在为一个羞辱我们的国家而死"。③ 这反映了许多法国人对与马里关系的态度。

艾力舍对于马里局势变化原因的分析忽视了一个关键事实，那就是马里军政府在 2021 年 5 月之前，既未拥抱民粹主义的"6 月 5 日运动–爱国力量联盟"，又未明确地寻求俄罗斯雇佣兵的帮助。相反，从 2020 年 8 月至 2021 年 5 月，军政府小心翼翼地与民间反法力量保持着距离，并选择了一些亲法力量担任总统、总理等过渡政府要职。但这些举动并未阻止法国与马里的关系滑向破裂的境地。反法情绪确实在非洲法语地区普遍地存在着，但这并不妨碍法国在众多非洲国家长期部署军队、投资开发项目并与相关国政府保持着紧密的关系，在喀麦隆、乍得、科特迪瓦莫不如此。因此，将法国与马里关系的破裂归咎于当地的反法情绪，在逻辑上是不充分的，在政治上也是幼稚的。

---

① Sebastian Elischer, "Populist Civil Society, the Wagner Group and Post-Coup Politics in Mali", *West African Papers*, No. 36, Paris: OECD Publishing, 2022.
② AFP, "Emmanuel Macron: 'Ils sont morts pour la France, pour la protection des peuples du Sahel'", 12 Decembre 2019 [18 Janvier 2023], https://www.france24.com/fr/20191202-en-direct-l-hommage-national-aux-treize-militaires-fran%C3%A7ais-tu%C3%A9s-au-mali.
③ Fatma Bendhaou, "Conflit entre la France et le Mali: Quelle issue? (Analyse)", 15 Février 2022 [18 Janvier 2023], https://www.aa.com.tr/fr/afrique/conflit-entre-la-france-et-le-mali-quelle-issue-analyse/2503370.

（三）捍卫民主说

当前，西方国家对法马关系破裂的另一种重要解释是，马里军政府刻意延长过渡时期，推迟大选的做法，践踏了西式民主的主流价值，从而引发了法国的不满和激烈举动。法国与马里关系的恶化，是法国选择"捍卫民主价值"的结果。

时任法国外长勒德里昂在2022年1月接受《星期日报》（*Le Journal du Dimanche*）采访时，曾较为系统地阐述了法马关系"无法再维持现状"的原因。他认为，法国在马里遭遇了两个层面的框架的破裂，首先是政治框架的破裂，其次是军事框架的破裂。在政治层面，军政府在两次政变后不听从非盟和欧盟支持的西共体提出的关于使马里进入民主过渡进程的要求。军方提出了五年政治过渡期，就好像其合法性是由政变创造的一样，这种情况使过渡政府处于"非法"状态。在军事层面，军政府依赖俄罗斯私营雇佣兵公司瓦格纳，其目标显然是确保其权力的可持续性。以此为基础，马里军政府向法国做出了一系列挑衅行为，如重审国防条约、禁止包括联合国在内的驻马里国际部队飞越某些地区等。在这种情况下，显然难以保持现状。[①] 法国总统马克龙在2021年5月29日接受《星期日报》专访并谈及马里问题时，表示他已经告知西非各国领导人，"自己不会同一个民主合法性与民主过渡均不复存在的国家待在一起"。[②]

马里军政府方面对于双方关系破裂原因的认知也与选举有关。马里过渡政府外交部长阿卜杜拉耶·迪奥普（Abdoulaye Diop）在

[①] François Clemenceau, "Le Drian avertit Poutine sur la crise ukrainienne: 'Pas un pas de plus!'", 29 Janvier 2022 [18 Janvier 2023], https://www.lejdd.fr/International/le-drian-avertit-poutine-sur-la-crise-ukrainienne-pas-un-pas-de-plus-4090735.

[②] François Clemenceau, "EXCLUSIF. Immigration, terrorisme, colonization ... Les confidences de Macron en Afrique", 29 Mai 2021 [18 Janvier 2023], https://www.lejdd.fr/Politique/exclusif-immigration-terrorisme-colonisation-les-confidences-de-macron-en-afrique-4048401.

2022年2月访问布鲁塞尔时曾说，巴黎和巴马科之间紧张的关系是因为军政府拒绝了在2022年2月举行选举。[1] 不过迪奥普并不认为法国的真实动机是为了捍卫"民主价值"，而是认为推迟选举"触及了法国的利益"，他不乏讽刺地提到："法国，它一边声称捍卫民主，但却又跑到一些别的国家，扶植一些通过军事政变上台的国家元首。"[2]

事实上，法国在对待非洲政权时的多重和模糊的标准，确实令观察者们感到困惑，也让人们对其标榜的"民主价值"标准感到怀疑。法国国际关系和战略研究院（Institut de Relations Internationales et Stratégiques，简称IRIS）研究员卡罗琳·鲁西（Caroline Roussy）就曾在其文章中提到：

> 自20世纪90年代初以来……巴黎与其昔日的后院之间出现了新的"误解"，法国的政策挫败了非洲人民支持民主进程的强烈愿望，这是现实政治（realpolitik）的征兆，这种政治以维护其经济和军事利益的名义仍然锚定在戴高乐式"稳定"的庇护所中。（因此）法国继续同时支持着民主主义者、王朝政权甚至政变者（如后伊德里斯·代比[Idriss Déby]时期的乍得）。[3]

---

[1] Tchadinfos, "'La France, qui dit qu'elle défend la démocratie, elle est allée dans d'autres pays, elle a installé des chefs d'État qui ont fait des coups', ministre malien des Affaires étrangères", 30 Janvier 2022 [18 Janvier 2023], https://tchadinfos.com/politique/la-france-qui-dit-quelle-defend-la-democratie-elle-est-allee-dans-dautres-pays-elle-a-installe-des-chefs-detat-qui-ont-fait-des-coups-ministre-malien-des-affaires-etrangeres/.
[2] Tchadinfos, "'La France, qui dit qu'elle défend la démocratie, elle est allée dans d'autres pays, elle a installé des chefs d'État qui ont fait des coups', ministre malien des Affaires étrangères", 30 Janvier 2022 [18 Janvier 2023], https://tchadinfos.com/politique/la-france-qui-dit-quelle-defend-la-democratie-elle-est-allee-dans-dautres-pays-elle-a-installe-des-chefs-detat-qui-ont-fait-des-coups-ministre-malien-des-affaires-etrangeres/.
[3] Caroline Roussy, "Introduction. De la démocratie en Afrique", *Revue internationale et stratégique*, Vol. 126, No. 2, 2022, pp. 43-51.

（四）现有解释的不足

整体而言，如果从具体的因果逻辑层面上看，"瓦格纳介入说"和"马里民粹主义运动说"有些站不住脚。俄罗斯雇佣兵的介入，发生于法马关系破裂之后。反法情绪长期在马里存在，军政府在执政早期也刻意与民粹主义运动保持了界限，但法马关系依然破裂。"捍卫民主说"在因果逻辑上能够自洽，但是它无法解释法国政府对马里军政府态度上的反复和犹豫，这种犹豫表明除了民主价值以外，还有别的因素影响着法国政府的决策。

更为重要的是，无论是"瓦格纳介入说"还是"马里民粹主义运动说"抑或是"捍卫民主说"，相关的解释者们都有意无意地将马里军政府视为导致法马关系破裂的主动行为者，而法国似乎是被动地对马里局势做出回应。然而，恰恰与此相反，法国在处理对非洲国家关系时长期处于优势地位，决策的主动权掌握在法国手中，只不过法国对非政策核心原则的模糊性导致了其决策的复杂性和矛盾性。

因此，本文所探索的，是一种基于法国视角的，从国家行为逻辑的宏观层面分析后得出的解释。这种解释是对当前三种因果逻辑层面解释的有益补充。左右这种国家行为逻辑的主要因素，是"工具理性"与"价值理性"在法国对非政策中的融合与竞争。

三、法国对非政策背后的"价值理性"与"工具理性"

（一）"价值理性"与"工具理性"在法国对非外交中的内涵

"价值理性"与"工具理性"的对立统一，广泛存在于人类作出各类决策的过程中，而在传统的政治领域，"价值理性"与"工具理性"是常见的政策分析工具。①

我国的一些学者,已经在其研究中注意到了法国外交政策中"价值理性"与"工具理性"并存和斗争的现象,并尝试对其进行了一些阐释。其中,武汉大学罗国祥教授的分析具有代表性。罗国祥认为,在研究当今国际关系问题时,如果一切均以自身利益(政治、经济、主权等"核心利益")为出发点进行研究,则具有明显的缺陷性。以"道德理性"为理论基础,可以对一些国际问题作出更好的分析和预测。法国的立国策略和发展历程表明,恰到好处地、适时地交替运用道德理性和工具理性,才能使其国家利益最大化。②

根据罗国祥的观点,法国对外政策中的"道德理性"与追求"软实力"、开展"文化外交"意义相近,其核心价值观源于法国启蒙思想的"自由、平等、博爱"等理念。而法国外交的"工具理性"则与追求和发挥"硬实力"、权衡各类利益有关。③罗国祥等人在评论法国总统希拉克的外交思想时认为,希拉克的对非政策兼顾了"道德理性"和"工具理性",其在2001年首届法非峰会上提出的"合作、不干涉、不漠视加约束"的对非政策原则,以及对非减免债务、实行特殊的人道主义政策等方面均体现了对"道德理性"的强调。④罗国祥认为:"希拉克对非政策的道德理性和工具理性兼备的外交政策并非绝对意义上的实用主义外交理念使然,而是从内心对于在人类文明中做出贡献的世界各民族的真诚尊重。"⑤

从上述观点可以看出,罗国祥对于法国外交政策中"道德理性"

---

① Xu Jianbin, He Longtao & Chen Henghan, "Balancing Instrumental Rationality with Value Rationality: Towards Avoiding the Pitfalls of the Productivist Ageing Policy in the EU and the UK", *European Journal of Ageing*, Vol. 17, No.2, 2020, pp. 251-257.
② 罗国祥:《义利并重:全球新秩序下的中法关系50年》,《人民论坛·学术前沿》2014年第16期,第30—39页。
③ 罗国祥:《义利并重:全球新秩序下的中法关系50年》,《人民论坛·学术前沿》2014年第16期,第30—39页。
④ 罗国祥、金海波:《希拉克外交思想探析》,《法国研究》2020年第1期,第31—32页。
⑤ 罗国祥、金海波:《希拉克外交思想探析》,《法国研究》2020年第1期,第32页。

的阐述，在意义上属于韦伯所提"价值理性"的范畴，即以某种道德观念作为政策出发点。其对于法国外交的"道德理性"与"工具理性"内涵所作的尝试性阐释，具有一定的启发意义，不过仍然存在定义较模糊的问题，同时未能说明两种理性在法国对外政策中的主次关系以及取舍标准。

基于对前人理论成果的吸收，以及对法国对非政策实践的观察和思考，本文认为，法国对非政策中的"价值理性"主要包含以下内涵：

（1）对于西式自由民主制度及其延伸价值观的信奉与维护；

（2）对于全球社会普遍关注的议题的回应与治理，这些议题包含气候变化、性别平等、种族平等、移民等诸多热点议题；

（3）对于人类社会共同的基本善恶观念的遵循与维护。

其中，对于西式自由民主制度及其延伸价值观的信奉与维护是法国对非政策"价值理性"的核心，因为这一点是最能够使其区别于其他竞争对手，也最能直观地转化为政策抓手，且在外交实践中经常遭遇冲突和挑战的一点。

法国对非政策中的"工具理性"则主要包含以下内涵：

（1）对法国国家安全与国民安全的追求，这类追求包含应对传统军事威胁与应对非传统的恐怖主义袭击、保障海外企业和侨民人身安全的需求；

（2）对于在非洲经济利益的获取与维护；

（3）对非洲传统"势力范围"的追求和维护。

军事和安全议题是法国对非"工具理性"权衡的核心。法国在其非洲前殖民地国家（特别是中、西部非洲的"萨赫勒五国"）使用"工具理性"时，首先需要考虑的就是驻军、反恐及移民问题。经济利益往往以重要自然资源、重大项目、贸易等形式呈现。

（二）"保守"与"改革"之争——法国对非政策中两种理性地位的演变

回顾法国自20世纪60年代非洲独立以来的对非政策，可以发现其对非政策既保持了很强的延续性，又包含着许多变革企图。其对非政策的"保守"与"变革"之争，实际反映的是法国外交决策者们对于"工具理性"与"价值理性"的权衡与取舍。

1. 由"工具理性"主导的"法非特殊关系"

在法国的非洲殖民地独立之后，法国出于维持政治、经济利益以及大国地位的需要，通过建立"法非特殊关系"继续维持着对非洲国家的控制和影响。"法非特殊关系"的主要表征有：在管理体系上，由戴高乐总统在总统府内部设立的"非洲事务处"是法国真正的对非决策机构，该机构全面负责对非联系，为总统的非洲政策提供建议；在与非洲国家的关系上，法国与独立后的前殖民地关系从未转变为真正的国际关系，而是由情报头目和政治掮客构建的非正式的、不透明的关系网维持着与非洲国家元首的联系。[1]

法国维持"法非特殊关系"的主要手段，一是利用发展援助施加影响；二是开展防务和军事援助及合作加以控制；三是设计特殊货币机制进行经济钳制；四是通过语言文化纽带增强认同。[2]

尽管法国在建立和维持"法非特殊关系"时，既包含维护具体的国家利益和国际影响的目的，又有某种"道义感"或"责任感"驱动的成分，但必须明确的是，"法非特殊关系"是一个主要在"工具理性"驱使下形成的产物。

在"法非特殊关系"之下，法国与非洲领导人之间长期存在着一种非正式的、家庭式的私人关系网络，该网络围绕各国的权力核心向周边拓展，将社会各界的权势人物网罗在内，形成"恩主-侍从"（Patron-Client）关系。法国为这些关系网的运作提供预算资助。这些关系网的活动不受监管，是腐败行为的温床。法国积极扮演"非洲宪

---

[1] 彭姝祎：《从戴高乐到马克龙：法国的非洲政策变化轨迹与内在逻辑》，《西亚非洲》2019年第2期，第86—87页。
[2] 彭姝祎：《从戴高乐到马克龙：法国的非洲政策变化轨迹与内在逻辑》，《西亚非洲》2019年第2期，第88—90页。

兵"，频繁出兵干预非洲事务，其在非洲支持的对象中不乏军事独裁者、腐败分子与暴君。在很多情况下，这种特殊关系不仅是与法国所推崇的西式自由民主制度及其价值观相违背的，也是与社会进步、公平、正义等人类社会普遍的道德观相违背的。

从戴高乐到密特朗执政时期，"法非特殊关系"主导着法国对非政策。冷战结束之后，非洲国家不再是社会主义阵营与资本主义阵营交锋的前线。西方国家以价值观主导，引导和推动非洲国家进行政治改革的声音逐渐变大。同时，传统的粗暴干预、强行扶植等手段引发的反弹和副作用越来越大。因此，法国从20世纪90年代初开始尝试改革其对非政策。在希拉克当政的两个任期共计十余年的时间内，法国的对非政策继续在"去特殊化"与"维持法非特殊关系"之间摇摆。萨科齐时期亦是如此。尽管萨科齐在淡化法非特殊关系方面采取了一些行动，但以罗伯特·布吉（Robert Bourgi）为代表的保守派在萨科齐身边仍发挥着不容忽视的作用。[①]

2."价值理性"影响下法国对非政策的调整尝试

从奥朗德执政开始，法国政府在处理对非关系的过程中强化了意识形态和价值观的作用，这种趋势在马克龙时期进一步得到了增强。

奥朗德在当选之前就明确表示要改革法国的对非政策。在选举前，奥朗德所在的社会党的非洲专家托马·梅隆尼奥（Thomas Mélonio）曾出版了一本小册子，其中阐述了该党对于法非关系的改革思路，承诺重新强调人权和民主、减少法国的永久军事存在以及在保证透明度和更多民间组织参与的基础上与非洲建立"现代"伙伴关系。[②]在奥朗德于2012年5月当选后，其对非洲政策阐述基本符合梅隆尼奥小册子中的思路。2012年8月27日，在其就任后的第一个外交政策重要讲话中，奥朗德对163位法国驻外大使说：

[①] 彭姝祎：《从戴高乐到马克龙：法国的非洲政策变化轨迹与内在逻辑》，《西亚非洲》2019年第2期，第95—96页。

[②] Thomas Mélonio, *Quelle politique africaine pour la France en 2012?*, Paris: Fondation Jean Jaurès, 2012.

对于非洲，我想建立一个新的格局。法国将信守对这个充满希望的大陆的承诺。世界上所有的大国都在那里，试图发展他们的影响力，而非洲人自己也不希望法国退出。但我们的政策必须与过去不同。它必须以非洲与我们之间贸易和经济关系的透明度为基础。它必须基于对民主规则应用的警惕性以及对主权选择的尊重上。[①]

由此可见，奥朗德的对非政策，强调了法国在处理非洲事务时以"价值理性"为先导的原则，即以对西式自由民主制度及其延伸价值观的信奉与维护为核心标准，重视与非洲国家领导者在价值观上的一致性，在实际行动层面减少对非洲的干预，以此为基础兼顾法方在贸易、经济、安全和大国影响力上的利益，从而彻底改变"法非特殊关系"中以实际利益为指挥棒的传统做法。

马克龙上台之后，法国政府开始了新一轮对非政策改革，"价值理性"在其决策过程中的权重明显增加。继续与"法非特殊关系"切割，是马克龙对非政策的首要一步。在2017年的瓦加杜古大学演讲中，马克龙声称其"没有非洲政策"。外界将这种表述解读为马克龙宣示将终结"法非特殊关系"。[②]

在具体举措上，马克龙同意了废除西非法郎的货币改革方案，这对于结束"法非特殊关系"有重要意义。与法国殖民历史决裂，是马克龙对非政策的另一重要举措。这种决裂既包含着对历史上法国在非洲犯下的殖民罪行的承认和反思，更暗示着其作为"年轻一代"的成员，应当与新一代的非洲青年们共同翻过历史的篇章，放下历史问题的沉重包袱。

---

① François Hollande, *Déclaration de M. François Hollande, Président de la République, sur les défis et priorités de la politique étrangère de la France, à Paris le 27 août 2012*.
② 彭姝祎：《从戴高乐到马克龙：法国的非洲政策变化轨迹与内在逻辑》，《西亚非洲》2019年第2期，第104页。

民间外交、青年外交和新媒体外交是马克龙对非外交政策的新抓手。在2021年举办的新版法非峰会上，马克龙并未邀请任何非洲国家政要，近三千与会者主要是来自法国及非洲国家的企业家、艺术家或运动员等民间社会代表，其中近三分之一的代表都是年轻人。

马克龙推出的这些改革举措背后有一条共性的原则，即以"争取人心"为主要目标。支撑这个目标的，是法国外交思维中的"价值理性"，即以西方视角下"普世"的价值观争取非洲民众，尤其是年轻一代的价值认同和情感共鸣。

（三）"价值理性"优先还是"工具理性"优先？

尽管奥朗德、马克龙执政下的法国政府已经在近年来明显加强了向"价值理性"倾斜的对非政策转向，但"价值理性"是否已经成为法国对非外交的主导原则，还需要经过更多事实的检验。法国政府、军队和议会中主张以"工具理性"指导对非政策的力量依然不可小觑。在马克龙非洲政策的另一面，是其"光荣法兰西"的大国情结、在非纷繁复杂的现实利益以及棘手的安全危机，这些问题都向"价值理性"提出了挑战。

为了能够更加清晰地判断和评价法国在处理对非关系时究竟是以"价值理性"优先还是以"工具理性"优先，以及两种理性之间互补或竞争的关系，本文以简化的形式提炼了两种理性标准所关注的关键性指标（见表1）。

表1 法国对非政策中"价值理性"与"工具理性"的主要评估指标

理性种类	理性评估指标		
价值理性	是否符合西式"民主"规范和价值观（关键指标）	是否对法国的国际形象产生重大影响（辅助指标）	是否会造成全人类普遍关注的危机（辅助指标）
工具理性	是否对法国安全有重大影响（关键指标）	是否对法国的"势力范围"有重大影响（辅助指标）	是否能影响重大经济利益（资源、军售、大型项目）（辅助指标）

四、案例检验——法国在几起事件中对不同理性原则的取舍

为了厘清法国政府与马里军政府于2020—2022年间交恶的主要原因，本文对比了近年来法国对待非洲国家政变后上台的军政府的态度，以及其相关决策的过程和动机。在做对比之前，本文假定法国近年来对待非洲重大事件的决策是基于理性的，即其决策背后有一套一致的、连贯的、自洽的行为逻辑作为支撑。对比这几个案例中法国政府的决策，将有助于呈现"价值理性"与"工具理性"在法国对非政策中真正的主次关系。

（一）"价值理性"与"工具理性"并重——法国2013年对马里的干预

2012年3月，马里发生了由阿马杜·萨诺戈（Amadou Sanogo）上尉领导的军事政变。此次政变的背景，是2011年以来马里北部安全局势的恶化。在阿扎瓦德民族解放运动（MNLA）与伊斯兰极端组织的打击之下，马里军队遭受了较严重的损失，引发基层军人对政府的不满，最终导致政变发生，总统阿马杜·图马尼·杜尔（Amadou Toumani Touré）被迫下台。政变军人以全国恢复民主和国家委员会（CNRDR）的名义控制了政局，并成立了过渡政府。然而，政变与过渡政府的成立并未阻止安全局势的恶化，反而给北部的分离主义力量以可乘之机。至2012年底，马里过渡政府与国际社会尚未就该国面临的任何核心问题达成协议，这些问题包括：如何收复北方失地，如何安排政治过渡以及何时举行选举。

在包含恐怖主义力量的分离武装步步逼近马里首都的情况下，面对日益紧张的马里局势，由奥朗德领导的法国政府在2012年5月至2012年12月经历了较长的一段犹豫期。这是因为，如果按照奥朗德

阐述的"价值先导、减少干预"的非洲政策思路，那么法国不应该在 2013 年出兵对马里进行干涉。主要原因有：（1）马里过渡政府在 2013 年之前始终未对交权和民主选举作出明确承诺，军人谋求长期执政的意图显现；（2）萨诺戈领导的马里政变军人团体一直强烈反对寻求外国军事介入，不欢迎法国、联合国或非盟出兵马里。基于上述两点，如果奥朗德领导的法国政府能够充分地执行其以"价值理性"为主导原则的非洲政策，那么最优的选择应该是不干涉马里，等待国际社会的共同行动。这样，可以避免援助不符合"民主"原则的马里军政府，法国也不会陷入麻烦。

如果从"工具理性"的角度考虑，则法国方面有充足的理由应当出兵干预。首要因素是法国国家安全方面的考量。法国政界和军方无法容忍极端主义成分的武装组织占领巴马科，这将有可能在萨赫勒地区造就一个新的"伊斯兰国"，严重威胁法国在该地区其他国家的利益。其次，法国仍然希望在该地区保持相当的军事影响力，特别是法国军方希望如此。尽管 2008 年的法国国防白皮书曾建议关闭一些非洲军事基地，但军方希望通过对马里的干预行动重新强化在非存在。事实上，军方通过此次干预达到了其改变法国在非军事收缩战略的目的。2013 年的法国国防白皮书推翻了关闭部分非洲基地的决定，并将法国预先部署的部队置于其新非洲战略的核心。① 最后，法国认为自己作为联合国安理会的常任理事国，以及西非法属殖民地的前宗主国，有一定的维持地区安全和稳定的义务。②

奥朗德政府在"价值理性"与"工具理性"的矛盾中犹豫了几个月，阻碍其出兵的因素主要来自"价值理性"。不过，在此期间，奥朗德还做了一些努力。首先，法国企图邀请欧盟各国共同出兵干预

---

① Assemblée Nationale, "Rapport d'information sur l'opération Serval au Mali", 18 Juillet 2013 [18 Janvier 2023], https://www.assemblee-nationale.fr/14/rap-info/i1288.asp#P1309_194320.
② Tony Chafer, "France in Mali: Towards a New Africa Strategy?", *International Journal of Francophone Studies*, Vol. 19, No. 2, 2016, pp. 119-141.

马里，但遭到了拒绝。其次，法国在联合国安理会发起提案，要求联合国干预马里事务。安理会于 2012 年 12 月 20 日通过了第 2085 号决议，批准在马里部署一支非洲军队，但同时宣布非洲维和部队在 2013 年 9 月之前无法部署。最后，萨赫勒地区的其他非洲国家同意出兵干预，但这些国家在法国不出兵的情况下都缺乏开展行动的意愿和能力。这些努力都体现了法国的干预行动在"价值理性"方面的合理性。

2013 年 1 月初，法国情报部门声称已经侦测到马里北部武装团体之间的高强度通信，这些武装团体正在准备发动袭击，威逼马里首都巴马科。[1] 如果巴马科陷落，进而导致恐怖主义力量在马里坐大，造成重大的人道主义危机，这显然不符合法国的"价值理性"。因此，巴黎方面此时感到已经无法再拖延，于是迅速作出了出兵干预马里的决定。在出兵前，奥朗德的军事参谋长贝努瓦·普加（Benoît Puga）将军还提醒奥朗德最好从马里临时总统那里获得一封请求法国干预的信，[2] 以进一步增加该行动在"价值理性"上的合法性。

总体而言，从法国的角度看，2013 年的出兵行动，是一次既符合"工具理性"又符合"价值理性"的举措。奥朗德政府在 2012 年 5 月至 12 月间的犹豫，主要是为了克服"价值理性"上的障碍。巴马科陷落的危机，使出兵行动在"价值理性"上也显得必要。此外，在"薮猫行动"成功后，该行动在"价值理性"下的合法性也进一步增强。这主要是因为，法国的出兵导致政变领导人萨诺戈在马里过渡政府中的影响迅速下滑，最终不得不同意马里于 2013 年内举行民主选举，西式民主价值得到补救性巩固。同时，法军拯救巴马科于恐怖分子

---

[1] Gregor Mathias, *Les Guerres africaines de François Hollande*, Paris: Editions de L'aube, 2014, p. 29.
[2] Tony Chafer, "France in Mali: Towards a New Africa Strategy?", *International Journal of Francophone Studies*, Vol. 19, No. 2, 2016, pp. 119-141.

之手的行为，赢得了马里民众的普遍欢迎，彰显了法国维护地区和平与稳定的良好形象。此次决策也表明，在法国对马里（乃至对萨赫勒五国）的决策过程中，"价值理性"的权重已经大于或等于"工具理性"。

（二）"价值理性"超越"工具理性"——法国2022年对马里的抛弃

回顾2020年马里发生政变后法国与马里关系的恶化过程，其中有一条导致争议的主线，即法国军队在马里的去留问题。在争议中，法国政府的态度看似有些矛盾：法国一方面对马里军政府及马里民间的排法情绪感到愤怒，一方面又以终止军事合作、结束"新月沙丘"行动作为惩罚和威胁马里军政府的手段，最终在马里方面的强硬回击下决定从马里全部撤军。在这些复杂的态度背后，是法国政府决策过程中"工具理性"与"价值理性"的斗争。

从"工具理性"的角度看，法国完全从马里撤军削弱了其在萨赫勒五国地区的战略存在，有可能使当地的极端组织重新获得更多的发展空间，影响法国在中西部非洲地区设施、项目、公民的安全，也会削弱对非法移民流动的控制，影响法国本土的安全。此外，法国撤出后的战略空白，很可能被俄罗斯及其他竞争对手所填补。如果要保全法国的这些战略利益，最优解是以某种形式继续在马里保持军事存在，这需要在政治上继续与马里军政府合作共处。因此，在2020年8月马里发生第一次政变后，法国继续谋求在马里驻军并保持军事合作，并与军政府达成了一定妥协。

然而，从"价值理性"的角度看，马克龙政府对于马里军政府的忍耐力非常有限，尤其是在马里军政府表现出谋求长期执政的意图的情况下。从2020年8月至2021年5月，法国试图用自己的影响力使马里政局回到符合其"价值理性"的局面，但2021年5月的二次政变证明这种影响力已经很大程度上失灵了，即使法国在当地依然保持着驻军，也不能挽回这种影响力。于是，马克龙政府以结束"新月沙丘"行动的方式警告和惩罚马里军政府，但同时又宣布将保留"塔库巴特遣队"在马里的部署。这是法国在遵从其"价值理性"的情况下，寻求同时满足"工具理性"的又一次尝试。

马里军政府以强硬的态度回应了法方的惩罚。马里军政府要求丹麦特种部队离境，实质上否定了"塔库巴特遣队"在马里部署的合法性，又废除了2014年与法国签订的《防务合作条约》，并引入俄罗斯雇佣兵作为安全补充。这一系列回击，表明法国已无法在马里实现"价值理性"与"工具理性"的双赢，最终马克龙宣布完全从马里撤军，并对马里军政府进行了一系列批评和惩罚，这意味着法国在马里问题上的决策以"价值理性"压倒了"工具理性"。

（三）"工具理性"的影响力依然强大

1."工具理性"视角下，马里既是利益又是负担

马克龙政府在处理本轮马里危机时，之所以会倾向于遵循"价值理性"，还有一个很重要的原因，即从"工具理性"的角度看，驻军马里尽管能够带来战略利益，但也已经成为比较严重的负担。因此，在坚持"价值理性"的同时从马里战略撤退，也能够节约军事开支，避免伤亡，变相地、部分地维护了"工具理性"。

自从2014年"新月沙丘"行动开展以来，法国在萨赫勒地区消耗了数十亿欧元，[①]但是效果并不太理想。这种不理想不仅体现在当地安全局势的恶化，更体现在马里当地人对法国和法军越来越大的敌意。这种反法情绪严重地削弱了法国在当地的军事行动所换得的道德优越感和成就感。

---

① Cathy Dogon, "Barkhane: le coût de l'opération militaire (et civile) au Mali en 4 chiffres", 17 Février 2022 [18 Janvier 2023], https://www.pourleco.com/politique-economique/barkhane-cout-de-loperation-militaire-et-civile-au-mali.

2014—2021年，法军在萨赫勒地区的阵亡人数是51人，[1]其中比较大的一次伤亡发生在2019年11月，当时有13名士兵因直升机相撞死亡。[2]如果同世界其他地区的战争及军事冲突的伤亡规模相对比，如叙利亚内战、俄乌冲突甚至美军在阿富汗的治安战，法军的这些伤亡并不能称之为多么重大。但法国舆论和法国政府对于其在萨赫勒地区伤亡的承受力是相对脆弱的，2019年时，13名士兵的死亡就在法国造成了很大的舆论影响，这反映了法国的国力实际上难以支撑在萨赫勒的长期军事行动，尽管它实际上是低烈度的。

2020年初，美国国防部宣布美军拟大幅甚至全部撤离西非地区，包括放弃在尼日尔花费上亿美元建造的无人机基地，以及终止协助法国在布基纳法索、马里和尼日尔的反恐行动。美国的撤出，将会使法国在萨赫勒地区的反恐行动愈发困难，为此法国国防部部长于2020年中专程赴美，想劝说美国不要从非洲撤军，但无功而返。[3]

法国从马里完全撤军的决定，以"工具理性"角度看也符合逻辑。首先，法国在马里并没有太大的经济利益。法国在该地区最主要的战略经济利益位于尼日尔，法国国有核电公司阿海珐（Areva）使用的30%的铀来自当地。其次，法国与马里北部图阿雷格人的紧密关系，可以使法国在从马里撤军后依然从马里北部获取情报、施加军事影响。最后，法国还可以依靠其在该地区的其他盟友（如乍得、尼日尔等）维持在当地的军事存在，控制马里与邻国的边界地区。

由此可见，根据"工具理性"的计算，对法国而言，在马里驻军

---

[1] Finabel, "External Operations and Civil-Military Relations: Questioning Representation in the Case of Barkhane", February 18, 2021 [January 18, 2023], https://finabel.org/external-operations-and-civil-military-relations-questioning-representation-in-the-case-of-barkhane/.

[2] TV5 MONDE, "Mort de 13 soldats français au Mali: le groupe EI affirme avoir causé la collision, la France dément", 24 Décembre 2021 [18 Janvier 2023], https://information.tv5monde.com/afrique/mort-de-13-soldats-francais-au-mali-le-groupe-ei-affirme-avoir-cause-la-collision-la-france.

[3] 贺文萍：《法国抽身而退，萨赫勒要重蹈阿富汗覆辙？》，中工网，2021年6月25日［2023年1月18日］，https://www.workercn.cn/c/2021-06-25/6584385.shtml。

是一个成本高、收益低、可替代的行为。而马里的二次政变又表明，除非继续在该国增加资源投入，否则法国无力掌控该国局势。因此，从马里撤军成为一个既可以节约成本，又可以惩罚马里军政府，还可以表明法国对西式民主价值的坚持的举动。

2. 马里之外，"工具理性"对法国与乍得关系的重要影响

马里的案例表明，"价值理性"在法国对萨赫勒五国外交决策中的影响权重正在逐渐超过"工具理性"。但乍得的案例表明，法国依然十分重视"工具理性"视角下其在该地区的实际利益，而当该利益大到难以割舍时，法国也会执行一些与"价值理性"相违背的政策。

2021年4月，乍得前总统伊德里斯·代比在前线视察部队时受伤后死亡，结束了其对乍得30年的统治。随后，由代比之子马哈马德·伊德里斯·代比（Mahamat Idriss Déby）领导的过渡军事委员会接管了政权，宣布解散议会，废除宪法，开始为期18个月的过渡期。乍得的主要反对派将这一举动称之为"制度性政变"。马哈马德·代比上台后，其长期执政的意图十分明显。2022年8月，乍得全国和解对话内部委员会建议将过渡期再次延长2年。

然而，法国却对这场"制度性政变"后上台的马哈马德·代比表现出了坚定的支持。马克龙出席了老代比的葬礼，并在发言中表示"不会允许任何人在今天或明天破坏乍得的稳定"[①]。而在乍得过渡政权再次提议推迟过渡期时，法国也未作出任何激烈反应。正如土耳其阿纳多卢通讯社（AA）评论的那样，"法国为了其在萨赫勒的利益牺牲了民主"[②]。

---

① Mustapha Dalaa, "La France sacrifie la démocratie au Tchad sur l'autel de ses intérêts au Sahel (Analyse)", 1 Mai 2012 [18 Janvier 2023], https://www.aa.com.tr/fr/afrique/la-france-sacrifie-la-d%C3%A9mocratie-au-tchad-sur-l-autel-de-ses-int%C3%A9r%C3%AAts-au-sahel-analyse/2226526.
② Mustapha Dalaa, "La France sacrifie la démocratie au Tchad sur l'autel de ses intérêts au Sahel (Analyse)", 1 Mai 2012 [18 Janvier 2023], https://www.aa.com.tr/fr/afrique/la-france-sacrifie-la-d%C3%A9mocratie-au-tchad-sur-l-autel-de-ses-int%C3%A9r%C3%AAts-au-sahel-analyse/2226526.

法国之所以愿意违背西式民主价值观，支持马哈马德·代比，主要是代比政权对于法国而言有难以割舍的战略利益。乍得军队被认为是法军在萨赫勒的最得力助手。在2013年的"薮猫行动"中，乍得就派出了2000兵力协助法军；目前，在联合国马里稳定团中，有1400名乍得士兵驻扎在马里北部；乍得还派遣了1200名士兵驻扎于马里与尼日尔、布基纳法索的边界，又派出1500名士兵加入在苏丹的联合军事部队，用以监视边界。总之，对于兵力较少的法军而言，乍得军队是其在该地区不可或缺的力量补充。

在处理乍得事务时，法国对非政策中的"工具理性"压制了"价值理性"。维护其西式民主选举制度以及价值观的目标让位于维持一个地区战略支点的目标，对于善政、人权的追求也被有意地忽略了。不过，法国的"价值理性"还是做了一些修补，它创造了"军民过渡"（transition civile militaire）的概念，积极推动让更多的民间团体加入乍得的过渡程序中。法国还坚持应尽早举行全国对话，以期乍得各方实现和解。

乍得的案例也在一定程度上暗示了法国在萨赫勒地区遵循"价值理性"的边界，那就是法国从未打算从该地区完全退出，相反，法国需要一些"支点国家"为其在当地的军事存在和势力范围提供力量上的补充，以弥补其兵力单薄、国力不足的弱点。以此标准，乍得、尼日尔提供的军事支持是法国无法割舍的，同时乍得的油气资源、尼日尔的铀矿资源也使这两国在"工具理性"的标准下具有特殊的重要性。相比而言，马里与布基纳法索能向法国提供的军事支持和资源都非常有限，这两国与法国的关系也将更多地受到法国"价值理性"的影响。

五、结论

近年来，法国政府对非政策改革的主要精神，即是增强"价值理性"在对非事务中的指导作用和引领作用，削弱和摒弃长期以来在

"法非特殊关系"影响下形成的以"工具理性"为主导的决策方式，奥朗德、马克龙两位总统推出的所谓"新的"对非政策，无一不是照此思路而构建。在理想状态下，以维护和推广西式自由民主制度及其延伸价值观为核心的"价值理性"将成为法国对非决策的主要标准，以现实利益为核心的"工具理性"将退居其次。

2012年马里政变后奥朗德政府的决策过程表明，尽管出兵干预马里在"工具理性"标准下理由充分，但法国政府依然会在"价值理性"标准下对出兵表现出犹豫。最终，在极端组织可能攻陷马里首都、当地可能发生重大人道主义危机的情况下，法国政府找到了"价值理性"下出兵的重要依据，并在后续的行动中利用军事政治影响迫使马里回归了西式民主制度，实现了"价值理性"与"工具理性"的统一。

面对2020年以来连续发生两次政变的马里，法国马克龙政府曾试图继续寻找同时满足"价值理性"与"工具理性"的方案，即在保持在马里驻军及与马里的军事合作的情况下，影响马里重新恢复西式民主选举制度。然而，当马里军政府表现出不配合与不服从的激烈态度时，马克龙政府选择了遵循"价值理性"而放弃了部分"工具理性"下的战略利益，导致法国与马里双方的矛盾在相互惩罚的过程中螺旋上升，最终使双方关系破裂。法马关系的破裂，可以看作是法国在萨赫勒地区强化"价值理性"指导下外交政策的标志。

因此，2020—2022年间法国与马里军政府关系的破裂，是法国主动为之。这是法国近年来对非政策改革的一个缩影，意识形态与价值观因素在法国与其非洲前殖民地国家关系中的权重增加了，传统的"工具理性"主导下的法非关系被进一步削弱。不过，"工具理性"并未完全退出，依然在法国与一些非洲国家的交往中发挥重要的作用。从"工具理性"的角度看，法国选择放弃马里，一定程度上是因为在马里驻军是一个成本高、收益低、可替代的行为。乍得的案例表明，当"工具理性"视角下的利益大到难以割舍时，法国也会执行一些与

"价值理性"相违背的政策。相比于对法马关系破裂的现有解释而言，本文提供了一种超出单纯事件因果层面的分析视角，从国家行为逻辑的角度分析了法国对待萨赫勒地区乃至更广范围的撒南非洲国家时所采取的政策。这种分析对于理解未来法国在非洲的行动是有益的。

法国在萨赫勒奉行"价值理性"或是"工具理性"的边界，在于法国从未打算从该地区完全退出，并决心继续捍卫其在安全上、资源上和地缘政治上的关键利益。因此，法国需要在当地寻找一些关键支点国家，弥补其兵力单薄、国力不足的弱点。因此，如乍得、尼日尔这样能为法国在军事上提供力量补充和战略支持，且拥有重要自然资源的国家，可能会得到法国的特殊对待，维持原有的以"工具理性"为主导的交往政策，容忍这些国家在"价值理性"下的瑕疵。而像马里、布基纳法索等军事能力薄弱、缺乏战略资源、治理赤字高筑的国家，可能会成为法国"价值理性"下苛责的对象。

（责任编辑：杨崇圣）

The Causes of France's Belligerence with Mali: An Explaination Based on Value Rationality and Instrumental Rationality

Tang Xiyuan

Abstract: Since the coup d'etat in Mali in 2020, the relationship between France and Mali's military government has deteriorated rapidly in a short period of time. Some studies believe that the involvement of the Russian "Wagner" mercenaries, the anti-French sentiment of all sectors of society in Mali, and the violation of democratic rules and values by the Malian junta are the main reasons for the breakdown of France-Mali relations. These viewpoints explain the question from the level of causal logic of specific events, and regard France as an actor that responds passively, instead of systematically explaining the reasons why France makes relevant decisions from the level of state behavior logic. France's policy towards Africa has long been influenced by two sets of rational rules, namely the "value rationality" rules with the Western-style liberal democratic system as the core, and the "instrumental rationality" rules dominated by the realistic interests of the country. Historically, France's African policy has prioritized "instrumental rationality". In recent years, the French government under the leadership of Hollande and Macron has tried to make "value rationality" the main guiding principle of its policy towards Africa. The decision-making process of France's military intervention in Mali in 2013 shows that the weight of "value rationality" in France's policy towards Mali has increased significantly and equalled or even surpassed the influence of "instrumental rationality". This emphasis on "value rationality" was further strengthened during the Macron period. After two consecutive coups in Mali from 2020 to 2022, the decision of the French government shows that it is willing to sacrifice "instrumental rationality" in order to follow "value rationality". This change is trendy. However, it does not mean that France has completely abandoned "instrumental rationality" in the Sahel region and even the wider sub-Saharan Africa region. France's attitude towards Chad after the coup d'etat in 2021 shows that France is still willing to implement some policies that run counter to "value rationality" for fulcrum countries with special strategic significance. Therefore, countries such as Chad and Niger, whose military resources and natural resources are of great importance to France, are likely to receive special leniency from France based on "instrumental rationality". Countries with weak military capabilities, lack of strategic resources, and high governance deficits, such as Mali and Burkina Faso, may become the harsh targets of France's "value rationality".

Keywords: France, Mali, French-African Relations, Value Rationality, Instrumental Rationality

英国普通法在阿联酋金融自由区的移植
——基于法律移植和法律全球化理论的分析

马 悦[*]

摘要：普通法系是以英国普通法为基础发展起来的法系，该法系的成员包括英国、美国和绝大多数的英联邦国家。阿拉伯联合酋长国（阿联酋）作为一个主要受到大陆法和伊斯兰法影响的国家，近年来在迪拜和阿布扎比分别建设了两个实行普通法制度的金融自由区。阿联酋主动移植英国普通法的案例，开创了 21 世纪英国前殖民地和被保护国主动移植英国法律的新模式，探索了在具有法典法传统的国家引进判例法的可能性，也体现了英国普通法在法律全球化时代所具有的优势。

关键词：英国普通法；英国；阿联酋；法律移植；法律全球化；金融自由区

普通法（Common Law），又称英美法（Anglo-American Law），是指自中世纪以来英国普通法法院通过"遵循先例"的司法原则，以不同时期司法判决为基础发展而来并在一定范围内普遍适用的法律体系。[①] 普通法发轫于 12 世纪的英格兰，随着 16 世纪以来英国的大规模

---

[*] 马悦，清华大学国际与地区研究院助理研究员。
[①] 普通法（Common Law）这一术语在不同语境下有着不同含义。相对于制定法（Statutory Law）而言，普通法是指判例法；相对于衡平法（Equity）而言，是指

殖民扩张，英国的普通法也被移植到亚洲、非洲和美洲的广大地区。以印度、马来西亚为代表的前英国殖民地获得独立后在法律领域继承了英国的殖民遗产，建立了以英国法为基础的普通法系法律制度。与印度、马来西亚的情况不同，阿联酋尽管曾是英国的被保护国，却在独立后另起炉灶，建立起一套基于法国法和埃及法的大陆法系法律制度。自21世纪以来，阿联酋在对本国法律制度进行改革的过程中主动吸收和借鉴了英国的普通法，并尝试建立了基于英国普通法制度的离岸司法管辖区，成为在法典法为主的司法管辖区成功嵌入以判例法为主的普通法系法律制度的典型案例。本文第一部分将简述阿联酋法律制度的历史和现状；第二部分将以迪拜国际金融中心（Dubai International Financial Centre，简称 DIFC）和阿布扎比国际金融中心（Abu Dhabi Global Market，简称 ADGM）为例，讨论阿联酋金融自由区移植英国普通法的具体情况；第三部分尝试分析阿联酋金融自由区移植英国普通法的主要原因；第四部分将在法律移植和法律全球化的视角下探讨阿联酋金融自由区移植英国普通法的方式和特点。

一、英国保护时期的法律输入和阿联酋法律体系现状

现代阿联酋的前身是阿拉伯半岛东部波斯湾沿岸的一系列受英国保护的酋长国，被称为"停战诸国"或"特鲁西尔诸国"（Trucial States）。19世纪上半叶，这些酋长国沦为英国的被保护国。在英国保护早期，殖民当局并未过多介入当地的法律事务，各酋长国仍保留

（接上页）来自普通法法院的判例；相对于大陆法系而言，是指英美法（英美法系）；相对于教会法而言，是指世俗政权或法庭发布的法律。广义的普通法是指由普通法、衡平法和制定法共同构成的法律体系，其主体是判例法。狭义的普通法仅指由普通法法院发展起来的判例法。本文仅在第二部分讨论两个自由区引入英国普通法和成文法的方式时涉及狭义的普通法，本文其他部分提到的普通法主要指的是广义的普通法。

了管理内部事务的权力。20世纪以来，特别是30年代以来，随着该地区的商业发展和石油开发，越来越多的外国人涌入该地区，这些酋长国与其他国家的联系与交往也随之增多。英国殖民当局通过协议确认了涉及英国国民和所有外国人的案件的管辖权，并设立不同层级的英式法院。20世纪60年代开始，特别是1968年英国宣布撤出海湾地区后，各酋长国设立包括法院在内的现代国家机构。这一时期，各酋长国在来自埃及、约旦、苏丹和伊拉克等阿拉伯国家的法律专家的帮助下，逐步建立了自己的法律体系和司法机构。[1]1971年建国后，阿联酋加快了法律现代化的步伐，在联邦宪法基础上设立了以联邦最高法院为首的联邦司法机构。此后经过数十年的法制建设，逐步形成了联邦和地方两套法律系统。沙迦、乌姆盖万、阿治曼、富查伊拉加入了联邦司法系统，阿布扎比、迪拜和哈伊马角则保留了自己的地方司法机构。

从阿联酋法律制度演进的历史来看，尽管英国保护期间建立了一些基于普通法的司法机构，也引入了一些英国和英属印度的成文法和判例法，但这些司法机构的管辖权较为有限，相关法律也仅适用于涉及外国人的纠纷。总体而言，这一时期输入的英国法律对当地法律制度的影响较为有限，既未给当地的法律制度和法律文化打下深刻的普通法烙印，也没有使阿联酋成为普通法系的一员。英国撤出后，来自本地区阿拉伯国家的法律精英填补了英国留下的空白，直接参与了阿联酋联邦及各酋长国的立法活动，使阿联酋融入该地区主流的法律制度和法律文化环境中。在法律传统方面，阿联酋现行法律制度融合了大陆法、伊斯兰法和习惯法。在法律渊源方面，阿联酋的法律渊源包括联邦和各酋长国立法机关制定的规范性法律文件，行政机关颁布的各种法规以及本国加入的国际条约，上述法律法规中的国内法主要受

---

[1] Butti Sultan Butti Ali Al-Muhairi, "The Development of the UAE Legal System and Unification with the Judicial System", *Arab Law Quarterly*, Vol. 11, No. 2, 1996, pp. 116-160.

到法国法和埃及法为主的大陆法的影响。在司法制度方面，无论是法院体系、法官角色，还是诉讼程序，阿联酋与法国等典型的大陆法国家基本一致。基于以上情况，本地区的法律从业者总体上将阿联酋视为一个大陆法系或基于大陆法（Civil Law）的司法管辖区。① 在阿联酋，一项法律制度无论源自哪种法律传统，都是通过法典的形式来体现。在这样一个具有深厚大陆法系法典法基础的司法管辖区，很难直接移植和对接以判例法为主的普通法系法律制度。因此，阿联酋开创性地通过设立金融自由区的方式来引进英国的普通法。

二、英国普通法在阿联酋金融自由区的移植

（一）阿联酋金融自由区及其立法框架

作为一个地理学概念，经济特区（Special Economic Zone，简称SEZ）主要指由主权国家政府为了吸引外资或跨国企业入驻而设立的具有特殊法律和政策优惠的区域。根据功能定位和区内开展的商业活动的性质，经济特区可以分为多种类型。目前，最常见的经济特区类型是专门用于转运和国际贸易的自由港和用于加工制造以吸引外国投资的出口加工区。除了用于发展转口贸易和加工制造业，经济特区也可以被用于促进包括金融业在内的服务业的发展。

从21世纪初开始，一些海湾阿拉伯国家开始尝试设立专门的金融自由区（Financial Free Zone），以吸引外国投资，促进以金融服务业为代表的现代服务业的发展。阿联酋分别于2004年和2015年设立了迪拜国际金融中心（DIFC）和阿布扎比国际金融中心（ADGM），卡塔尔于2005年设立了卡塔尔金融中心（Qatar Financial Centre，简

---

① 例如，迪拜国际金融中心法院前任首席大法官黄锡义就曾将迪拜国际金融中心法院称作"大陆法海洋中的普通法岛屿"（Common Law Island in a Civil Law Ocean）。

称 QFC）。与传统的经济特区相比，此类金融自由区具有以下三个特点。第一，普遍建立了拥有广泛监管、运营权力，甚至立法权力的自由区管理局；第二，通常在其地理边界或法律限定的范围内实行一套与国内其他区域不同的民商法律制度，这类法律制度通常基于普通法原则设计；第三，通常建立了专门的争端解决机构，包括具有独立管辖权的国际商事法院和国际化的仲裁中心。

阿联酋作为一个联邦国家，该国宪法明确规定了联邦专属的立法权限。《2004年第1号宪法修正案》为金融自由区的设立扫清法律障碍，修改后的《阿联酋联邦宪法》第121条规定联邦专属立法权包括："建立金融自由区的规则和方式，以及金融自由区免于适用联邦立法规定的范围。"[1]

《关于金融自由区的2004年第8号联邦法》（Federal Law No. 8 of 2004 Concerning Financial Free Zones）对在阿联酋境内建立金融自由区作出了具体规定。该法第2条规定金融自由区应通过联邦法律设立。该法第3条允许金融自由区免于适用联邦的民事和商事法律。该法第7条第3款授权有关酋长国在建立金融自由区的目标范围内颁布开展活动所需的立法。根据《关于在迪拜建立金融自由区的2004年第35号联邦法令》（Federal Decree No. 35 of 2004 to Establish Financial Free Zone in Dubai），阿联酋正式设立了该国首个金融自由区——迪拜国际金融中心。时隔9年之后，根据《关于在阿布扎比酋长国建立金融自由区的2013年第15号联邦法令》（Federal Decree No. 15 of 2013 Concerning Establishing a Financial Free Zone in the Emirates of Abu Dhabi），阿联酋设立了该国第二个金融自由区——阿布扎比国际金融中心。

迪拜和阿布扎比两个酋长国通过地方立法，赋予迪拜国际金融中心和阿布扎比国际金融中心较大的立法权，同时排除了酋长国一般民商事法律在两个金融自由区中的适用。

---

[1] United Arab Emirates Constitution, Art. 121.

《关于迪拜国际金融中心的 2004 年第 9 号迪拜法》(Dubai Law No. 9 of 2004 Concerning the Dubai International Financial Centre)第 3 条规定了迪拜国际金融中心的性质、负责人和组织构架。迪拜国际金融中心隶属于迪拜酋长国政府,并具有财政和行政上的独立性。国际金融中心应有一名由统治者颁布法令任命的主席。国际金融中心下设机构包括迪拜国际金融中心管理局、迪拜金融服务局和争议解决机构。该法授予迪拜国际金融中心较大的自主立法权,第 5 条规定迪拜国际金融中心主席的职权包括:批准并向统治者呈送国际金融中心的法律草案,以便公布。制定主席认为有利于实现国际金融中心目标的中心条例。第 6 条第 4 款规定国际金融中心董事会的职权包括:起草并向主席提交属于国际金融中心管理局管辖范围内的国际金融中心法律草案。批准并发布国际金融中心管理局管辖范围内的国际金融中心条例。该法第 13 条规定了迪拜国际金融中心所适用的法律。第 1 款规定国际金融中心的实体和机构应根据国际金融中心的法律和条例开展其商业活动。第 2 款排除了迪拜酋长国法律和地方政府机构的条例和决议的适用,除非这些法律、条例或决议中有适用于迪拜国际金融中心的特别规定。

《关于阿布扎比国际金融中心的 2013 年第 4 号阿布扎比法》(Abu Dhabi Law No. 4 of 2013 Concerning Abu Dhabi Global Market)规定了阿布扎比国际金融中心的治理、立法和监管框架。该法第 2 条明确了阿布扎比国际金融中心的性质和地位。阿布扎比国际金融中心隶属于阿布扎比酋长国政府,具有独立的法人资格,并享有充分的法律行为能力以及财务和行政独立性。该法授予阿布扎比国际金融中心较大的自主立法权,第 6 条规定,阿布扎比国际金融中心董事会是中心的最高权力机构。董事会的职权包括:发布有关其工作安排和实现其目标的国际金融中心条例,提出与国际金融中心有关的法律草案,并提交给酋长国执行委员会批准。该法第 22 条第 1 款规定国际金融中心的主管部门和机构应根据本法和国际金融中心的条例开展业务及商业和行政活动。第7款排除了阿布扎比酋长国法律和地方政府机构的法规和决议的约束，除非国际金融中心的条例有特别规定。

尽管迪拜国际金融中心和阿布扎比国际金融中心都建立了基于英国普通法的法律体系，但两个金融自由区移植和适用英国法律的模式存在明显的区别。简言之，迪拜国际金融中心采取了将英国普通法进行部分编纂的模式，而阿布扎比国际金融中心则是几乎原封不动地移植了英国的普通法和成文法。

（二）对普通法进行编纂：迪拜国际金融中心移植英国法的方式

迪拜国际金融中心根据自身需要对英国普通法中的民商法进行编纂，并以成文法的形式颁布，使之成为国际金融中心法律体系的一部分。截至2022年11月，迪拜国际金融中心已经颁布了29项法律和27项条例。在这些法律法规中，一类是以成文法形式对英国普通法案例进行的总结，如《合同法2004年第6号DIFC法》《债法2005年第5号DIFC法》《个人财产法2005年第9号DIFC法》《信托法2005年第11号DIFC法》。另一类是对英国的成文法进行调整和修订，以适应国际金融中心的需要，如《仲裁法2008年第1号DIFC法》《共同报告标准法2018年第2号DIFC法》《公司法2018年第5号DIFC法》《破产法2019年第1号DIFC法》《法院法2004年第10号DIFC法》《数据保护法2007年第1号DIFC法》《电子交易法2017年第2号DIFC法》等。以上这些法律规范基本涵盖了民法和商法中绝大多数的法律部门。《DIFC民法和商法适用法2004年第3号DIFC法》确定了迪拜国际金融中心所适用的民事和商业法律，以及适用相关法律的优先顺序（通常被称为"瀑布条款"[waterfall provisions]）。该法第8条规定：

（1）由于根据《2004年第8号联邦法》第3条，即便存在任何关于民事或商业事项的联邦法律，DIFC 法律仍能在 DIFC 适用，因此，在任何民事或商业事项中，人们之间的权利和责任应根据第 2 款选择的管辖区当时有效的法律来确定。

（2）相关的司法管辖区是根据以下各段首先确定的司法管辖区。

（a）只要有监管内容，DIFC 法或在 DIFC 生效的任何其他法律；否则，

（b）任何 DIFC 法律明确选择的除 DIFC 法律以外的任何司法管辖区的法律；否则，

（c）所有相关人员之间商定的司法管辖区的法律；否则，

（d）法院或仲裁员认为与该事项的事实和有关人员最密切相关的任何司法管辖区的法律；否则，

（e）英格兰和威尔士的法律。[1]

《DIFC 民法和商法适用法》第 8 条第 1 款首先排除了联邦民商事法律在迪拜国际金融中心的适用，除非该联邦法律在第 2 款第 2 项或第 3 项的情况下适用。第 2 款第 1 项确保迪拜国际金融中心优先适用自己的法律和法规（即迪拜国际金融中心编纂和修订的英国普通法和成文法）。第 2 款第 5 项则确定了英格兰和威尔士的法律作为兜底的适用法律。也就是说如果按照第 2 款第 1—4 项的顺序仍没有找到应当适用的法律，则可以广泛参照包括普通法、衡平法、成文法在内的所有英格兰和威尔士的法律。

（三）直接引入：阿布扎比国际金融中心移植英国法的方式

阿布扎比国际金融中心直接移植了英国的普通法和成文法，但二者在阿布扎比国际金融中心的适用方式有一定区别。《2015 年英国法律适用条例》具体规定了英国普通法和成文法在阿布扎比国际金融中

---

[1] Law on the Application of Civil and Commercial Laws in the DIFC, DIFC Law No. 3 of 2004.

心的适用方式。《2015年英国法律适用条例》第1条规定了英国普通法和衡平法的适用。[①]根据该条的规定，英国普通法（包括衡平法的原则和规则）在阿布扎比国际金融中心适用并具有法律效力，构成阿布扎比国际金融中心法律的一部分，除非相关英国普通法（包括衡平法）与在国际金融中心范围内适用的阿布扎比和阿布扎比国际金融中心的相关立法存在冲突。另外，该条第2款第4项规定，在该条例颁布后，如果英国通过立法对包括衡平法在内的英国普通法进行修订，该修订并不直接适用于阿布扎比国际金融中心，除非阿布扎比国际金融中心通过立法对相关修改予以确认。

以上条款表明，在不与国际金融中心适用的当地立法冲突的情况下，英国普通法（包括衡平法）被整体纳入为阿布扎比国际金融中心法律的一部分。英国普通法作为一种判例法，其主体是由高等法院、上诉法院、最高法院的判决，以及在某种程度上由枢密院司法委员会的判决构成的。以高等法院的判决为例，该级别法院的判例对下级法院而言是具有约束力的先例（binding precedent），对高等法院和更高级别法院而言是具有说服力的先例（persuasive precedent）。因此，英国的普通法通过法院创造先例的方式不断发展。《2015年英国法律适用条例》并未明确规定适用某一具体期限之内的英国普通法，因此英国法院不断发展出的先例都会自动被纳入到阿布扎比国际金

[①] 该法条具体内容如下：(1) 英国的普通法（包括衡平法的原则和规则），在阿布扎比国际金融中心适用并具有法律效力，构成阿布扎比国际金融中心法律的一部分——(a) 只要它适合阿布扎比国际金融中心的情况；(b) 受这些情况所要求的修改的限制；(c) 根据阿布扎比国际金融中心的任何法规，对其进行任何修订（无论何时）；以及(d) 在本条例颁布后，根据某项法案或据此通过的任何立法文书对其（即包括衡平法在内的英国普通法）进行修订。作为英国法律的一部分，该修订不适用阿布扎比国际金融中心，不具有法律效力，也不构成国际金融中心法律的一部分，除非阿布扎比国际金融中心的法规明确规定其（即经成文法修订的普通法）适用于阿布扎比国际金融中心，并具有法律效力，构成国际金融中心法律的一部分。(2) 第1款受到适用的阿布扎比法律或阿布扎比国际金融中心法规中相反规定的约束。如果英国普通法的规定、规则或原则（包括衡平原则和规则）与任何适用的阿布扎比法律或国际金融中心法规的规定、规则或原则之间有冲突或不一致，则以后者为准。(Application of English Law Regulations 2015.)

融中心的法律体系中。这种适用英国普通法的方式被称为"常青法"（evergreen），即随着英国普通法的不时变化而持续采用。①

对于英国法律的另一个组成部分——成文法，阿布扎比国际金融中心并未像整体纳入英国普通法那样整体纳入英国成文法。《2015年英国法律适用条例》第2条处理了英国成文法在阿布扎比国际金融中心的适用方式。②第2条第1款规定，只有列入《2015年英国法律适用条例》附表的英国成文法才能全部或部分适用于阿布扎比国际金融中心。如果《2015年英国法律适用条例》附表、阿布扎比或阿布扎比国际金融中心的立法对相关英国成文法有所修订，则以该修订为准。另外，在《2015年英国法律适用条例》颁布之后，如果英国通

---

① 另外一种在普通法系国家和地区更为常见的适用英国普通法的方式被称作"截止日期法"，即适用某一个固定的日期之前的英国普通法。以香港特别行政区为例，1997年回归前香港采取了"常青法"的方式，与英国普通法的最新发展保持一致；回归后，香港改为"截止日期法"，仅采用1997年之前的英国普通法。

② 该法条具体内容如下：（1）附表第一栏中指定的成文法，在本条例颁布之日在英国生效的范围内，应适用于阿布扎比国际金融中心，并具有法律效力，构成阿布扎比国际金融中心法律的一部分——（a）在其第二栏中规定的范围内，并受该栏中所列的任何删减、插入和修改的影响；（b）根据任何适用的阿布扎比法律或阿布扎比国际金融中心的法规对其进行任何修正（无论何时作出）；以及（c）无论在本条例颁布日期之后的任何时候，根据法案或据此通过的任何立法文书对其进行的修订，作为英国法律的一部分，但该修订在阿布扎比国际金融中心不适用、不具有法律效力，也不构成阿布扎比国际金融中心法律的一部分，除非阿布扎比国际金融中心的法规明确规定其在阿布扎比国际金融中心适用，具有法律效力，并构成中心法律的一部分。（2）第1款受适用的阿布扎比法律或阿布扎比国际金融中心法规中相反规定的约束。如果根据第1款适用于阿布扎比国际金融中心的法案的规定与任何适用的阿布扎比法律或阿布扎比国际金融中心法规的规定、规则或原则之间有任何冲突或不一致，应以后者为准。（3）如果英国普通法的某项规则或原则（包括衡平法的原则和规则）被某项法案或根据该法案通过的任何立法文书的条款废除，而该条款根据附表不适用于阿布扎比国际金融中心，在阿布扎比国际金融中心不具有法律效力，也不构成其法律的一部分，则尽管该规则或原则被废除，但在符合第1款的情况下，在阿布扎比国际金融中心适用、具有法律效力，并成为其法律的一部分。（4）如果英国普通法的某项规则或原则（包括衡平法的原则和规则）被某项法案或根据该法案通过的任何立法文书的条款所修改，而该条款根据附表不适用于阿布扎比国际金融中心，在阿布扎比国际金融中心不具有法律效力，也不构成其法律的一部分，则尽管有这样的修改，但在符合第1款的情况下，该规则或原则应适用于阿布扎比国际金融中心，具有法律效力，并构成其法律的一部分，而不影响任何此类修改。（Application of English Law Regulations 2015.）

过立法对相关成文法进行修改，此类修改并不会直接纳入阿布扎比国际金融中心的法律体系中，除非阿布扎比国际金融中心通过立法对相关修改进行确认。第 2 条第 3 款和第 4 款规定，如果英国普通法的某项规则或原则（包括衡平法的原则和规则）被未列入《2015 年英国法律适用条例》附表的英国成文法所废除或修改，此类废除或修改也不会直接纳入阿布扎比国际金融中心的法律体系中，相关英国普通法（衡平法）规则或原则在阿布扎比国际金融中心仍然有效。这意味着，除了被列入附表的英国成文法之外，其他任何旨在改变英国普通法的英国成文法都不会直接在阿布扎的国际金融中心生效。

除了直接纳入阿布扎比国际金融中心的英国普通法和成文法外，阿布扎比国际金融中心还颁布了一些自己的立法，这些立法涉及公司法、有限责任合伙企业法、数据保护法、电子交易法、雇佣法、破产法、不动产法、实益所有权和控制权法、分层产权法以及金融服务和市场的相关法规。这些立法大多是以英国的成文法为蓝本，如《2000 年金融服务和市场法》和《2006 年公司法》。[①]

（四）两种移植模式的比较

迪拜国际金融中心对英国普通法的移植采取了两个步骤，第一步是通过部分编纂的方式在迪拜国际金融中心的立法中间接体现英国普通法的核心原则和规则；第二步是通过法律适用的瀑布条款将全部英格兰和威尔士的法律作为兜底的适用法律，以确保国际金融中心法律制度的完整性和英国法律的总体适用。

迪拜国际金融中心模式实际上融合了普通法系和大陆法系的方法。迪拜国际金融中心法院前任首席大法官黄锡义曾指出，迪拜国际金融中心的《债法 2005 年第 5 号 DIFC 法》是民法和普通法融合的

---

① Barnabas Reynolds, Thomas Donegan & Oliver Linch, "The Value of English Common Law for New 'Special Zones': A Case Study of Two Contrasting Examples", *Trusts & Trustees*, Vol. 28, No. 2, 2022, p. 86.

一个例子。[①] 从起草方式来看，《债法》的第一部分首先说明了各种类型之债的一般原则，类似于大陆法系法典的总则部分。《债法》后面的部分对各种类型之债的具体规定类似于大陆法系法典的分则部分，相关规定来自对该特定领域英国普通法、衡平法和成文法的总结和综合。迪拜国际金融中心模式的优势在于通过部分编纂的方式将复杂的普通法案例法总结和抽象为明确、清晰的法律条文，便于当地不熟悉英国普通法的大陆法系律师和从业者理解某些普通法系特有的法律概念，如信托。[②] 不过，迪拜国际金融中心模式的劣势也同样明显。有学者指出，一方面，合同法、债法、信托法、损害赔偿和赔偿法以及个人财产法等领域的普通法（包括衡平法）极其复杂；另一方面，由于普通法法官造法的特点，相关普通法将随着未来出现的新判例不断发展完善。迪拜国际金融中心部分编纂普通法的方式，可能会丧失普通法所具有的细微、灵活、不断发展的特性，导致普通法作为判例法的优势无法发挥。在这种情况下，为了应对不断变化的事实和商业环境，迪拜国际金融中心不仅需要颁布新的立法，还需要随时关注英国法院最新形成的判例，并从中甄别出那些"良好的""适合的"判例，这可能加重迪拜国际金融中心立法部门的负担。[③]

阿布扎比国际金融中心移植英国普通法的模式包括三个方面。第一，全盘采纳英国的普通法（包括衡平法）。首先，阿布扎比国际金融中心引进了整个普通法案例法，保证了法律体系的完整性。经过各个层级的普通法法院多年的发展和完善，英国普通法案例基本涵盖了民法和商法的绝大多数方面，基本能够满足商业生活的需要。除了英

---

① Michael Hwang, "The Courts of the Dubai International Financial Centre-A Common Law Island in a Civil Law Ocean", http://difccourts.ae/the-courts-of-the-dubai-international-finance-centre-a-common-law-island-in-a-civil-law-ocean/4accessed 12 Dec 2022.
② 信托是一个源自于英美法的概念，与大陆法中的物权法定原则存在冲突。尽管目前很多大陆法系国家已经引入信托制度，但深受法国法影响的中东国家法律中大多未引入信托制度。因此，信托的概念对当地律师和从业者非常陌生。
③ Barnabas Reynolds, Thomas Donegan & Oliver Linch, "The Value of English Common Law for New 'Special Zones': A Case Study of Two Contrasting Examples", *Trusts & Trustees*, Vol. 28, No. 2, 2022, p. 90.

国法院的案例法，阿布扎比国际金融中心还能够从整个普通法世界汲取学术成果，并能够广泛参考普通法国家法院作出的裁决。其次，阿布扎比国际金融中心通过"常青法"的方式，提高了法律体系的适应性。阿布扎比金融中心的法律制度不仅能够紧跟英国普通法的最新发展，也能够掌握英国法院不同司法判例中的区别、澄清和完善。[①] 有学者指出，英国普通法中这种体现细微差别的机制，促使英国法律发展成为最具商业可行性的法律体系，阿布扎比国际金融中心的方法不仅在实质上实施了英国法律，而且还复制了其形式的优势。[②] 最后，阿布扎比国际金融中心授予法院在特定情况下偏离已有英国普通法先例的权利，确保了法律移植的自主性。具体而言，阿布扎比国际金融中心的法律允许其法院偏离任何被认为不适合阿布扎比国际金融中心情况的英国普通法先例，避免了因为全盘纳入英国判例法导致自动引入有争议的判例法。[③]

第二，通过附表的方式引入部分英国成文法。阿布扎比国际金融中心引入英国成文法的方式最大限度地降低了立法成本，并与英国成文法保持了最大程度的一致性。但这种方式理论上可能存在一个问题，即一部分英国成文法未被引入，这或许会影响阿布扎比国际金融中心法律体系的完整性。有学者指出，阿布扎比国际金融中心纳入的英国成文法中缺乏关于终止永续信托的规则和现代信托法律冲突的规则。[④] 针对以上观点，另一位学者表示，阿布扎比国际金融中心有选择地采

[①] Barnabas Reynolds, Thomas Donegan & Oliver Linch, "The Value of English Common Law for New 'Special Zones': A Case Study of Two Contrasting Examples", *Trusts & Trustees*, Vol. 28, No. 2, 2022, p. 90.

[②] Barnabas Reynolds, Thomas Donegan & Oliver Linch, "The Value of English Common Law for New 'Special Zones': A Case Study of Two Contrasting Examples", *Trusts & Trustees*, Vol. 28, No. 2, 2022, p. 90.

[③] Barnabas Reynolds, Thomas Donegan & Oliver Linch, "The Value of English Common Law for New 'Special Zones': A Case Study of Two Contrasting Examples", *Trusts & Trustees*, Vol. 28, No. 2, 2022, p. 89.

[④] David Russell & Gabor Bognar, "The Application of English Law in the Financial Free Zones of the United Arab Emirates", *Trusts & Trustees*, Vol. 23, No. 5, 2017, p. 489.

纳英国成文法绝非"遗漏"，而是刻意的安排，通过这种方式，阿布扎比国际金融中心能够有效排除未来有悖商业友好型目标的英国立法。[①]

第三，以英国法律为蓝本，出台少量的阿布扎比国际金融中心立法。阿布扎比国际金融中心颁布的一些立法广泛借鉴了整个普通法系国家的经验，对英国法律法规进行了一定程度的改进，使之更符合商业友好型的目标。例如，在《ADGM 公司和破产条例》中省略了公司备忘录、股份面值概念，并用澳大利亚法中的公司安排契约模式代替了英国法中的公司自愿安排。[②]

三、阿联酋金融自由区移植英国普通法的主要原因

阿联酋设立金融自由区的目的是通过提供法律和政策便利来吸引国际投资和国际资本，以便将迪拜和阿布扎比建设为具有全球影响力的区域金融中心。为了实现这个目的，就必须打造一套国际金融、国际投资和国际贸易的从业者更为熟悉的法律基础设施。阿联酋之所选择引入英国普通法，有以下两个主要的原因。

（一）英美普通法的比较优势

在全球商业和金融领域，相较大陆法系的法律制度，普通法呈现出一些比较优势，这些比较优势促使普通法被视为对商业更为友好的法律制度。[③]"法律与金融"（Law and Finance）是 20 世纪 90 年代在

---

① Barnabas Reynolds, Thomas Donegan & Oliver Linch, "The Value of English Common Law for New 'Special Zones': A Case Study of Two Contrasting Examples", *Trusts & Trustees*, Vol. 28, No. 2, 2022, p. 92.
② Barnabas Reynolds, Thomas Donegan & Oliver Linch, "The Value of English Common Law for New 'Special Zones': A Case Study of Two Contrasting Examples", *Trusts & Trustees*, Vol. 28, No. 2, 2022, p. 86.
③ 至于阿联酋为何选择引入英国普通法而非美国等其他普通法系国家的普通法，除了英国和阿联酋的历史联系之外，还可以考虑以下几种因素。首先，英国作为普通法的发源地，数百年来积累了大量的先例，形成了最为深厚的法律传统；其次，在中东、南亚和东南亚等东半球地区的商事交易中，英国普通法比纽约法等其他普通法更受欢迎；最后，相比具有联邦法和州法两个层级的美国普通法，作为一个整体的英国普通法（即英格兰和威尔士的普通法）更容易整体移植。

美国开始兴起的一门交叉学科，致力于通过经济金融理论和计量经济学方法分析和探究法律制度对国家金融体系的形成、金融体系配置资源的效率、各国公司治理构架的形成及经济发展的影响。[1]"法律与金融学派"[2]的研究认为，不同的法系渊源（Legal Origins）[3]会导致不同的社会经济后果，具体到金融领域，法系渊源会影响投资者保护的程度，进而深刻影响一国的金融体系和金融市场发展水平。

根据法律与金融学派的研究，普通法在促进金融发展方面的比较优势体现在以下几个方面。第一，普通法通过投资对象内部治理机制保护投资者权利。拉泼塔等人的研究结果表明，在普通法系国家，法律对公司内部控制人享有的权利有更多的限制，对外部投资人，无论是股权还是债权所有人的保护更好，这样就间接导致实行普通法的国家的公司控制权相对分散，有利于股票和债券市场的发展。[4]第二，普通法通过司法机制保障私有财产和合同自由。这种法律影响金融的机制被称作"政治性机制"，涉及司法机构的独立性以及法律和法院系统对私有财产权和契约自由的保护。相比大陆法系国家，普通法的特殊发展历史使普通法国家的法院系统具有更大的独立性，并且倾向

---

[1] 郑长德、卞娜：《法和金融学：国外研究文献综述》，《西南民族大学学报》（人文社科版）2004年第8期，第87—97页。

[2] 来自美国哈佛大学、芝加哥大学的四位学者拉泼塔（Rafael La Porta）、洛佩兹·斯兰斯（Florencio Lopez-de-Silanes）、施雷佛（Andrei Shleifer）、罗伯特·维什尼（Robert W. Vishny）（简称LLSV）在《政治经济学期刊》共同发表了一篇名为《法律和金融》的实证研究论文，这篇文章考察了49个国家涉及保护公司股东和债权人的法律规则、这些规则的起源及其执法的质量。该文章发表后在学界产生了很大的影响，被认为是"法律与金融"研究的奠基之作。此后，一些学者沿着拉泼塔等人的进路开展了一系列法律与金融交叉研究，并形成了所谓的"法律与金融学派"。参见 Rafael La Porta, Florencio Lopez-de-Silanes, Andrei Shleifer & Robert W. Vishny, "Law and Finance", *Journal of Political Economy*, Vol. 106, No. 6, 1998, pp. 1113-1155。

[3] 在拉泼塔等人的研究中，法律起源指的是对经济生活（也许也包括生活的其他方面）的社会控制方式。就其本质而言，普通法代表了寻求支持私人市场的结果的社会控制策略，而民法则寻求用国家期望的分配来取代这些结果。参见 Rafael La Porta et al., "The Economic Consequences of Legal Origins", *Journal of Economic Literature*, Vol. 46, No. 2, 2008, pp. 285-332.

[4] Rafael La Porta, Florencio Lopez-de-Silanes, Andrei Shleifer & Robert W. Vishny, "Law and Finance", *Journal of Political Economy*, Vol. 106, No. 6, 1998, pp. 1113-1155.

于保护私有财产和合同自由免受国家干预。[1]第三，普通法通过法官造法保证法律规则的适应性。这种法律影响金融的机制被称作"适应性机制"，涉及法律对不断变化的现实的适应。在普通法系国家，法官很大程度上承担着"造法"的工作，普通法、衡平法的形成和发展主要来源于法官长久以来的司法实践，通过普通法法院的裁判和对先例的修正，法律就可以被不断更新。现代金融业作为一个频繁创新的行业，立法总是滞后于金融实践的发展，法官造法有助发挥司法在金融创新过程中的规则供给功能，渐进式地回应新的需求。有学者指出，这种渐进式的法律发展模式既能为金融商事的发展提供创新的空间，也能在一定程度上使其始终被控制在法制的范围之内。[2]第四，普通法通过限制国家干预充分发挥市场机制。国家干预指的是国家机构（行政机构和立法机构）对金融的主动监管和干预。大陆法系国家强调国家干预对市场失灵的补充，而普通法系国家倾向于限制国家对经济生活的干预，最大程度上充分尊重市场机制，尽可能保护契约自由和私有财产。[3]在法律与金融学派看来，普通法国家管制和干预的思路是寻求市场的持续发展，而非取代市场，这正是普通法国家在金融领域成功的原因。[4]

"法律与金融"研究产生了重要的影响，同时也受到了一些学者的批评和质疑，[5]主要批评和质疑包括以下几个方面。第一，过分强调法系渊源的作用。阿莫尔（John Armour）等四位学者重新选取了样本国家、研究时间段和研究变量，其研究结果表明，相较于路径依

---

[1] 参见 Rafael La Porta et al., "The Economic Consequences of Legal Origins", *Journal of Economic Literature*, Vol. 46, No. 2, 2008, pp. 285-332。

[2] 黄震：《法律制度与国际金融中心的变迁》，2022年9月6日，https://m.thepaper.cn/baijiahao_19795089。

[3] 缪因知：《法律如何影响金融：自法系渊源的视角》，《华东政法大学学报》2015年第1期，第92—102页。

[4] 参见 Rafael La Porta et al., "The Economic Consequences of Legal Origins", *Journal of Economic Literature*, Vol. 46, No. 2, 2008, pp. 285-332。

[5] 针对"法律与金融"学派的批评性研究，参见张建伟：《"法律与金融"交叉研究漫谈（下）》，《金融法苑》2008年第4期，第49—68页；张霄杨：《"法律与金融"学派的缺陷》，《金融法苑》2008年第3期，第74—85页。

赖等历史因素，各国当下法律与经济制度的差异才是投资者保护状况不同的根本原因，投资者保护受到多重因素的影响，法系渊源并非唯一或最重要的因素。[1] 罗尔（Mark J. Roe）直接质疑了法律与金融学派提出的法系渊源决定论，罗尔认为，政治和经济因素是决定金融市场发展的根本因素，法系渊源与金融发展尽管存在一定相关性，但并非因果关系。[2] 第二，实证方法存在不足。斯班曼（Holger Spamann）质疑了法律与金融研究的定值标准，斯班曼在研究中将对抗董事权利指数（Antidirector Rights Index，简称 ADRI）涉及的6个变量重新定值，经过矫正后数据显示，普通法系国家并未比大陆法系提供更多的投资者保护。[3] 第三，未重视普通法系和大陆法系相互融合的趋势。罗尔认为法律与金融研究忽视了普通法系和大陆法系相互融合的趋势。普通法系越来越重视立法，而大陆法系法官的司法能动性有所增强。[4] 第四，因果关系倒置。科菲（John C. Coffee）认为法律与金融研究倒置了法律与金融发展的因果关系，实际上保护投资者的法律的出台是对投资者政治压力的回应，也就是说金融发展是因，法律变革是果。[5]

尽管法律与金融研究存在一定的缺陷，法系渊源也并非金融发展的唯一决定性因素，但不可否认的是法律在金融发展中发挥着重要且无法替代的作用。普通法传统中对投资者的保护，对私有财产和合同自由的尊重，以及对金融创新和发展的法律适应性机制，都是有利于金融发展和国际金融中心建设的积极因素，这些因素是普通法受到从

---

[1] John Armour et al., "How Do Legal Rules Evolve? Evidence from a Cross-Country Comparison of Shareholder, Creditor, and Worker Protection", *The American Journal of Comparative Law*, Vol. 57, No. 3, 2009, pp. 579-629.
[2] Mark J. Roe, "Legal Origins, Politics, and Modern Stock Markets", *Harvard Law Review*, Vol. 120, No. 2, 2006, pp. 460-527.
[3] Holger Spamann, "The 'Antidirector Rights Index' Revisited", *The Review of Financial Studies*, Vol. 23, No. 2, 2010, pp. 467-486.
[4] Mark J. Roe, "Legal Origins, Politics, and Modern Stock Markets", *Harvard Law Review*, Vol. 120, No. 2, 2006, pp. 460-527.
[5] John C. Coffee, "The Rise of Dispersed Ownership: The Roles of Law and the State in the Separation of Ownership and Control", *The Yale Law Journal*, Vol. 111, No. 1, 2001, pp. 1-82.

业者青睐并被阿联酋的两个金融自由区移植的主要原因。

（二）路径依赖下的现实选择

"路径依赖"（Path-Dependence）是经济学和社会科学中的一个概念，指的是当前和未来的事件或决定受到过去的事件或决定的制约。[①] 根据路径依赖理论，一项制度、技术标准、经济、社会发展模式或组织行为一旦被人们所选择并占据优势地位，便会沿着既定的方向进行"自我强化"和"自我积累"，即便在该领域出现更优的路径，之前的路径也很难轻易被取代。[②] 路径依赖普遍存在于技术演进和社会变迁领域。戴维（Pawl A. David）通过 QWERTY 键盘的案例，考察了技术演进领域的路径依赖。早在 19 世纪 60 年代出现的 QWERTY 键盘打字机被批量生产后很快在市场中占据了支配地位。尽管此后出现了更为先进的键盘设计方案，但由于 QWERTY 键盘的市场地位和推广其他键盘的额外成本，具有明显缺陷的 QWERTY 键盘被沿用至今。[③] 诺斯（Dowglass C. North）将路径依赖理论拓展应用到制度变迁研究中，成功地阐释了经济制度的演进。[④] 在国际金融中心的法律制度方面，同样存在路径依赖的现象。在过去的一百年里，尽管在大陆法系国家中出现了巴黎、东京、法兰克福等国际金融中心，但位于普通法系国家的伦敦和纽约始终在诸多国际金融中心中保持领先和优势地位。从现实的情况来看，目前世界上排名靠前的金融中心大多都位于普通法系的司法管辖区。根据"第 32 期全球金融

[①] James Mahoney & Daniel Schensul, "Historical Context and Path Dependence", in Robert Goodin & Charles Tilly (eds.), *The Oxford Handbook of Contextual Political Analysis*, Oxford: Oxford University Press, 2009, pp. 454-471.

[②] 有关"路径依赖"理论及其应用，参见刘汉民：《路径依赖理论及其应用研究：一个文献综述》，《浙江工商大学学报》2010 年第 2 期，第 58—72 页。

[③] Paul A. David, "Clio and the Economics of QWERTY", *The American Economic Review*, Vol. 75, No. 2, 1985, pp. 332-337.

[④] 道格拉斯·C. 诺斯：《制度、制度变迁与经济绩效》，刘守英译，上海三联书店 1994 年版。

中心指数报告（GFCI 32）"①，世界排名前五位的国际金融中心均适用普通法，分别是伦敦、纽约、新加坡、香港和旧金山。由于以上国际金融中心在全球金融领域的优势地位，源自盎格鲁-撒克逊国家的普通法体系很大程度上形塑了当前金融资本领域的法律制度轨道和路径，英美普通法早已成为国际金融和国际投资的从业者最为熟悉的法律制度。来自不同司法管辖区的当事人总是倾向于采用英国法和纽约法作为国际金融、国际投资和国际贸易文件中的准据法。相比阿联酋本地混合了大陆法、伊斯兰法和习惯法并以阿拉伯语为法律语言的法律，以英语为法律语言的英美普通法更为从业者所熟知，也更具吸引力。阿联酋在该国的两个金融自由区开创性地采用了基于英国普通法的法律框架，目的是与伦敦、纽约等世界领先的金融中心保持法律制度上的一致性，以便在国际金融中心的竞争中占据有利地位，增加被接纳的可能性。阿联酋作为一个主要受到大陆法系影响的后发国家，在建设国际金融中心时引入英国普通法是国际金融领域普通法路径依赖下的一个现实选择。

四、阿联酋金融自由区移植英国普通法的方式和特点

相比19世纪和20世纪的法律移植，21世纪英国普通法在阿联酋金融自由区的移植具有一些新的特点。一方面，相比殖民时代英国和法国法律的传播和20世纪下半叶美国法的传播，英国普通法在阿联酋金融自由区的移植具有明显的主动性，属于主动移植的类型。另一方面，相比以全球治理为代表的自上而下的法律全球化，阿联酋等国对英国普通法的移植和国际商事法院的建设推动了一种自下而上的法律全球化。

---

① 数据来源：The Global Financial Centres Index 32, https://www.longfinance.net/publications/long-finance-reports/the-global-financial-centres-index-32/。

(一) 从被动继承到主动借鉴：基于法律移植理论的分析

在法学领域，"法律移植"作为一种隐喻，非常形象地描述了法律传播、扩散和迁移的现象。英国比较法学家艾伦·沃森（Alan Watson）在《法律移植：比较法的方法》一书中将"法律移植"定义为："一条法规，或者一种法律制度自一国向另一国，或自一族向另一族的迁移。"[1]

从内容来看，狭义的法律移植主要指的是法律制度和法律规则的移植，而广义的法律移植还包括法律观念、法律理论、法律体系甚至法律文化的移植。在对法律规则和法律制度进行移植的过程中，法律观念、法律理论、法律体系也会随之传播。在法律全球化时代，参与法律移植的主体非常的多元化。在阿联酋金融自由区移植英国普通法的案例中，除了政府作为法律移植的主要推动者外，非政府组织、跨国公司、法律职业群体、法学家也以不同的方式参与其中。以法律职业群体为例，英美律师和来自普通法司法管辖区的法官在法律移植的过程中发挥了重要的作用。有学者统计了在迪拜国际金融中心注册的73所律师事务所，其中有26所来自英国，19所来自美国，3所由英美合办，还有6所来自加拿大、马来西亚、巴基斯坦、印度、香港、开曼群岛等同样适用普通法的国家及地区。[2] 有国内学者将美国律师比作新商人法中的"特洛伊木马"，他们在法律全球化的背景下通过国际商事合同和国际仲裁巧妙占领了新商人法的阵地，推动了美国法在全球范围内传播。[3] 如果将考察的范围扩大，可以发现跨国律所和英美律师共同推动了英美普通法的传播，从前面提到的律所数量来看，英国律所在中东地区甚至更具优势。这些律所根据英国法和纽

---

[1] Alan Watson, *Legal Transplants: An Approach to Comparative Law (2nd ed.)*, Athens, GA: University of Georgia Press, 1993.
[2] Jayanth K. Krishnan & Priya Purohit, "A Common-Law Court in an Uncommon Environment: the DIFC Judiciary and Global Commercial Dispute Resolution", *The American Review of International Arbitration*, Vol. 25, No. 3-4, 2014, p. 497.
[3] 高鸿钧：《美国法全球化：典型例证与法理反思》，《中国法学》2011年第1期，第5—45页。

约法起草国际商业合同，并将英国法和纽约法选为合同的准据法，间接推动了当地的法律和商业环境向英美靠拢。相对大陆法而言，英美普通法是一种"法官法"，法官在司法过程中承担着造法的功能。因此，仅移植英国普通法的规则是远远不够的，更重要是的移植以判例法为中心的运作模式，而只有那些普通法系的法官对这种模式最为熟悉。迪拜国际金融中心法院历任首席大法官中，有两位是英格兰和威尔士的前大法官。迪拜国际金融中心法院现任首席大法官扎基·阿兹米（Zaki Azmi）曾担任马来西亚首席大法官。除了首席大法官之外，还有六位法官来自英格兰和威尔士、澳大利亚等普通法司法管辖区。阿布扎比国际金融中心法院步子迈得更大，所有法官都来自普通法司法管辖区，没有阿联酋本国法官的参与。在律师、法官等法律职业群体的参与下，法律移植的内容并未仅仅停留在法律规则和法律制度层面，还扩展到法律文化的层面，这既包括普通法法官对于法律拟制的依赖、类比推理的运用，也包括英美律师乐于成为法律商人的倾向。

在沃森看来，主动移植是法律移植中的主要类型。[①]实际上，在法律移植的历史上，尤其是殖民时代，被动移植是更常见的类型。意大利比较法学家萨科（Rodolfo Sacco）的研究中同时指出了被动移植和主动移植的两种类型。萨科将法律变化分为首创性革新与模仿两大类。萨科认为，"模仿又有两种基本原因：一是强加（imposition），二是声望（prestige），前者是一国在征服别国后在别国强行实行本国的法律，后者是指所移植的法律显然具有较高质量而被其他国家或地区自愿接受。"[②]19世纪到20世纪中叶的法律移植大多属于被动移植，欧洲的法律伴随着英法等殖民主义者的坚船利炮被移植到亚洲、非洲和拉丁美洲。20世纪中叶以后，伴随着去殖民化的浪潮，完全的被动移植已经很难看到，更多是介于被动移植和主动移植之间的中间类型。这种类

---

① Alan Watson, *Legal Transplants: An Approach to Comparative Law (2nd ed.)*, Athens, GA: University of Georgia Press, 1993.
② Rodolfo Sacco, "Legal Formants: A Dynamic Approach to Comparative Law", *American Journal of Comparative Law*, Vol. 39, No. 1, 1991, pp. 1-34.

型以美国法的全球化为代表,美国依靠其全球影响力,通过两次法律与发展运动,不但实现了对拉美地区的法律输出,还猎食了苏联和东欧国家的法律改革,甚至展开对欧洲法律的反攻。[①]21世纪英国普通法在阿联酋等国的移植则几乎完全是主动移植的产物。此时的英国既不是往昔的宗主国,也不具备美国那样的全球影响力,此外也没有明显的证据表明英国希望像美国那样积极主动地输出自己的法律制度。

历史上,英国普通法在世界范围内的传播是英国海外殖民的副产品,目前属于普通法系的国家和地区大多数都曾是英国的殖民地,这些前殖民地被动接受了英国的法律。大陆法系的情况则有所不同,既包括法国、西班牙、荷兰等国殖民过程导致殖民地国家被动移植宗主国的法律,也包括埃及、土耳其等国相对主动移植的情况。除其他一些因素外,大陆法系法典化的特征可能是上述国家主动移植的一个重要的因素。相比由庞杂的案例法组成并高度依赖法律职业群体的普通法,一部清晰明了的法典显然更容易移植,这也是阿联酋等海湾阿拉伯国家独立后选择接受源于法国法和埃及法的大陆法系法律制度的一个重要原因。英国普通法在阿联酋的两次移植体现了从被动继承向主动借鉴的转变,开创了在前殖民地和被保护国再移植英国普通法的新模式。目前,这种主动移植英国普通法的模式不但被本地区的卡塔尔等国学习,甚至被以哈萨克斯坦为代表的域外国家借鉴。

(二)从自上而下到自下而上:基于法律全球化理论的分析

法律全球化指的是在全球化背景下,法律受到全球普遍联系的影响,逐渐突破民族国家的藩篱,在全球范围传播、流动,并且一定程度上出现了趋同化和一体化的现象。[②]葡萄牙学者桑托斯(Boaventura

---

[①] 有关美国法的全球化,详见高鸿钧:《美国法全球化:典型例证与法理反思》,《中国法学》2011年第1期,第5—45页。
[②] 有关法律全球化的几种理论范式,参见高鸿钧:《法律全球化的理论与实践:挑战与机会》,《求是学刊》2014年第3期,第84—93页。

de Sousa Santos）将法律全球化归纳为四种路径，其中前两种路径被视为"自上而下的法律全球化"。第一种被称作"全球化的地方主义"，指的是处于世界体系中心区域[①]的国家的法律被包装成一种据称能够在各国普遍适用的全球法，典型的例子是美国法的全球化。第二种被称为"地方化的全球主义"，指的是那些源自中心区域国家的全球法和跨国法被输入和移植到半边缘和边缘区域的国家，并转化为这些国家的地方法律。[②]国内学者高鸿钧指出，全球治理是法律全球化的表现之一。在国际经济、金融和贸易领域，世界贸易组织、国际货币基金组织、世界银行等国际组织在全球治理中发挥了重要的作用。[③]

司法全球化是法律全球化的一个重要面向，希腊学者乔治斯·迪米特罗普洛斯（Georgios Dimitropoulos）将司法全球化分为三个阶段。[④]第一个阶段始于二战之后，战后的全球化和全球治理产生了大量的国际机构和国际法规则，同时出现了一个"司法化"的过程，即通过建立国际性或全球性的司法和准司法机构来裁决国际争端。在国际经济领域，最典型的例子是世界贸易组织，世贸组织在促使缔约国根据有关协议调整本国法律制度的同时，还建立了包括专家组和上诉机构两个层级的争端解决机制，其中，上诉机构的相关裁决具有准司法判决的效力。第二个阶段始于20世纪80年代，这一阶段的特点是国际组织推动国内司法机构的改革。美国在全球范围内推广以"华盛顿共识"为代表的新自由主义经济全球化，并发起了"第二次法律与发展运动"，通过世界贸易组织、国际货币基金组织、世界银行等国

[①] 沃勒斯坦（Immanuel Wallerstein）的世界体系理论将世界经济体系划分为中心区、半边缘区和边缘区三个部分。参见伊曼纽尔·沃勒斯坦：《现代世界体系（第1卷）：16世纪的资本主义农业与欧洲世界经济体的起源》，罗荣渠等译，高等教育出版社1998年版。
[②] 博温托·迪·苏萨·桑托斯：《迈向新法律常识：法律、全球化和解放》，刘坤轮、叶传星译，中国人民大学出版社2009年版，第221—385页。
[③] 高鸿钧：《法律全球化的理论与实践：挑战与机会》，《求是学刊》2014年第3期，第84—93页。
[④] Georgios Dimitropoulos, "International Commercial Courts in the 'Modern Law of Nature': Adjudicatory Unilateralism in Special Economic Zones", *Journal of International Economic Law*, Vol. 24, No. 2, 2021, pp. 372-373.

际组织将经过包装的美国法律、制度、标准和理念间接输入到其他国家。在这一阶段，国际货币基金组织、世界银行、经济合作与发展组织（OECD）等国际金融机构和国际经济组织将司法改革作为发展中国家获得援助的附加条件。在以上两个阶段，同时体现出全球化的地方主义和地方化的全球主义，属于"自上而下的法律全球化"。第三个阶段始于2008年全球金融危机之后，全球化进程受到了一定程度的质疑和挑战，甚至出现了去全球化或逆全球化的势头。在国际经济法领域，出现了从全球治理到单边主义的趋势。迪米特罗普洛斯和另一位学者朱利安·柴斯（Julien Chaisse）指出，在这种趋势下，将国际法或国际经济法的价值转化为具体法律制度的工作逐渐从国际和区域治理层面转移到国内层面。各国尝试通过国内法的手段将国际经济法的某些价值和原则制度化，这导致了一种不同于传统国际经济法的"单边经济法"的出现。[1] 一些主权国家的国内机构，如经济特区和国际商事法院，开始作为国际组织、国际准司法机构等传统全球治理机制的替代或补充，履行全球职能，服务全球价值，这种趋势被称作"机构性的去全球化"。[2]

在自上而下的法律全球化阶段，规则往往由国际性或全球性的组织和机构产生，再由各个国家和地区纳入本国的法律体系中。在新的阶段，以国际商事法院为代表的国内机构开始自下而上地创造规则。国际商事法院是专门处理国际商事纠纷的国内法院。迪米特罗普洛斯将国际商事法院分为经济特区国际商事法院、独立的国际经济法院、一般法院内的国际分庭三类。[3] 迪拜国际金融中心法院和阿布扎比国

---

[1] Julien Chaisse & Georgios Dimitropoulos, "Special Economic Zones in International Economic Law: Towards Unilateral Economic Law", *Journal of International Economic Law*, Vol. 24, No. 2, 2021, p. 229.

[2] Georgios Dimitropoulos, "International Commercial Courts in the 'Modern Law of Nature': Adjudicatory Unilateralism in Special Economic Zones", *Journal of International Economic Law*, Vol. 24, No. 2, 2021, p. 373.

[3] Georgios Dimitropoulos, "International Commercial Courts in the 'Modern Law of Nature': Adjudicatory Unilateralism in Special Economic Zones", *Journal of International Economic Law*, Vol. 24, No. 2, 2021, pp. 364-368.

际金融中心法院属于依托于经济特区的国际商事法院,同属这种类型的还有哈萨克斯坦的阿斯塔纳国际金融中心法院。位于卡塔尔国际金融中心的卡塔尔国际法院和争端解决中心(Qatar International Court and Dispute Resolution Centre,简称 QICDRC)虽然在管辖权范围上有一些区别,但基本可以划入上述的国际商事法院类型。这类经济特区国际商事法院通常拥有一支主要由来自普通法系国家的法官构成的法官队伍,适用基于英国普通法的民商事实体法和程序法规则,并以英语作为主要或唯一的法律语言。[1]

迪拜国际金融中心法院等经济特区国际商事法院正在与世界其他商业中心的法院建立广泛的联系与合作,随着此类法院数量的增多和相互合作的加强,很可能共同对国际商法的集体判例产生影响,并以支持跨国商业的一致方式共同发展国际商法。[2] 未来,由这些国际商事法院产生的程序和实体规则,有可能通过自下而上的方式逐渐被其他国家接受与认同,并在一定程度上成为全球层面的规范。一方面,这种自下而上的法律全球化与桑托斯所指的自下而上的法律全球化(次级世界主义之法和人类共同遗产之法)没有任何关联。另一方面,这种自下而上的法律全球化与此前自上而下的全球治理有着显著的区别。首先,推动全球规范形成的主体并不是美国、英国等中心区域国家,而更多是一些处于半边缘和边缘区域的国家和地区。其次,这种全球规范的产生并不是基于世贸组织、世界银行等国际组织和国际机

---

[1] Georgios Dimitropoulos, "International Commercial Courts in the 'Modern Law of Nature': Adjudicatory Unilateralism in Special Economic Zones", *Journal of International Economic Law*, Vol. 24, No. 2, 2021, p. 366.

[2] 例如,迪拜国际金融中心法院已经与英格兰和威尔士商业法院签订了一份指导备忘录,阐述了他们对在各自管辖范围内执行金钱判决的程序的理解。新加坡和新南威尔士州的最高法院签订了一份谅解备忘录,根据该备忘录,新加坡最高法院可以将新南威尔士州的法律问题提交给新南威尔士州最高法院,反之亦然。此后,新南威尔士州最高法院又与纽约州法院签订了类似的谅解备忘录。通过这种方法,法院可以确保商业当事人能够正确适用他们选择的用于处理其关系的外国法律。参见 Sundaresh Menon, "Transnational Commercial Law: Realities, Challenges and a Call for Meaningful Convergence", *Singapore Journal of Legal Studies*, 2013, pp. 231-252.

构主导的传统全球治理机制，而是基于一些民族国家的主权行为。最后，由此产生的全球规范不同于超脱于民族国家法律的传统国际法，而是直接将源于某一民族国家的法律（英国普通法）塑造成贸易、投资和金融领域的全球法律秩序。

尽管这种由半边缘和边缘区域的国家和地区推动的自下而上的法律全球化仍处在发展阶段，但不应低估其对国际经济法秩序产生的影响。迪米特罗普洛斯在研究中将英国普通法比喻成一种"现代自然法"（Modern Law of Nature），并讨论了这种由经济特区和国际商事法院推动的英国普通法对国际经济法秩序的影响。① 该研究回溯了现代国际法的发展历史，指出国际法在形成早期借鉴了欧洲的古典自然法传统，而在19世纪的国际法范式转变中，实证主义成为主流，主权国家之间的同意和国际习惯成为实在国际法的基础，自然主义逐渐从国际法领域退场。直到20世纪50年代，自然法才重新出现在国际经济裁决中。② 在特鲁西尔石油开发有限公司诉阿布扎比谢赫案中，仲裁员在确定仲裁适用的法律时将英国法律称作基于理性的"现代自然法"的一部分。③ 该仲裁案中的逻辑推理间接肯定了英国法律的普遍性，也就是说作为"现代自然法"的英国普通法可以发挥类似国际公法的功能。该仲裁案的结果漠视了当地的法律和利益，长期影响了中东国家对于国际仲裁的态度。然而，在半个多世纪之后，阿联酋、卡塔尔等国通过在本国法律秩序中嵌入英国普通法和国际商事法院，变相承认了上述仲裁案中仲裁员对英国法律的描述，肯定和接受了英国普通法作为某种万国法（ius gentium）式的国际法的作用。迪

---

① Georgios Dimitropoulos, "International Commercial Courts in the 'Modern Law of Nature': Adjudicatory Unilateralism in Special Economic Zones", *Journal of International Economic Law*, Vol. 24, No. 2, 2021, p. 361.
② Georgios Dimitropoulos, "International Commercial Courts in the 'Modern Law of Nature': Adjudicatory Unilateralism in Special Economic Zones", *Journal of International Economic Law*, Vol. 24, No. 2, 2021, pp. 374-376.
③ International Arbitrations, "Petroleum Development Ltd. v. Sheikh of Abu Dhabi", *International Law Reports*, Vol. 18, 1951, pp. 144-161.

米特罗普洛斯认为，通过国际商事法院所推动的普通法与裁决单边主义，体现出一种将国际争端"国内化"（domestication）的趋势。这意味着原本应由国际仲裁庭和国际法院处理的某些涉及国际领域的争端被转移到国内的国际商事法院处理。这样的国内化过程有可能促使英国普通法部分取代传统的国际经济法。① 迪米特罗普洛斯进一步指出，英国普通法在阿联酋等国被广泛采用和接受主要取决于其在国际商业活动中的效率和广泛使用，随着接受英国普通法的国际商事法院和经济特区在世界范围内的发展，具有实用主义现代自然法性质的普通法有可能部分取代国际法的地位和功能（如国际投资法），这导致国内制定的法律将趋向于成为全球标准，从而对传统的国际经济法和裁决体系产生深刻的影响。②

五、结语

二战以后，大英帝国在亚非各国民族解放运动和去殖民地化运动的浪潮下彻底解体。尽管"日不落帝国"光辉不再，但英国的普通法制度却留在了大部分从大英帝国独立出的国家，如印度、巴基斯坦、马来西亚、新加坡等国。海湾阿拉伯国家尽管曾经是英国的被保护国，但过去在法律领域受到英国的影响比较有限。英国在1971年从海湾地区撤离时，也许没有人能够预见到英国普通法和英式司法制度在该地区的重新出现。20世纪后半叶，伴随着经济全球化，法律领域也出现了全球化的现象，英美普通法在全球化的商业活动中体现出一定的优势。阿联酋等国通过设立金融自由区和国际商事法院的方

---

① Georgios Dimitropoulos, "International Commercial Courts in the 'Modern Law of Nature': Adjudicatory Unilateralism in Special Economic Zones", *Journal of International Economic Law*, Vol. 24, No. 2, 2021, p. 377.
② Georgios Dimitropoulos, "International Commercial Courts in the 'Modern Law of Nature': Adjudicatory Unilateralism in Special Economic Zones", *Journal of International Economic Law*, Vol. 24, No. 2, 2021, p. 377.

式引入英国普通法主要出于两个目的，第一是通过打造一套国际金融、国际投资和国际贸易从业者熟悉的法律基础设施，以便吸引外国贸易、投资和资本。第二是希望在本国打造全球或区域的争端解决中心，以提升该国的全球竞争力。阿联酋主动移植英国普通法的尝试基本证明了在具有大陆法系法典法传统的国家大规模引进普通法的可能性，同时也表明处于半边缘和边缘区域的后发国家也能在法律全球化的进程中发挥重要的作用。尽管这种探索还需要时间的进一步考验，但无疑具有一定的借鉴意义，并且已经被一些国家效仿。

（责任编辑：丁辰熹）

The Transplantation of English Common Law in the UAE Financial Free Zone

—— Analysis Based on the Theory of Legal Transplantation and Legal Globalization

Ma Yue

Abstract: The common law system is a legal system developed on the basis of English Common Law, and the members of this legal system include the United Kingdom, the United States and the vast majority of Commonwealth countries. The United Arab Emirates (UAE), a country largely influenced by civil and Islamic law, has in recent years built two financial free zones with common law systems, in Dubai and Abu Dhabi respectively. The case of the UAE taking the initiative to transplant English Common Law has created a new model of transplanting English law on the initiative of former British colonies and protectorates in the 21st century, exploring the possibility of introducing case law in countries with a codified law tradition, and reflecting the advantages that English Common Law has in the era of legal globalization.

Keywords: English Common Law, England, UAE, Legal Transplantation, Legal Globalization, Financial Free Zone

历史与地理

从部落联盟到边疆国家：论阿尔及利亚早期国家的发展逻辑

张玉友[*]

摘要：关于现代阿尔及利亚起源，学术界，尤其是西方学者常以"奥斯曼起源说"为解释路径，即阿尔及利亚国家最早只追溯至奥斯曼时期，对阿尔及利亚早期国家缺乏重视与研究。阿尔及利亚地区最早的政治实体起源于公元前4—前3世纪时期形成的若干部落联盟。罗马帝国殖民时期，在外部入侵与内部竞争的双重压力下，这些部落联盟通过战争的形式相继建立了酋邦制国家努米底亚王国和罗马化本土政权。公元7世纪，伊斯兰教进入后，部落文明中的自然凝聚力与阿拉伯-伊斯兰文明的宗教凝聚力相结合，催生了多个地方伊斯兰王国。11—13世纪是阿尔及利亚早期国家形成的成熟时期。通过宗教变革的方式，沙漠边疆地带的柏柏尔部落对中心地带发动了多次征服运动，先后建立了两个边疆性帝国。阿尔及利亚早期国家形成的历史事实反映了西方殖民统治前非洲已经存在着丰富的政治文明。

关键词：部落联盟；边疆国家；早期国家；马格里布

---

[*] 张玉友，西北大学中东研究所副教授。

在对北非马格里布的历史研究中，现代阿尔及利亚一般被认为是以奥斯曼土耳其摄政统治为起点，其国家起源最早也只追溯到该时期。而对前奥斯曼时期阿尔及利亚历史，尤其是对阿尔及利亚古代及中世纪早期国家形成①的研究较为缺乏。后者多出现于殖民时期法国东方学研究中，其对古代阿尔及利亚各个时期的历史展开了详细的研究。不过在殖民史学的叙事中，"古代阿尔及利亚"的概念及其内涵主要是服务于法国殖民统治的合法性构建，其基本逻辑在于，法国的殖民目的是为了"重建罗马非洲的辉煌"。②

法国历史学家既是最早编纂阿尔及利亚史的史学家群体，又是阿尔及利亚国家"奥斯曼起源说"的"制造者"。法国知名北非史学家夏尔-安德烈·朱利安（Charles-André Julien）在《北非史》中指出：

> 在马格里布现代国家形成时，土耳其人的影响还是产生了重要的后果；土耳其人在同欧洲人打交道时习惯于采用一些马格里布王朝所不知道的政治概念。土耳其人用确切的边界概念来代替他们以前使一般人都满足的大致边界概念，因此阿尔及利亚和突尼斯以及摩洛哥之间从16世纪起所产生的差别，主要是由土耳其人造成的。③

法国历史学家马赛尔·艾格列多（Marcel Égretaud）也在《阿尔

---

① "早期国家"概念最早由政治人类学家亨利·克赖生（Henri J. M. Claessen）和彼得·斯卡尔尼科（Peter Skalnik）提出，后多出现于世界中古史研究。尽管学界在概念界定上尚未达成共识，但均同意早期国家是指"成熟国家"形成之前的一种状态，是古代国家的一种形式。从特征来看，"早期国家"一般缺乏成熟国家所具有的领土主权、边界、专业政府管理和较为完善的成文法律等要素。参见 Henri J. M. Claessen & Peter Skalnik (eds.), *The Early State*, Berlin: De Gruyter, 1978; 韩志斌、姜星宇：《"加齐起源说"与奥斯曼早期国家的历史阐释》，《世界历史》2019年第2期，第17页。本文所指的早期国家符合上述定义。

② Pierre Vermeren, *Misère de L'historiographie du « Maghreb » Post-Colonial (1962-2012)*, Paris: Éditions de la Sorbonne, 2012, p. 21.

③ Charles-André Julien, *Histoire de l'Afrique du Nord: Des Origines à 1830*, Paris: Payot, 2015, pp. 644-645.

及利亚民族真相》中指出：

> 在各行政长官的治理下，阿尔及利亚第一次有了明确的边界，使它同突尼斯和摩洛哥区别开来。17世纪，民族的形成加强了，阿尔及尔和突尼斯的摄政政权同君士坦丁堡的苏丹政权脱离了关系……从这时期，北非中部的居民便自称为阿尔及利亚人。①

1979年，法国左翼历史学家夏尔-罗贝尔·阿热龙（Charles-Robert Ageron）在《当代阿尔及利亚简史》的开篇即表示，虽然"阿尔及利亚"这一带有国家意义的名称是从1831年开始的，但16世纪土耳其人的到来就已经使该地区产生了现代国家雏形，也即带来了边界、领土主权等概念。②

---

① 马赛尔·艾格列多：《阿尔及利亚民族真相》，维泽译，世界知识出版社2004年版，第25页。

② Charles-Robert Ageron, *Modern Algeria: A History from 1830 to the Present*, translated from French edition and edited by Michael Brett, London: Hurst & Company, 1991, pp. 1-5. 该版本是由迈克尔·布赖特（Michael Brett）从1964年法语版（Charles-Robert Ageron, *Histoire de L'Algérie Contemporaine [1871-1954]*, Paris: PUF, 1964）翻译而来，翻译版本增加了作者对阿尔及利亚国家起源的描述。受法国学者的影响，后继学者对现当代阿尔及利亚史研究均采用了"奥斯曼起源说"的观点。代表性的著作包括约翰·道格拉斯·鲁迪（John Douglas Ruedy）的《现代阿尔及利亚：一个国家的起源与发展》，该书认为现代阿尔及利亚的起源就是奥斯曼时期，参见 John Douglas Ruedy, *Modern Algeria: The Origins and Development of a Nation*, Bloomington: Indiana University Press, 1992；路易·马蒂内（Luis Martinez）的《阿尔及利亚内战（1990—1998）》，该书将阿尔及利亚内战期间诸多现象追溯至奥斯曼时期，强调奥斯曼帝国对阿尔及利亚国家形成的独特影响，参见 Luis Martinez, *La Guerre Civile en Algérie: 1990-1998*, Paris: Karthala Editions, 1998. 此外，关于阿尔及利亚近现代史研究的著作也持这一观点，主要有 Benjamin Stora, *Histoire de l'Algérie coloniale: 1830-1954*, Paris: La Découverte, 1991；James McDougall, *History and the Culture of Nationalism in Algeria*, Cambridge: Cambridge University Press, 2006；Zeynep Celik, Julia Clancy-Smith & Frances Terpak (eds.), *Walls of Algiers: Narratives of the City Through Text and Image*, Washington, D. C.: University of Washington Press, 2009；James McDougall, *A History of Algeria*, Cambridge: Cambridge University Press, 2017。

法国学者对阿尔及利亚国家起源的历史阐释也影响到了阿尔及利亚政治精英和历史学家的史观。这种影响，一方面体现在阿尔及利亚政治精英在反驳"法国创造阿尔及利亚"的殖民叙事中，大量引用奥斯曼时期摄政政府与欧洲签署的国际条约，以证明阿尔及利亚国家的存在；[1] 另一方面体现在阿尔及利亚历史学家同样继承了"奥斯曼起源说"的观点。当然，作为穆斯林学者，阿尔及利亚历史学家在接受奥斯曼土耳其人贡献的基础上，又将阿尔及利亚国家起源向前延伸至伊斯兰教传入马格里布时期。他们认为伊斯兰文明的到来是推动阿尔及利亚走向现代国家的不可或缺要素。[2] 但是，这些穆斯林学者的研究也很少在现代阿尔及利亚国家与更早之前的早期国家之间建立联系。

此外，在官方历史教科书中，阿尔及利亚的国家起源也更多地等同于以民族解放阵线（Front de Libération Nationale）为主导的现代国家

---

[1] John B. Wolf, *The Barbary Coast: Algiers under the Turks, 1500-1830*, New York: W. W. Norton, 1979. 20世纪80年代，阿尔及利亚学者将此书翻译成阿文，进行了批注并将题目改为《阿尔及利亚和欧洲（1500—1830）》，此后，该书成为阿尔及利亚社会反驳法国政府"阿尔及利亚虚无论"的重要来源。参见约翰·B. 沃尔夫：《阿尔及利亚和欧洲（1500—1830）》（阿拉伯文），阿布·卡西姆·萨达拉译，阿尔及利亚：国家图书集团1986年版。

[2] 最早编纂阿尔及利亚史的学者可以追溯至20世纪30—40年代的穆巴拉克·米利（Mubarak Al-Mili）和艾哈迈德·陶菲克·马达尼（Ahmed Tawfiq Al-Madani），他们同时接受了法国教育和伊斯兰传统教育，在史学观念上也深受两种文化的影响。作为阿尔及利亚人，他们力图在吸收"正确史实"的基础上冲破西方学者的叙事。在早期阿尔及利亚史编纂中，他们强调了伊斯兰文明和奥斯曼时期的重要贡献。参见穆巴拉克·米利：《古今阿尔及利亚历史》（阿拉伯文），阿尔及利亚：国家图书集团1986年版；艾哈迈德·陶菲克·马达尼：《阿尔及利亚书》（阿拉伯文），阿尔及利亚：阿拉伯出版社1931年版；艾哈迈德·陶菲克·马达尼：《阿尔及利亚总督：穆罕默德·奥斯曼帕夏》（阿拉伯文），阿尔及利亚：流星报1937年版。阿尔及利亚民族主义之父、共产主义组织"北非之星"领袖梅萨利·哈吉（Messali Hadj）在其革命实践中指出阿尔及利亚国家历史主要是从伊斯兰时期开始，发展于奥斯曼时期，参见Jacques Simon, *Messali Hadj Invente la Nation Algérienne*, Paris: L'Harmattan, 2018; 此外，北非知名穆斯林历史学家阿卜杜拉·阿洛维（Abdallah Laroui）在其法语著作《马格里布史：一项阐释性研究》中也强调了同样的观点，即伊斯兰时代的到来和奥斯曼时期是阿尔及利亚历史发展的重要因素，参见Abdallah Laroui, *L'Histoire du Maghreb: Un Essai de Synthèse*, Paris: Maspero, 1970.

的形成，[1] 很少涉及对古代阿尔及利亚国家的探讨，尤其是古代文明对现代阿尔及利亚国家形成的影响。近年来，尽管国内学界在阿尔及利亚史研究方面对古代国家及其形成有所涉及，但其观点也是偏向于"奥斯曼起源说"，缺乏对早期国家的辩证研究。[2]

鉴于此，本文在充分吸收中文、英文、法文和阿拉伯文等一手资料的基础上，从历史政治学的视角，试图厘清阿尔及利亚早期国家形成的历史过程和流变轨迹，剖析早期国家形成过程中的背后逻辑，以及古代国家对现代国家形成的影响，进而打破"奥斯曼起源说"的单一解释路径。本文将奥斯曼土耳其在阿尔及利亚地区统治之前的时期界定为早期国家形成（Early State Formation）[3]状态，并认为阿尔及利亚早期国家形成经历了从部落联盟到边疆国家[4]的历史演变。阿尔及

---

[1] 阿尔及利亚独立后很长一段时间内的史学编纂都是以民族主义运动为核心，主要代表作有阿尔及利亚历史学家、政治家费尔哈特·阿巴斯（Ferhat Abbas）的《阿尔及利亚战争与革命：殖民之夜》，该书是阿尔及利亚本土学者最早论述民族主义运动与阿尔及利亚现代国家形成的著作，参见 Ferhat Abbas, *Guerre et Révolution d'Algérie (1): La Nuit Coloniale*, Paris: FeniXX, 1962；阿尔及利亚历史学家马赫福德·卡达齐（Mahfoud Kaddache）的《阿尔及利亚民族主义史》，该书详细论述了阿尔及利亚民族主义的历史发展及其对现代国家构建的影响，参见 Mahfoud Kaddache, *Histoire du Nationalisme Algérien 1919-1951*, Paris: Paris-Méditerranée EDIF, 2003。

[2] 黄慧在《阿尔及利亚柏柏尔主义研究》中指出，尽管现代阿尔及利亚所在中马格里布地区建立了诸多政权，但它们与现代阿尔及利亚没有直接联系。奥斯曼的到来促进了现代阿尔及利亚的形成。参见黄慧：《阿尔及利亚柏柏尔主义研究》，社会科学文献出版社2015年版，第65—66页。

[3] 目前学术界关于早期国家形成的理论主要有两种：第一种是自愿理论（voluntary theories），该理论认为由于某些共同的理性利益，不同的人聚集在一起形成国家；第二种是冲突理论，与自愿理论相反，该理论指出人们并非自愿同意建立一个国家以实现最大利益，而是由于一个群体对另一个群体的某种形式的压迫，从压迫动力的视角出发，又形成了经济分层理论、征服理论、边界理论和新进化理论等。参见 Robert L. Carneiro, "A Theory of the Origin of the State", *Science*, Vol. 169, No. 3947, 1970, pp. 733-738; Charles S. Spencer & Elsa M. Redmond, "Primary State Formation in Mesoamerica", *Annual Review of Anthropology*, Vol. 33, 2004, pp .173-199。本文将综合运用上述理论来阐释阿尔及利亚早期国家形成。

[4] 部落联盟一般是由领土毗邻、具有亲属关系或有政治联合需要的部落联合而成，是世界上游牧民族建立（早期）国家的主要途径（参见路易斯·亨利·摩尔根：《古代社会（上册）》，杨东莼、马雍、马巨译，商务印书馆1977年版，第102—120页）；边疆国家是指由中央政权控制领土的边缘地区民族通过战争的形式建立的多民族统一政权。

利亚具有非洲、地中海和阿拉伯-伊斯兰文明等多重文明属性，本文对该国早期国家的研究一方面有助于填补古代非洲阿拉伯国家政治史和国家起源研究的不足，另一方面希望为全球化背景下世界政治文明多样化的话语构建提供一些思考。

一、部落联盟与古代阿尔及利亚地区政治实体的生成

根据一些史前和古代史学家的研究，在公元前很长一段时间内，阿尔及利亚地区就存在着较为高级的社会组织，其基本特征大致符合罗马史学家以及后来人类学家所定义的"部落"（Tribe）。[①] 但是，近代以来的一些学者对此观点表示质疑，质疑的主要内容是：部落作为一种比较原始的社会组织是否自发地存在于马格里布地区。[②] 如北非历史学家阿卜杜拉·阿洛维（Abdallah Laroui）认为，在外部势力（腓尼基人和罗马人）入侵北非之前，作为语言和文化统一体，马格里布地区已经形成了较为发达的农耕文明与游牧文明的二元结构。而在持续的外部入侵压力之下，马格里布在社会、地理、经济、语言等领域出现了"退化"现象，形成了四组"三边结构"：同化地区、未同化地区、土著居住地；城市、乡村、沙漠；商业、农业、畜牧；拉丁语、布匿-柏柏尔混合语、柏柏尔语。在这一过程中，虽然经济的演变（从游牧到商业）实现了一种历史进步，但在阿洛维看来，政治演变却是一种倒退，即政治文明的"再游牧化"（renomadization）。[③] 也就是说，从腓尼基人进入马格里布开始，部落才被普遍认为是该地区的主要政治社会组织。

[①] Gilbert Meynier, *L'Algérie des origines: De la préhistoire à l'avènement de l'islam*, Paris: La Découverte, 2010, p. 35.
[②] Jacques Berque, "Qu'est-ce Qu'une Tribu Nord-Africaine?", in *Éventail de L'histoire Vivante: Hommage à Lucien Febvre, Tome I*, Paris: Armand Colin, 1953, pp. 261-271.
[③] Abdallah Laroui, *L'Histoire du Maghreb: Un Essai de Synthèse*, Paris: Maspero, 1970, p. 63.

部落是古代政治实体形成的基础。迦太基统治马格里布早期，在阿尔及利亚的农业定居区或半定居区，就存在一些类似于国家的政治实体，它们或保持孤立，或与较为偏远的游牧部落建立一定的联系。公元前4—前3世纪，有明确记载的是，马格里布地区已经形成了三个较为强大的古代王国，自西向东分别是位于摩洛哥北部[①]的摩尔塔尼亚王国（摩尔人）、位于木卢亚河（Moulouya）与昂普萨加河（Ampsaga）[②]之间的马赛西里亚王国（Royaume des Masaesyles）、位于马赛西里亚王国与迦太基之间的马西里亚王国（Royaume des Massyles）。马赛西里亚王国和马西里亚王国构成了今天阿尔及利亚北部主要部分，且都是由部落发展而来，前者发源于摩洛哥境内，后来定都于西加（Siga），[③]是当时阿尔及利亚境内最大的政治实体；后者发源于奥雷斯山附近，[④]后来定都于塞达（Cirta），即今天的君士坦丁省，是仅次于马赛西里亚王国的第二大政治实体。[⑤]

与和平时期松散的部落联盟相比，布匿战争时期，各个由部落联盟组成的政治实体在面临外部竞争压力时，会更有动力通过内政与外交改革提升自身安全，从而促进了早期国家的形成。[⑥]因此，以部落联盟为基础的政治组织形成可以看作是，在竞争压力下，努力想回到

[①] 位于大西洋到木卢亚河之间，南部主要是盖图里人。

[②] 昂普萨加河是古代文献中出现的名称，现在是阿尔及利亚东部的鲁姆迈勒河（Rhummel）。

[③] 统治范围大致相当于今天阿尔及利亚的奥兰省和阿尔及尔省，参见黄慧：《阿尔及利亚柏柏尔主义研究》，社会科学文献出版社2015年版，第26页。

[④] Stéphane Gsell, *Histoire Ancienne de l'Afrique du Nord*, Tome V, Paris: Librairie Hachette, 1927, pp. 97-98. 马西里亚部落的来源有多种说法，如圣依西多禄（Isidore of Seville）认为起源于摩洛哥境内，位于离阿特拉斯不远的地方，参见 Isidore of Seville, *The Etymologies*, IX, Oxford: Oxford University Press, 1911, p. 123；吉尔贝·梅尼耶认为该部落起源于现在的突尼斯西北部，参见 Gilbert Meynier, *L'Algérie des origines: De la préhistoire à l'avènement de l'islam*, Paris: La Découverte, 2010, p. 41。

[⑤] 关于三个柏柏尔土著王国的介绍，可参见 Stéphane Gsell, *Histoire Ancienne de l'Afrique du Nord*, Tome V, Paris: Librairie Hachette, 1927, pp. 88-95；Charles-André Julien, *Histoire de l'Afrique du Nord: Des Origines à 1830*, Paris: Payot, 2015, pp. 115-117。

[⑥] 参见查尔斯·蒂利：《强制、资本和欧洲国家》，魏洪钟译，上海人民出版社2007年版。

（本属于他们的）肥沃土地的游牧民采取战争的模式以应对内外部威胁。赵鼎新在关于中国古代早期国家的研究中，发现"部落联盟（而不是帝国）才是古代草原上稳定的国家形式"。[①] 虽然古代中国与古代地中海不可直观比较，但从历史选择来看，部落联盟确实是阿尔及利亚地区古代政治实体的重要形式。

公元前3世纪末，马赛西里亚王国在大阿盖利德[②]塞法克斯（Syphax）领导下，先后与罗马帝国、迦太基结成军事联盟关系，实力大增，于公元前205年击败了马西里亚王国并流放了年轻的王子马西尼萨（Massinissa），几乎统一了努米底亚全境。但好景不长，公元前203年，罗马征服军登陆北非之后，在迦太基战败并求和的背景下，马西尼萨遂与罗马交好。塞法克斯被罗马军队击败后，其控制的政治实体也逐渐被马西尼萨领导的马西里亚人侵蚀。塞法克斯领导的部落联盟代表了当时阿尔及利亚最先进的政治实体。提图斯·李维（Titus Livius，前59—17）在《罗马史》中对塞法克斯进行了大量的描述，尽管负面较多，但也彰显了当时罗马统治者对塞法克斯及其统治王国的认可。[③] 从考古资料来看，无论是硬币（印有塞法克斯及其儿子的头像）[④] 还是宏伟的陵墓（废墟呈三角形，由塞法克斯设计）[⑤] 都反映了马赛西里亚王国的财富能力。总之，由外部压力驱使形成的部落联盟是阿尔及利亚早期本土政治实体的雏形，而塞法克斯将这一形态推向了第一波高峰。

[①] 赵鼎新：《论机制解释在社会学中的地位及其局限》，《社会学研究》2020年第2期，第9页。
[②] Aguellid，在柏柏尔语中表示首领的意思。
[③] Paul J. Burton, *Friendship and Empire: Roman Diplomacy and Imperialism in the Middle Republic (353-146 BC)*, Cambridge: Cambridge University Press, 2011, pp. 88-100.
[④] Jacques Alexandropoulos, *Les Monnaies de L'Afrique Antique*, Toulouse: Presses universitaires du Midi, 2020, pp. 141-147.
[⑤] 该陵墓位于阿尔及利亚奥兰地区的贝尼·赫纳尼（Beni Rhenane），参见 Gabriel Camps, "Beni Rhénane", *Encyclopédie berbère*, Aix-en-Provence: Edisud, 1991, pp. 1464-1468；Gustave Vuillemot, "Fouilles du mausolée de Beni Rhenane en Oranie", *Comptes Rendus des Séances de l'Académie des Inscriptions et Belles-Lettres*, Vol. 108, No. 1, 1964, pp. 71-95。

公元前203年，马西里亚首领马西尼萨在罗马军队的支持下彻底打败马赛西里亚部落联盟，随后便接管了两大部落联盟原先统治的所有领土，其疆域从木卢亚河一直延展至迦太基西部的塔巴尔卡。根据古希腊历史学家波利比乌斯（Polybius，前203—前121）的记载，马西尼萨统治的领土被称为努米底亚王国。① 从政治组织的角度来看，努米底亚王国是由马西里亚部落占主导地位的邦联形式，分为若干强大的父系氏族与家族。王国的首领或国王名称仍然沿用部落联盟时期的大阿盖利德，阿拉伯历史哲学家伊本·赫勒敦（Ibn Khaldoun）将其等同于"素丹"，即实际统治者。② 法国历史学家斯特凡·格塞尔（Stéphane Gsell）指出，这种邦联形式是一种类似于马赛克式的社会和政治群体，他们由家庭、村庄、部落和城市组成，并处于自治或准自治状态，这些群体（出于宗法或政治原因）一般只与更高一级的群体联系。③ 此外，大阿盖利德在高平原地区和南部的盖图里人聚集区几乎无法行使权威。因此，从社会形态来看，努米底亚王国既有部落联盟（内部自治）的特征，又有酋邦的特征。根据易建平的分类，努米底亚王国也可以归为"非专制的酋邦制"。④

---

① 大致相当于今天阿尔及利亚中部到突尼斯西部，以及利比亚南部。
② 素丹又称苏丹（Sulṭān），古代伊斯兰君主制国家最高统治者称号，参见 Ibn Khaldoun, *Histoire des Berbères et des Dynasties Musulmanes de l'Afrique Septentrionale, Tome II*, Traduite par Baron de Slane, Alger: Imprimerie du Gouvernment, 1854, p. 270。
③ Stéphane Gsell, *Histoire Ancienne de l'Afrique du Nord, Tome V*, Paris: Librairie Hachette, 1927, pp. 129-130.
④ 关于早期国家起源，学界主要有两类观点：第一类是"古典进化论"，由美国人类学家摩尔根在《古代社会》中提出，后经恩格斯等学者发展。其观点是早期国家经历了氏族→部落→部落联盟→国家的演进模式；第二类是"酋邦论"，由美国人类学家朱利安·斯图尔德（Julian Steward）在《南美印第安人手册》（*Handbook of South American Indians*）中提出，卡列沃·奥伯格（Kaitrxo Oberg）、埃尔曼·塞维斯（Erman R. Service）、阿伦·约翰逊（Allen W. Johnson）以及中国学者谢维杨和易建平继续发展，其观点是酋邦是部落向国家过渡的中间环节，也是原始平等社会与官僚制国家之间的过渡阶段。努米底亚王国结合了上述两种演进模式。参见杨俊明：《我国国家起源研究链条上的重要环节——评〈部落联盟与酋邦——民主·专制·国家：起源问题比较研究〉》，《世界历史》2009年第5期，第140—141页；易建平：《部落联盟与酋邦——民主·专制·国家：起源问题比较研究》，社会科学文献出版社2004年版，第427—442页。

随着酋邦特征的政治实体的建立，中央政权逐步形成。与此同时，部落联盟内部也开始出现分化趋势。为应对该局势，中央政权通过一夫多妻制与政治联姻，以及政治威逼的方式实现名义上的政治统一。继承问题是影响王国稳定的另一要素。尽管马西尼萨统治时期就设立了年龄最大的男性后裔继承制，但这并没有阻止因继承问题出现内战的情况。公元前148年，马西尼萨去世，其长子米齐普撒（Micipsa）在罗马人的安排下继位，与其兄弟们联合执政。公元前118年，米齐普撒去世后，其两个儿子阿赫巴尔（Adherbal）和希姆萨普（Hiempsal）与过继的朱古达（Jugurtha）[1]在继承问题上爆发了内讧，最终朱古达获胜并再次统一努米底亚。该王国面临的最大威胁来自地中海北岸的罗马人。马西尼萨时期的努米底亚王国实际上已经受罗马帝国的"保护"，后者不希望北非地区出现一个强大的国家。在罗马人的"分而治之"策略下，朱古达的军事行为激怒了罗马元老院。公元前106年，朱古达被罗马人打败。此后，努米底亚王国正式进入衰落阶段，先是西边疆域的大片领土被划分给摩尔塔尼亚国王波库斯（Bocchus），紧接着罗马人在剩余的领土上建立了傀儡政权，最终于公元前46年沦为罗马在非洲的新行省。

作为现代阿尔及利亚早期国家的雏形，努米底亚王国尽管存在的时间不长，但从政治史的角度来看，它展现了阿尔及利亚早期国家的早期演变过程。努米底亚王国可以被认为是由马西里亚人领导的柏柏尔部落联盟发展而来。事实上，努米底亚王国统治的地方是由若干部落、部落联盟以及远离权力中心的游牧民组成的松散联合体，其政治组织也已超越部落联盟时期的马西里亚王国，具备了早

---

[1] 朱古达是马西尼萨的私生孙子，后过继给长子米齐普撒。古罗马历史学家、努米底亚省总督撒路斯提乌斯（Gaius Sallust Crispus，前86—35）在《朱古达战争》中对朱古达有详细描述，参见 Catalina Balmaceda & Michael Comber (eds. & trans.), *Sallust: The War With Jugurtha*, Liverpool: Liverpool University Press, 2009. 朱古达抵抗罗马入侵的事迹被认为是当代阿尔及利亚抵抗精神的起源。

期国家形成过程中的酋邦制特征,如最高统治者的专制性、社会的分层性以及作为"征服结果的部落联合体"等。[①] 努米底亚文明的开启说明阿尔及利亚的社会形态已经开始从部落联盟向国家形态转变。总之,作为非专制的酋邦制国家,努米底亚王国充分吸收了部落文明与希腊政治文明,为阿尔及利亚政治文明的历史演进提供了重要的历史基础。

二、氏族-部落二元模式与古代阿尔及利亚的"公国体系"

在公元前1世纪之前较长的一段时间内,罗马对于努米底亚乃至整个马格里布地区采取的政策主要是"分而治之",其目的是防止出现一个强大的敌对势力。从马西尼萨与塞法克斯的努米底亚主导权之争,到朱古达与兄弟之间的继承战争,再到最后摩尔塔尼亚的波库斯与朱古达的矛盾,均为罗马介入该地区的事务提供了天然机会。阿拉伯历史学家贾米尔·阿布-纳赛尔(Jamil M. Abun-Nasr)在评价马格里布古代早期诸王国与罗马的关系时说道:"由于马格里布地区部落社会的分支型(segmentary)特征,两大王国(努米底亚与摩尔塔尼亚)都是在罗马人的支持下实现对另一方的压倒性优势。但当各自部落首领不能满足罗马人的利益时,他们统治的国家就会消失。"[②] 因此,从阿尔及利亚地区出现以部落联盟为主要政治实体到酋邦制的建立,再到被罗马人消灭,直至成为永远的历史记忆,不仅是时代条件局限下部落社会的结构性矛盾,更重要的原因还在于罗马帝国的殖民征服对该地区的负面影响。

---

① 谢维扬:《中国早期国家》,浙江人民出版社1995年版,第171—235页。
② Jamil M. Abun-Nasr, *A History of Maghrib in the Islamic Period*, Cambridge: Cambridge University Press, 1971, p. 15.

从保护国到直接统治，① 罗马人对阿尔及利亚的最大影响是加快了古代早期部落联盟政体的灭亡以及土著部落社区与罗马人的共存。原先由部落国家建立的城市被罗马人发展成了新的移民区，这也是后来罗马化政策的核心地带，即北部的"城市群"，部落政权也变成了城市自治政权。在罗马取得全面控制权的过程中，土著居民的生活方式也发生了分化。从马西尼萨时期开始，一部分单个部落组成了部落联盟或加入罗马雇佣兵，在参与战斗的过程中，他们逐渐适应了定居生活，此后变成了罗马化城市的土著居民，而另一部分部落民仍生活在卡比利亚、高平原和沙漠边界等边缘地区，以畜牧为生。

公元 3 世纪起，由于宗教分歧和权力斗争等因素，不断衰落的罗马军队在北非也逐渐失去了影响力，权力真空趋势逐渐显现。在这种情况下，一些远离迦太基等罗马权力中心的部落纷纷寻求建立自治政权。阿尔及利亚内陆大部分的统治权落入土著部落之手，罗马人直接统治的地区仅限于沿海地区。② 这些部落政权维持着一定的罗马文化，并且承认罗马皇帝的宗主权。本土部落文明与外来罗马文明的结合推动着阿尔及利亚政治组织形式的演化。

公元 429 年，汪达尔人首领该撒里克（Gaiseric）带领 5 万—8 万军队以势如破竹之势挺近北非。435 年，该撒里克占领罗马在非洲的重要海滨城市希波-勒吉斯（Hippo Regius）③，并将其作为汪达尔王

---

① 罗马人在努米底亚地区的政策经历了从保护国政策到直接统治两个阶段。从帮助马西尼萨建立努米底亚王国起，罗马人就没有意愿占领该地区，而只是将其作为一个"保护国"。因为从罗马人的角度来看，努米底亚地区的财富和文明价值还不足以促使元老院发动一场大规模的军事征服（参见 Stéphane Gsell, *Histoire Ancienne de l'Afrique du Nord, Tome VII*, Paris: Librairie Hachette, 1928, pp. 135-136）。马西尼萨死后，努米底亚王国爆发内战，努米底亚强人朱古达的出现促使罗马人第一次以大规模军事征服的方式介入努米底亚事务，拉开了直接统治的序幕。公元 40 年，摩尔塔尼亚末代傀儡国王托勒密去世，王国也被纳入罗马的非洲行省。至此，罗马人实现了对阿尔及利亚全境的占领。
② 如沿海地区的凯撒利亚市（Caesarea Mauretaniae），参见 Chris Wickham, *Framing the Early Middle Ages: Europe and the Mediterranean, 400-800*, New York: Oxford University Press, 2005, p. 18.
③ 现在的阿尔及利亚安纳巴（Annaba）。

国首府(435—439)。439年,该撒里克攻占迦太基并宣称接替罗马人在北非的统治权。汪达尔人统治北非的时间不到一个世纪,来自东方的拜占庭帝国就以"汪达尔人的方式"占领了迦太基(533),并解散了最后一批汪达尔人。尽管汪达尔人与拜占庭人存在着相当大的区别,其在北非的治理方式也完全不同,但他们的"境遇"却几乎是一致的。如在实际控制的领土上,两者均只控制着迦太基以及沿海一些罗马化的城市;在帝国遗产继承上,两者都遇到了类似的麻烦:宗教冲突、军队离心、行政腐败等;在与土著居民互动上,两者一开始都努力争取部落的支持,但最后都遭到土著部落的强烈反抗,最终走向灭亡。

摩洛哥历史学家阿卜杜拉·阿洛维在评价这种"境遇"时称:"击败外来统治者易,征服土著居民难。"[1] 由此看出,本土政治实体已经形成了一个抵抗性的"马赛克式"的大联盟。因此,在罗马帝国失去北非后,本土政权事实上与后来的汪达尔以及拜占庭帝国长期处于共存与冲突之中。正如英国历史学家安迪·梅里尔斯(Andy H. Merrills)在《汪达尔人、罗马人与柏柏尔人:北非古代晚期的新视角》中指出的:"汪达尔人不是唯一一个声称要继承罗马帝国在北非的遗产的,其还包括位于奥雷斯山、沙漠等地区的柏柏尔人。"[2]

汪达尔人统治初期,尽管征服者肆意占领部落民土地,大量部落民成为无产者,经济遭受重创,诸多城市都成了死城,但包括阿尔及利亚地区在内的大部分北非部落联盟名义上都支持该撒里克政权。[3] 这些部落联盟大多形成于罗马帝国时期,具有一定的政治独立性。该撒里克死后,汪达尔王国继承者逐渐失去了对部落的控制。在公元5

---

[1] Abdallah Laroui, *L'Histoire du Maghreb: Un Essai de Synthèse*, Paris: Maspero, 1970, p. 69.
[2] A. H. Merrills (ed.), *Vandals, Romans and Berbers: New Perspectives on Late Antique North Africa*, Burlington: Ashgate Publishing Limited, 2004, pp. 5-6.
[3] 东罗马帝国历史学家普罗柯比在《战史》中认为,部落联盟对该撒里克政权效忠是忌惮于后者的威力,参见普罗柯比:《战史》,崔艳红译,大象出版社2010年版,第142页。

世纪末的混乱局面下，努米底亚一些部落无产者联合成立了大的部落联盟，并在原有部落组织的基础上形成了若干个政治实体。[1]另一方面，在罗马时期被赶到沙漠边界的游牧民在汪达尔统治时期也形成了多个有组织、有纪律的部落军事联盟，被历史学家称为"养骆驼的游牧人"。[2]

因此，从汪达尔时期开始，阿尔及利亚地区实际上形成了两种共存的部落政治实体模式，一种是以卡比利亚和奥雷斯地区为主的"氏族"模式（Clan Model）政权，另一种是以主要活动在沙漠或高平原地区的游牧部落模式（Tribal Model）政权，也被称为部落联盟（Confederation）。西方学界将上述两种模式统称为王国（Kingdom）或公国（Principality），它们的共同特征是结合了罗马文化与本土的部落文化，因此也叫"摩尔-罗马王国"。[3]法国历史学家克里斯蒂安·库尔图瓦（Christian Courtois）在《汪达尔人与非洲》中详细记载了马格里布地区的9个王国，这些王国多数建立在罗马帝国军事防御边界利姆（lime）上。[4]其中位于阿尔及利亚境内的主要有奥兰地区的阿尔塔瓦（Altava）王国（著名国王马苏纳[Masuna]）[5]、

---

[1] Charles-André Julien, *Histoire de l'Afrique du Nord: Des Origines à 1830*, Paris: Payot, 2015, p. 302.

[2] Charles-André Julien, *Histoire de l'Afrique du Nord: Des Origines à 1830*, Paris: Payot, 2015, p. 303.

[3] 摩尔-罗马王国（拉丁语为 Regnum Maurorum）既是一种类型，又是历史上真实存在的王国名称。公元439年，汪达尔人在柏柏尔人的支持下击败了罗马军团，罗马帝国在北非的统治随即宣告结束。公元477年，凯撒摩尔塔尼亚省境内的罗马化柏柏尔人以阿尔塔瓦为都城建立了独立的王国——摩尔-罗马王国。参见 Abdallah Laroui, *L'Histoire du Maghreb: Un Essai de Synthèse*, Paris: Maspero, 1970, pp. 75-76; Gilbert Meynier, *L'Algérie des origines: De la préhistoire à l'avènement de l'islam*, Paris: La Découverte, 2010, p. 180.

[4] Christian Courtois, *Les Vandales et L'Afrique*, Paris: Arts et Métiers Graphiques, 1955, pp. 340-352.

[5] 摩尔-罗马王国灭亡后，阿尔塔瓦地区政治精英以摩尔-罗马王国为基础建立了阿尔塔瓦王国。该王国是以罗马文化为内核的罗马化柏柏尔公国，在政治上具有较强的罗马文化认同。参见 J. R. Martindale, *The Prosopography of the Later Roman Empire 2 Part Set: Volume IIA, AD 395-527*, Cambridge: Cambridge University Press, 1980, pp. 509-510.

瓦尔塞尼斯王国（Kingdom of Ouarsenis）、胡德纳王国（Kingdom of Hodna）[①]和奥雷斯山地区的奥雷斯王国（著名国王伊奥达斯[Iaudas]）[②]。历史学家推测，实际上存在的王国数量远不止库尔图瓦的统计，后者主要是基于有限的出土铭文所作的假设。[③]土著王国和游牧部落联盟的兴起说明了汪达尔和拜占庭时期北非社会的碎片化趋势。

这种碎片化的直接动因在于罗马帝国崩塌后，国家权力中的大地主和宗教势力衰落，继而造成政治权力分散，一些本就处于自治、受压迫的部落纷纷寻求完全独立。久而久之，地方性的小王国群体逐渐形成，它们均以罗马人的方式包装自己，声称自己是"摩尔-罗马王国"，这一现象被历史学家描述为"公国体系"或"新国家矩阵"的诞生。然而，查士丁尼统治下拜占庭帝国的"重新征服"切断了这种新国家体系的发展潜力。[④]与此同时，这种新国家体系的默契性抵抗阵线也使得东罗马帝国在北非的影响力仅限于一些城市。尽管后者与一些部落联盟达成了"效忠"关系，但总体而言，大部分部落联盟都不在东罗马帝国的影响范围内，甚至双方长期处于对立状态。[⑤]在普罗柯比（Procopius）与科里普斯（Corippus）的记录中，拜占庭人与摩尔人的互动也多以冲突为主。[⑥]6世纪末，虽然多数摩尔-罗马王国

[①] 瓦尔塞尼斯王国、胡德纳王国均是在摩尔-罗马王国原有领土上建立的，王国的具体信息，资料不详。
[②] 公元5世纪80年代，奥雷斯山部落领袖马斯蒂（Masties）领导柏柏尔人开展了一系列抗击汪达尔人的侵略之后，就地建立了奥雷斯王国。奥雷斯王国是以罗马移民和柏柏尔部落居民为主的多元族群公国。奥雷斯王国一直延续到公元8世纪初倭马亚王朝对马格里布地区征服的末期。参见Gabriel Camps, "Rex gentium Maurorum et Romanorum. Recherches sur les Royaumes de Maurétanie des VIe et VIIe siècles", *Antiquités Africaines*, No. 20, 1984, p. 199.
[③] Abdallah Laroui, *L'Histoire du Maghreb: Un Essai de Synthèse*, Paris: Maspero, 1970, p. 71.
[④] Gilbert Meynier, *L'Algérie des origines: De la préhistoire à l'avènement de l'islam*, Paris: La Découverte, 2010, pp. 181-182.
[⑤] Charles Diehl, *L'Afrique Byzantine: Histoire de la Domination Byzantine en Afrique (533-709)*, Paris: Ernest Lerous, 1896, pp. 317-323.
[⑥] Flavius Cresconius Corippus, *In Iaudem Iustini Augusti Minoris, Libri IV*, Averil Cameron (trans. & ed.), London: The Athlone Press, 1976.

在拜占庭的征服过程中被瓦解,但氏族-部落二元政治模式并未消失,其以部落社会为载体继续存在于阿尔及利亚,并在日后阿拉伯征服进程中的早期国家形成中发挥着重要作用。

三、伊斯兰教传入与阿尔及利亚地方伊斯兰王国的兴起

在阿尔及利亚地区,如果说 7 世纪是阿拉伯征服年代,那么 8 世纪就是土著民族柏柏尔人起义的年代。抵抗/征服-起义-独立可以说是阿尔及利亚中世纪早期历史发展的一般性特征。而主导这一进程的主角则是由土著居民组成的部落或部落联盟。从政治社会学的视角来看,阿尔及利亚部落的自然凝聚力发展于古希腊罗马时期,它们在历史进程中完成了第一波进化,在伊斯兰教进入该地区后,宗教团结推动了部落社会开展第二次革命式的进化,即将宗教凝聚力和自然凝聚力合二为一。[①] 从历史发展的动力来看,8—10 世纪阿尔及利亚呈现出的自治主义(Autonomism)实际上是对 5—6 世纪拜占庭自治传统的延续,这种对自治的诉求主要来源于外来征服势力的压迫性统治。在面临压迫性统治时,柏柏尔部落酋长很好地利用了帝国内外局势纷纷获取自治或独立。因此,从 8 世纪开始的阿尔及利亚历史发展轨迹可以看作是部落与宗教合作下的起义与独立。从政治史视角来看,这一时期的阿尔及利亚进入到了以部落为核心的伊斯兰酋长国时期,神权第一次介入部落国家的政治生活。

7 世纪 20 年代左右,在阿拉伯帝国的一系列武力征服之后,伊弗里基亚省(Ifriqiya)管辖的疆域达到了顶峰,从的黎波里塔尼亚一直到摩洛哥北部。但是这种大一统的局面只维持到 740 年。阿拉伯历史

---

① 伊本·赫勒敦:《历史绪论(上卷)》,李振中译,宁夏人民出版社 2015 年版,第 203 页。

学家普遍认为，740 年，马格里布又进入到了由部落社会构成的自治状态，回到了汪达尔-拜占庭占领时期的情形。① 这种情形发展的直接历史动力是马格里布地区各地爆发的部落起义，起义主要发生在阿尔及利亚东部和突尼斯境内，以及特莱姆森和丹吉尔地区两个大中心地带。起义的直接原因是凯鲁万总督实施的苛捐杂税和暴政政策，尤其是总督亚兹德·伊本·阿比（Yazid Ibn Abi）上任之后推行不公平税收政策。② 与以往部落起义不同，这次起义是在伊斯兰教哈瓦利吉派（Khawāridj）指导下进行的。作为一种宗教政治运动，哈瓦利吉派强烈反对拜占庭式的剥削与不平等制度，以及阿拉伯官僚制度中体现的逊尼派正统派思想。③ 这种思想倾向在马格里布地区很快就被当地部落首领接受并作为一种思想武器开展斗争。739—740 年，马格里布地区爆发了大规模的部落起义，其中阿尔及利亚的君士坦丁和特莱姆森的起义均由扎纳塔（Zenata）部族领导。部落起义导致的直接结果是阿拉伯哈里发权威在该地区的崩塌，代之以地方伊斯兰酋长国的形成。

在哈瓦利吉派内部，阿扎里派（Azrakism）、苏福里亚派（Sufrism）和伊巴迪亚派（Ibadism）是三个最为常见的思想派别，后两派在阿尔及利亚历史中占有非常重要的地位。④ 阿尔及利亚地区最早的伊斯兰酋长国就是由苏福里亚派柏柏尔部落——巴努·伊弗兰（Banu Ifran）于 765 年在特莱姆森地区建立。据伊本·赫勒敦记载，巴努·伊弗兰部落属于扎纳塔部族三个最大部落之一，⑤ 曾经参加过抵

---

① Abdallah Laroui, *L'Histoire du Maghreb: Un Essai de Synthèse*, Paris: Maspero, 1970, p. 90.
② 阿拉伯帝国对于非穆斯林一般会征收土地税（Kharaj）和人丁税（Jiziya）。此外，柏柏尔部落还要被迫向统治者进贡女性，柏柏尔军人在阿拉伯军队中的地位也比较低。
③ Abdallah Laroui, *L'Histoire du Maghreb: Un Essai de Synthèse*, Paris: Maspero, 1970, pp. 91-92.
④ Charles-André Julien, *Histoire de l'Afrique du Nord: Des Origines à 1830*, Paris: Payot, 2015, pp. 361-362.
⑤ 另外两支是马格拉瓦（Maghrawa）和贾拉瓦（Jarawa），参见 Ibn Khaldoun, *Histoire des Berbères et des Dynasties Musulmanes de l'Afrique Septentrionale*, Tome II, Traduite par Baron de Slane, Alger: Imprimerie du Gouvernement, 1854, pp. 190-192。

抗罗马人、汪达尔人、拜占庭人等外来势力的战争。该部落最早生活在的黎波里，随后在阿拉伯征服军的压力下，逐渐西迁至奥雷斯地区。据波兰东方学家塔德乌什·莱维茨基（Tadeusz Lewicki）的记录，西迁的巴努·伊弗兰部落内部也产生了伊巴迪亚派和苏福里亚派。[1] 8 世纪 50 年代，苏福里亚派巴努·伊弗兰在阿布·卡拉（Abu Qrra）的领导下成为阿尔及利亚地区最有影响力的部落之一，之后在马吉拉部落（Maghila）的支持下建立了独立的地方伊斯兰王国，阿布·卡拉被尊奉为苏福里亚伊玛目。[2] 尽管阿布·卡拉建立的地方王国存在仅 25 年左右，但其作为一个政治实体将宗教因素与部落社会特征有机集合的模式已经成为阿尔及利亚早期国家形成的重要过程。此外，该地方王国还建立了撒哈拉沙漠与特雷姆森之间的贸易路线，直接推动了不同部族、部落之间的交往与融合。

750 年，阿拔斯王朝在库法（762 年迁都至巴格达）建立后，哈里发多次试图恢复在马格里布的权威，但实际控制区域只包括突尼斯以及阿尔及利亚东部的一些城市。761 年，在阿拔斯王朝的武力威逼下，的黎波里塔尼亚和突尼斯地区的伊巴迪亚派不得不西迁至阿尔及利亚中部。[3] 伊巴迪亚派部落领袖、伊玛目阿卜杜·拉赫曼·伊本·鲁斯塔姆（Abd al-Rahman Ibn Rustam）与该地区的柏柏尔部落建立了具有政治性质的部落联盟，并共同建造了军事要地塔哈尔特（Tahart）。776 年，伊本·鲁斯塔姆在塔哈尔特宣布建立独立国家，并被选为伊玛目，伊玛目在鲁斯塔姆家族中世袭。鲁斯塔姆王朝（776—909）是阿尔及利亚境内第一个具备较为完整国家体系的地方伊斯兰王国。

---

[1] Tadeusz Lewicki, "Les Subdivisions de l'Ibāḍiyya", *Studia Islamica*, Vol. 9, 1958, pp. 71-82.
[2] Hugh Kennedy, *The Early Abbasid Caliphate: A Political History*, London: Routledge, 2016, p. 191.
[3] Michael Brett, "The Arab Conquest and the Rise of Islam in North Africa", in J. D. Fage (ed.), *The Cambridge History of Africa*, Vol. 2, c. 500 BC-AD 1050, New York: Cambridge University Press, 2002, p. 523.

从国家性质来看，鲁斯塔姆王朝属于典型的地方性伊斯兰王朝，国家中心位于具有军事、政治和商业意义的塔哈尔特，伊巴迪亚派教法是国家核心指导思想，因此也被称为伊斯兰神权王国。从组成部分来看，鲁斯塔姆王朝虽然是以鲁斯塔姆家族为核心的柏柏尔部落联邦，但伊巴迪亚思想的流行使得国家拥有超部落认同的"意识形态"。尽管鲁斯塔姆王朝被一些法国学者视为"宗教狂热"国家，[1]但据中世纪阿拉伯史学家和地理学家的记载，鲁斯塔姆王朝治下的伊斯兰王国总体上是一个不好战、多元化的社会。因此，在王朝早期，塔哈尔特周围聚集了大量部落和非哈瓦利吉派教徒，他们在相对稳定的政治环境中从事商业和宗教活动。[2]但随着第一代和第二代伊玛目的去世，鲁斯塔姆王朝内部关于神学问题的冲突逐步演变为家族、部落民之间的冲突。由于军事和税收系统的长期孱弱，加上后期内部冲突的爆发，鲁斯塔姆王朝很快就在地区强国（法蒂玛王朝）的崛起中被消灭（909）。[3]末代伊玛目雅各布（Yaqub）带着伊巴迪亚派经典书籍逃离塔哈尔特前往萨达拉塔部落（Sadrata）所在的瓦格拉（Warghla）沙漠绿洲，11世纪后，伊巴迪亚派部落又在南部的瓦迪·姆扎卜（Wadi Mzb）建立定居点，一直持续至今。

从8世纪末到9世纪整个马格里布局势来看，阿尔及利亚东部、突尼斯和的黎波里塔尼亚地区主要是由来自于阿拉伯帝国家族的阿

---

[1] Charles-André Julien, *Histoire de l'Afrique du Nord: Des Origines à 1830*, Paris: Payot, 2015, pp. 367-373.

[2] 关于鲁斯塔姆王朝的介绍最早来自阿拉伯编年史学家伊本·萨基尔（Ibn al-Saghir），其生前在该国居住过。11世纪，阿拉伯历史学家阿布·扎克利亚（Abu Zakariya）和安达卢西亚地理学家伯克利（al-Bakri）结合前人的研究对鲁斯塔姆王朝进行了原创性的描述。参见 Ibn Saghir, "Chronique d'Ibn Saghīr sur les Imams Rostemides de Tahert", in Adolphe Calassanti-Motylinski (ed.), *Act XIV Congrès International des Orientalistes*, Alger, 1905; Yahya Ibn Saraf al-Nawawi, *Chronique d'Abou Zakaria*, Trad. et Comment. par Émile Masqueray, Alger: L'Association Ouvière V. Aillaud et Cie, 1878; Abou Obeid el-Bekri, *Description de L'Afrique Septentrionale*, Trad. par Le Bon De Slane, Alger: Imprimerie du Gouvernement, 1857。

[3] Abdallah Laroui, *L'Histoire du Maghreb: Un Essai de Synthèse*, Paris: Maspero, 1970, p. 109.

格拉布王朝（Aghlabids，800—909）统治，[①]该王朝虽然在名义上一直属于阿拔斯王朝，但同样属于 8 世纪马格里布部落自治主义思潮的一部分。阿格拉布王朝在阿尔及利亚东部的统治范围仅限于由阿拉伯军官（Arab Jund）控制的一些"城堡"，如塞蒂夫（Setif）和布吉（Bougie）[②]等。而位于卡比利亚、奥雷斯山等东北部山区部落居民均效忠于他们自己的领袖。[③]在马格里布西部，788 年，自称是先知后裔的伊德里斯·伊本·阿卜杜拉（Idriss Ibn Abdullah）在摩洛哥北部当时最强大的部落奥拉巴的支持下建立了伊斯兰酋长国——伊德里斯王朝（789—927）。790 年，伊德里斯一世击败特莱姆森酋长国首领阿布·卡拉后，阿尔及利亚谢里夫河（Sharif River）以西的领土均归于伊德里斯王朝统治之下。尽管如此，阿尔及利亚西部地区的苏福里亚派部落的影响力始终存在，一直持续到 10 世纪初。因此，这一时期，整个阿尔及利亚都处在部落社会与伊斯兰教结合的治理模式下。

从 9 世纪阿尔及利亚早期国家发展来看，地方伊斯兰王国促进了阿尔及利亚乃至整个马格里布地区文明的发展，一方面是促进了商业文明的发展，尤其是跨撒哈拉贸易路线的建立。例如中马格里布的扎纳塔部族建立的伊斯兰王国本身就是一个商业中心，其主要功能是连接撒哈拉地区和北部沿海城市，使得沙漠地区不再是流亡之地，而是重要的商业据点。在这一过程中，沙漠地区的桑哈贾（Sanhaja）部落也逐渐得到了发展。[④]另一方面是推动了政治文明的建设，地方伊斯兰王国首次建立了超越部落认同的政治理念。哈瓦利吉派是阿尔及

[①] 阿格拉布王朝是由来自阿拉伯半岛塔米姆（Banu Tamim）部落分支发展而来的地方阿拉伯王朝，统治范围主要位于今天的突尼斯、阿尔及利亚东部、利比亚的黎波里和意大利南部地区。参见 Mohamed Talbi, *L'Émirat Aghlabide*, Paris: Adrien-Maisonneuve, 1966。

[②] 现在的贝贾亚。

[③] Jamil M. Abun-Nasr, *A History of Maghrib in the Islamic Period*, Cambridge: Cambridge University Press, 1971, pp. 51-52.

[④] Abdallah Laroui, *L'Histoire du Maghreb: Un Essai de Synthèse*, Paris: Maspero, 1970, pp. 119-121.

利亚部落"引进来"的第一个思想武器，实践也已经证明其在反对现存体制和建立城邦国家方面起到了巨大的作用。然而，哈瓦利吉思想在国家建设上的作用只持续到 9 世纪初就瓦解了。这也为其他伊斯兰政治思想进入马格里布提供了机会。

四、第一次边疆运动与阿尔及利亚地区的族际融合

在马格里布古代与中世纪历史上，每当政治动荡（由竞争压力、殖民压迫与碎片化导致）达到一定阶段，政治运动（自治运动与统一运动）就会出现。这种政治运动一般会伴随着新的宗教思想出现，如历史上的多纳图斯主义（Donatism）、阿里乌主义（Arianism）、哈瓦利吉主义以及伊斯玛仪主义等。在阿拉伯征服时期（7—10 世纪），该地区相继出现了追求政治自治的哈瓦利吉运动和寻求统一的伊斯玛仪运动[1]。这些政治运动的主要模式均是部落与宗教思想的联合，进而产生强大的政治与军事组织。进入 11 世纪中叶，马格里布政治上的碎片化与经济社会危机为新一波政治思潮发展提供了机会。

11 世纪，随着伊斯兰什叶派在马格里布东部影响力的下降，逊尼派教法思想重新占据主导地位。其中最有影响力的是 9 世纪和 10 世纪发展于凯鲁万的马立克派。阿格拉布王朝时期，在诸多逊尼派教法学派竞争中，马立克派以严格遵循《古兰经》教义、强调虔诚与禁欲主义并关注次发展地区为特色脱颖而出，成为该地区发展最快

---

[1] 892 年，也门伊斯玛仪派布道者（da'i）阿布·阿卜杜拉（Abu Abduallah）在麦加与来自小卡比利亚的库塔玛部落进行了深入交流，前者得知后者有建立独立国家的意愿后，遂抓住这一战略机遇，率众前往阿尔及利亚东部山区进行布道。893 年，伊斯玛仪派布道者阿布·阿卜杜拉进入小卡比利亚后，先是遇到了一些忠诚于阿格拉布王朝的部落首领的抵制，但很快就与库塔玛部落在伊克赞（Ikjan）建立了革命统一战线，并成立了一支具有宗教色彩的军队，这一运动也被称之为伊斯玛仪运动。参见 Josef W. Meri (ed.), *Medieval Islamic Civilization: An Encyclopedia, Vol. 1*, London: Routledge, 2006, p. 250。

的教法思想。[1] 法蒂玛王朝时期，尽管马立克派被处处压制，但一些马立克学者依然没有停止对教法思想的探索与传播。齐里王朝（Zirid Dynasty, 973—1148）[2] 后期，作为对抗什叶派的理想宗教思想，马立克派快速发展成为一种政治运动思潮。[3] 阿拉伯希拉勒部落（Banū Hilāl）[4] 进入马格里布后，政治碎片化和部落首领统治成为阿尔及利亚东部地区主要的政治特征，而这种特征影响了定居农业与城市社区的基本秩序。为了融合部落社会，马立克思想逐渐成为东部地区统一穆斯林公共生活的主要律法原则。

与马格里布东部政治上的碎片化相比，11世纪的西部正走向伊斯兰时期的第一次统一。这次统一是由来自边疆撒哈拉沙漠的桑哈贾部落与来自马格里布东部的马立克思想充分融合的结果。阿卜杜

---

[1] Jamil M. Abun-Nasr, *A History of Maghrib in the Islamic Period*, Cambridge: Cambridge University Press, 1971, p. 57.
[2] 齐里王朝是由柏柏尔部落桑哈贾分支齐里家族建立的柏柏尔王朝，统治区域主要位于今天的阿尔及利亚东部、突尼斯和的黎波里地区。10世纪中叶，作为法蒂玛王朝在马格里布地区的盟友，齐里家族打败敌对部落扎纳特后逐渐在该地区站稳脚跟。在法蒂玛王朝离开马格里布进入埃及后，齐里王朝成为伊弗里基亚和中马格里布最强大的国家。从国家来看，齐里王朝和阿格拉布王朝都属于地方伊斯兰王国范畴。参见 Philipp Sénac et Patrice Cressier, *Histoire du Maghreb Médiéval: VIIe-XIe Siècle*, Paris: Armand Colin, 2012, p. 150。
[3] Jamil M. Abun-Nasr, *A History of Maghrib in the Islamic Period*, Cambridge: Cambridge University Press, 1971, p. 76.
[4] 阿拉伯希拉勒部落是阿拉伯半岛汉志和内志地区的一个部落联盟，11世纪进入北非地区，成为该地区重要的阿拉伯部落之一。史学界对该部落进入马格里布后的影响存在两种观点，第一种是"经济灾难说"（The Catastrophe），这类观点最早主要来自中世纪阿拉伯史学家，其中以伊本·赫勒敦代表，他对希拉勒部落的评价是："与飞蝗的侵袭一样，他们沿途消灭了一切。"（参见 Hady Roger Idris, *La Berbérie Orientale Sous Les Zīrīdes, Xe-XIIe Siècles*, Paris: Librairied'Amérique et d'Orient Adrien-Maisonneuve, 1962, pp. 213-214。）第二种观点认为11世纪末马格里布地区的经济衰退事实上在希拉勒人入侵之前就开始了，所以不能完全归咎于希拉勒部落入侵。（参见 Jean Poncet, "Le Mythe de la Catastrophe Hilalienne", *Annales*, Vol. 22, No. 5, 1967, pp. 1099-1120。）阿拉伯历史学家伊兹·丁·艾哈迈德·穆萨（Izz al-Din Ahmad Musa）认为，希拉勒在阿尔及利亚高平原地区确实产生了重大影响，但对沿海平原和山区影响较小，尤其是卡比利亚地区的定居柏柏尔部落居民。（转引自 Amar S. Baadj, *Saladin, the Almohads and the Banū Ghāniya: The Contest for North Africa (12th and 13th centuries)*, Leiden: Brill, 2015, pp. 26-28。）

拉·阿洛维将桑哈贾人领导的穆拉比特运动（Almoravid Movement）[①]比作伊斯兰世界东部塞尔柱人的政治运动，因为后者也是以一种发展中的宗教思想（艾什阿里派）作为战斗武器。[②] 根据阿拉伯编年史学家的记载，穆拉比特运动起源于桑哈贾部落分支古达拉（Guddala）首领叶海亚·伊本·易卜拉欣（Yahya Ibn Ibrahim）在本部落及另外两支联盟部落拉姆图纳（Lamtuna）和马苏法（Massufa）中传播马立克派教法思想。[③] 马立克思想最早是由叶海亚·伊本·易卜拉欣从凯鲁万"带到"西撒哈拉地区，并在传教士阿布·阿卜杜拉·伊本·雅辛（Abu Abdullah Ibn Yasin）的指导下发展起来的。马立克思想的传播促进了桑哈贾部落的团结，为后来的政治扩张运动奠定了基础。

11世纪40年代，伊本·雅辛与伊本·易卜拉欣的继承者、拉姆图纳部落首领叶海亚·伊本·奥马尔（Yahia Ibn Omar）在尼日尼尔河[④]的一个小岛上建立了穆拉比特运动的第一个宗教军事基地——里巴特（Ribat，意为"设防的道堂"）。在里巴特内，宗教领袖伊本·雅辛与军事领袖伊本·奥马尔周围聚集着一些忠诚的支持者，这被认为是穆拉比特帝国早期国家的雏形。[⑤] 从11世纪40年代末至60年代初，穆拉比特运动以圣战的名义先是解决了内部分歧，而后攻

[①] 穆拉比特来自阿拉伯语"المرابط"（al-murabit），英、法等欧洲语言均来自西班牙语 almorávide。穆拉比特运动最早出现在安达卢西亚地理学家伯克利1068年的著作中，称之为 al-Murabitun，后来穆斯林史学家伊本·阿比·扎尔（Ibn Abi Zar）等人认为，该词是由叶海亚·伊本·易卜拉欣选择，作为团结部落民众的战斗性词语。参见伊本·阿比·扎尔：《摩洛哥列王纪和非斯城市史》（又称云肪园圃，阿拉伯文），拉巴特：曼苏尔出版社1972年版，第80页。后来阿拉伯历史学家多用 al-mulathimun，意为"戴着面巾的人"。参见 Mehdi Ghouirgate, *L'ordre Almohade (1120-1269): Une Nouvelle Lecture Anthropologique*, Toulouse: Presses Universitaires du Midi, 2014, p. 48。

[②] Abdallah Laroui, *L'Histoire du Maghreb: Un Essai de Synthèse*, Paris: Maspero, 1970, p. 149.

[③] Abou Obeid el-Bekri, *Description de L'Afrique Septentrionale*, Trad. par Le Bon De Slane, Alger: Imprimerie du Gouvernement, 1857, pp. 312-313.

[④] 也有文献记载的是塞内加尔河，参见金宜久主编：《伊斯兰教史》，江苏人民出版社2006年版，第279页。

[⑤] Abdallah Laroui, *L'Histoire du Maghreb: Un Essai de Synthèse*, Paris: Maspero, 1970, p. 150.

占了摩洛哥境内由扎纳特部落控制的两大贸易城市萨吉尔马萨和柏尔加瓦塔。1062年，穆拉比特帝国奠基人优素福·伊本·塔士芬（Yusuf ibn Tashfin）建立马拉喀什，标志着帝国时代的开启。伊本·塔士芬掌权后，一方面任命官方教法学家开展部落融合与思想统一工作，另一面继续对外扩展，并开始通过建立法律和行政制度来实施税收政策。[1] 从1070年到1080年，伊本·塔士芬相继征服了塔扎、特莱姆森、奥兰与阿尔及尔等马格里布中部地区，完成了对阿尔及利亚东部的统一。

穆拉比特王朝（1062—1147）是自阿拉伯征服以来，第一次由马格里布本土部落发展起来的、具有帝国规模的古代国家。之所以称之为帝国，不仅是因为统治领土的空前规模，还在于它第一次实现了主体民族与其他民族之间的族际融合。尽管在法国殖民学者的研究中，桑哈贾与扎纳塔之间的世代冲突是马格里布中世纪历史的主旋律，[2] 但实际上，双方的冲突根源并不在于种族之间，主要在于经济层面，即对跨撒哈拉贸易路线的控制。当穆拉比特王朝统一马格里布西部时，以马拉喀什为中心的贸易路线再次建立，经济生活也得以恢复，两大部落之间的冲突问题也迎刃而解。从穆拉比特王朝的统治精英构成来看，除桑哈贾部落外，马格里布人（以扎纳塔和马斯穆达部落为主）、阿拉伯人、安达卢西亚人、基督徒等都广泛参与了帝国的官僚与军队系统。虽然精英社会不能代表大众，但它反映了各部落和民族在一定条件下可以实现融合。[3] 当然，这种融合主要是建立在统

---

[1] 与中世纪伊斯兰国家一样，穆拉比特王朝在遵循伊斯兰法规定的基础上，除了制定宗教税收，还制定了非宗教税收政策，以支持帝国的扩张与运作。参见 Amira K. Bennison, *The Almoravid and Almohad Empires*, Edinburgh: Edinburgh University Press, 2016, p. 24.

[2] 20世纪法国殖民学者关于北非史叙事常常以"部落冲突"作为分析起点，将这段时期视为"黑暗时期"。参见 Marcel Peyrouton, *Histoire Générale du Maghreb: Algérie, Maroc, Tunisie, des Origines à Nos Jours*, Paris: Éditions Albin Michel, 1966; E. F. Gautier, *L'Islamisation de l'Afrique du Nord: Les Siècles obscurs du Maghreb*, Paris: Payot, 1927.

[3] Amira K. Bennison, *The Almoravid and Almohad Empires*, Edinburgh: Edinburgh University Press, 2016, p. 129.

治阶层桑哈贾部落的绝对主导和马立克教派的广泛传播之上的，后者也成为帝国末期崩溃的重要内因。无论如何，在马立克主义的影响下，阿尔及利亚（至少是东部地区）第一次实现了统一。

由此可见，与前几次政治实体形成的逻辑不同，穆拉比特王朝的形成有如下几个特点：第一，穆拉比特运动是从边疆的沙漠游牧部落发展而来，是一种"边疆运动"；第二，作为边疆团体，穆拉比特运动的背后动因一方面是基于对肥沃平原和沿海地区强烈的征服欲望，另一方面是出于经济动因，即通过打通撒哈拉沙漠至地中海的贸易通道来促进经济发展；第三，穆拉比特王朝建立了超越部落联盟和伊斯兰酋长国的政治政体形式，建立了成熟国家所具备的税收制度。

五、第二次边疆运动与阿尔及利亚早期国家的成型

12世纪初，一场与穆拉比特边疆运动兴起过程相似的政治宗教运动在马格里布西部崛起，即以马赫迪主义（Mahdism）为内核的穆瓦希德运动（Almohad Movement）[1]。与历史上任何政治思潮生成的背景一样，马赫迪运动也有其深刻的经济与社会原因。政治上，虽然穆拉比特王朝实现了马格里布西部的统一，但经济状况依然未能完全从11世纪的衰败中恢复。加上第三任统治者阿里·伊本·优素福（Ali Ibn Yusuf，1106—1143年在位）早期，穆拉比特帝国忙于应付安达卢西亚叛乱，更是无暇推动经济的发展。在社会融合方面，穆拉比特王朝尤其依赖马立克教法学家稳定社会，反映了帝国统治根基的脆弱性。因此，对于马格里布来说，穆拉比特王朝无论是在政治发展，还是在经济和宗教发展上，都只是一个"准备期"。[2]

---

[1] 穆瓦希德一词来自阿拉伯语 "الموحدون"（al-Muwaḥḥidūn），意为"一神论者"。参见 Roger Le Tourneau, *The Almohad Movement in North Africa in the Twelfth and Thirteenth Centuries*, Princeton, N. J.: Princeton University Press, 1969, p. 3。

[2] Charles-André Julien, *Histoire de l'Afrique du Nord: Des Origines à 1830*, Paris: Payot, 2015, p. 436.

政治宗教思潮穆瓦希德运动兴起于 12 世纪 20 年代，由来自摩洛哥南部马斯穆达哈尔加部落（Hargha）的阿卜杜拉·穆罕默德·伊本·图马尔特（Abdulla Muhammad Ibn Tumart）创立。在中世纪阿拉伯编年史学家的记录中，关于伊本·图马尔特政治宗教思想的起源存在诸多争议。其中的核心争议是关于伊本·图马尔特的"取经历程"（Search for Knowledge）。伊本·图马尔特信徒、穆拉比特运动的编年史家贝伊达克（al-Baydhaq）在《伊本·图马尔特自传》（*Kitab Akhbar al-Mahdi*）中指出，伊本·图马尔特于 1106 年从摩洛哥出发先后到了科尔多瓦、阿尔梅里亚、亚历山大和巴格达。在巴格达期间，伊本·图马尔特与著名的教法学家安萨里（al-Ghazali，1058—1111）会面，吸收了安萨里的艾什阿里教义思想以及社会规范思想等。对此，穆瓦希德之后的一些编年史家，如摩洛哥马林王朝时期的伊本·阿比·扎尔（Ibn Abi Zar）和阿拉伯史家伊本·艾西尔（Ibn al-Athir）认为伊本·图马尔特并没有见到安萨里，后者早在伊本·图马尔特达到巴格达之前就已离开此地。因此，他们认为伊本·图马尔特只是在巴格达学到了安萨里的学说。[1]尽管有争议，但阿拉伯史学家几乎都一致同意，伊本·图马尔特的穆瓦希德学说的形成经历了安达卢西亚和东部学习、返程传教（经过亚历山大、突尼斯、布吉、特莱姆森）、遇见阿卜杜·穆明（Abd al-Mu'min）、在马拉喀什与穆拉比特君主辩论宗教问题、回到阿特拉斯山再到最后建立马赫迪主义的过程。[2]因此，可以说，穆瓦希德运动的思想渊源是从"边疆"引进，发展于本土。

与穆拉比特王朝一样，穆瓦希德王朝早期雏形也是宗教思想与部落联盟的结合体。但无论从哪个方面来看，伊本·图马尔特建立的政治宗教运动都比穆拉比特运动更加具有竞争力与普适性。首先

---

[1] Amar S. Baadj, *Saladin, the Almohads and the Banū Ghāniya: The Contest for North Africa (12th and 13th centuries)*, Leiden: Brill, 2015, p. 64.
[2] Allen J. Fromherz, *The Almohads: The Rise of an Islamic Empire*, London: I. B. Tauris, 2010, pp. 26-68.

从宗教思想来看，伊本·图马尔特吸收和糅合了伊本·哈兹姆（Ibn Hazm）的扎希里学说（Zahirism）①、安萨里的艾什阿里和社会规范思想以及什叶派的伊玛目和马赫迪思想，最终建立了自己的宗教思想体系，并以"信主独一"（Twahid，穆瓦希德词义来源）和马赫迪为核心思想的标签。②阿卜杜拉·阿洛维指出，穆瓦希德运动是伊斯兰世界"社群主义运动"（Communitarian Movement）的一部分，其目的是在一个碎片化的部落世界中建立统一的穆斯林社群。③为传播教义，伊本·图马尔特甚至将主要著作都翻译成柏柏尔语，以便山区牧民更好地接受思想改造。其次，从政治组织来看，伊本·图马尔特通过清洗非马赫迪主义信仰者建立了拥有共同思想体系的部落等级组织——穆瓦希德社团。该社团以伊本·图马尔特为核心，从内向外分为：第一，参谋团（Ahl al-Dar），由20人组成，主要由伊本·图马尔特兄弟及哈尔加部落骨干组成，这些骨干也广泛参与各种委员会；第二，十人委员会（Ahl al-Ashra），主要由最早跟随者和最忠实的信徒组成，他们也是穆瓦希德运动最有实权的十个人，其中就包括帝国奠基者阿卜杜拉·穆明（Abdallah Mumin）和突尼斯哈夫斯王朝的祖先阿布·哈夫斯·奥马尔·辛塔提（Abu Hafs Omar Hintati）；第三，五十人委员会（Ahl al-khamsin），主要由山区各部落代表组成的咨议机构，包括廷迈尔人（Tinmall）、马斯穆达各部落的首领或谢赫、桑哈贾部落、扎纳塔部落等。

值得注意的是，一系列机构的设置均建立在穆瓦希德部落社会的等级之上，早期穆瓦希德运动内部的部落等级自上而下依次为：哈尔

---

① 扎希里学说是10世纪由达乌德·扎希里（Dawud al-Zahiri）提出的伊斯兰教法思想，12世纪经过安达卢西亚伊斯兰教法学家伊本·哈兹姆的发展逐渐成熟起来，穆瓦希德王朝获得了官方认可。该派强调对《古兰经》与《圣训》的遵从，反对自由推论。
② Amar S. Baadj, *Saladin, the Almohads and the Banū Ghāniya: The Contest for North Africa (12th and 13th centuries)*, Leiden: Brill, 2015, p. 246.
③ Abdallah Laroui, *L'Histoire du Maghreb: Un Essai de Synthèse*, Paris: Maspero, 1970, p. 164.

加、廷迈尔居民、辛塔塔（Hintata）[1]、咖德米瓦（Gadmīwa）[2]、乌里卡（Urika）[3]、冈非萨（Ganfisa）[4]、库米亚（Kumiya）[5]、其他部落。[6] 因此，马赫迪主义和等级化的政治组织充分解决了前穆瓦希德时期部落社会的扁平化、分支型结构引发的认同和权力冲突问题，也即建立起了超部落认同的政治团体。

穆瓦希德王朝（1130—1269）对马格里布的征服主要分为三个阶段。第一个阶段是从 1128 年开始对马格里布西部的征服。1130 年，伊本·图马尔特去世后，其得意弟子阿卜杜拉·穆明成为穆瓦希德人领袖。掌权后，从 1133—1139 年，穆明通过联盟手段逐渐将穆瓦希德权威从阿特拉斯山扩展到摩洛哥北部的里夫山区和特莱姆森地区扎纳塔部落。[7] 此后，经过几年的战斗，穆明先后攻占了塔扎、特莱姆森（1144）、非斯（1145）和马拉喀什（1145）等西部要塞；第二个阶段是从 1150 年开始对马格里布中部的征服。这一时期，穆瓦希德帝国正处于形成阶段。作为马格里布中部扎纳塔部落成员，穆明比穆拉比特统治者更有动力去征服这一地区。[8] 1151 年，穆明带领一支征服军先是占领阿尔及尔，紧接着于 1152 年在几乎没有遭到抵抗的情

---

[1] 辛塔塔部落是马斯穆达部落中最大和最有影响的分支，穆瓦希德运动早期领导人之一阿布·哈夫斯即来自该部落。
[2] 咖德米瓦部落位于辛塔塔与廷迈尔之间的瓦迪·纳非斯和阿希夫·马尔谷，是该地区最大的部落联盟，至今还能发现该部落名的存在。
[3] 乌里卡部落是阿特拉斯山区最大的部落之一，在穆瓦希德运动之前占据着一个重要河谷。
[4] 冈非萨部落位于大阿特拉斯山西南地区，在穆瓦希德运动期间，是哈尔加部落联盟的重要成员部落之一。
[5] 库米亚部落是扎纳塔部落的一个分支，主要分布在阿尔及利亚沿海地区，离特莱姆森不远。伊本·赫勒敦在描述该部落时称："数量惊人、非常勇敢。"来自库米亚部落的阿卜杜拉·穆明在掌权后，招募了大量库米亚人进入军队、行政系统，最后成为帝国中央依赖的重要部落之一。
[6] Allen J. Fromherz, *The Almohads: The Rise of an Islamic Empire*, London: I. B. Tauris, 2010, pp. 100-115.
[7] Jamil M. Abun-Nasr, *A History of Maghrib in the Islamic Period*, Cambridge: Cambridge University Press, 1971, p. 90.
[8] Amira K. Bennison, *The Almoravid and Almohad Empires*, Edinburgh: Edinburgh University Press, 2016, p. 79.

况下攻占了哈马德王朝①首都布吉。哈马德王朝残余势力一部分向东逃到了君士坦丁，另一部分逃到了哈马德王朝的第一个都城卡拉特。穆瓦希德人一路追到君士坦丁并占领该城市。在卡拉特城附近，穆瓦希德人虽然遭到了来自桑哈贾、库塔玛和拉瓦塔（Lawata）等部落的抵抗，但很快就击败了他们，这些部落民也逃到了山区。

1153年，在继续向阿尔及利亚南部进军时，穆明大军遇到了阿拉伯希拉勒部落的抵抗，后者在塞蒂夫战役中溃败。根据伊本·艾西尔记载，穆瓦希德人取得了大胜：阿拉伯人的货物、牲畜、妇女和儿童几乎全部落入穆瓦希德人手中，并被带回马格里布西部。1154年，回到马拉喀什后，穆明善待了这些阿拉伯妇女和儿童，并写信给希拉勒各部落首领，希望他们能够移民至摩洛哥。②在阿卜杜拉·穆明的威逼利诱下，希拉勒部落中的利雅哈（Riyāḥ）、胡尔特（Khult）和祖格巴（Zughba）③迁移至摩洛哥平原地区，并开始了摩洛哥的阿拉伯化进程。对于阿卜杜拉·穆明来说，与阿拉伯人和解有三重意义：第一是为了让其子孙更易统治马格里布中部地区；第二是寻求阿拉伯人的支持，以确保其儿子（穆罕默德）能够继承哈里发之位；④第三是为了增加军队的辅助力量以及利用阿拉伯部落酋

---

① 1014年，齐里王朝迁都凯鲁万后，另外一位来自桑哈贾部落，同为齐里家族的哈马德·伊本·布卢金（Hammad Ibn Buluggin）在阿尔及利亚东北部建立了独立的伊斯兰王国——哈马德王朝（1108—1152），建都于卡拉特·巴尼·哈马德（Qalaat Bani Hammad，简称"卡拉特"）。与8—9世纪时期的伊斯兰王国一样，哈马德王朝也是从一个部落联盟发展而成的国家，其核心地带是首都卡拉特，通过宗教、部落联系和贸易与周边地区建立统治关系。阿拉伯希拉勒部落进入阿尔及利亚后，哈马德王朝被迫迁至北部港口城市布吉。
② Izz al-Dīn Ibn al-Athīr, *Annales du Maghreb & de L'Espagne: Traduites et Annotées par E. Fagnan*, Alger: Adolphe Jourdan, 1898, pp. 574-576.
③ 伊本·赫勒敦将进入马格里布的阿拉伯希拉勒部落分为六个家族：利雅哈、祖格巴、阿斯巴吉（Athbaj）、朱沙穆（Jusham）、阿迪（Adī）和库拉（Qurra），参见 Ibn Khaldoun, *Histoire des Berbères et des Dynasties Musulmanes de l'Afrique Septentrionale, Tome I*, Traduite par Baron de Slane, Paris: Imprimerie du Gouvernment, 1854, pp. 38-51。
④ Amar S. Baadj, *Saladin, the Almohads and the Banū Ghāniya: The Contest for North Africa (12th and 13th centuries)*, Leiden: Brill, 2015, p. 56.

长的影响力在乡村地区进行税收工作。[①]1159年,在巩固穆明家族的绝对权力后,穆瓦希德人在穆明领导下对马格里布东部展开了第三阶段的征服。1160年1月,穆明成功占领东部地区的马赫迪亚,标志着穆瓦希德王朝完成了马格里布地区的统一大业,第二次建立了"边疆国家"。

阿卜杜拉·穆明建立的穆瓦希德帝国第一次真正意义上实现了阿尔及利亚地区的统一。在此前很长的一段历史时期内,现代的阿尔及利亚地区长期由各个相互竞争或冲突的部落组织控制,这些部落组织建立了多个伊斯兰酋长国,直接造成了政治上的碎片化状态。因此,来自边疆地区阿卜杜拉·穆明领导的统一运动在削弱其他部落政治力量的同时,也促进了部落之间的融合,这种融合不仅仅是柏柏尔部落之间,如桑哈贾与扎纳塔,而且还包括阿拉伯希拉勒部落与柏柏尔部落之间的融合。在法国殖民学者眼中,阿拉伯部落永远是利益驱动者,他们的存在除了破坏,并无其他。[②]但事实上,以文明交往的视角观之,在与柏柏尔交往过程中,除了由战争导致的破坏作用外,阿拉伯部落也将其先进的一面,如畜牧业、战争技术、贸易与语言文化带到了阿尔及利亚,从而促进了阿尔及利亚文明的发展。这一时期,除了卡比利亚和奥雷斯山等地区仍居住着相对孤立的柏柏尔部落外,位于贝贾亚平原、君士坦丁南部以及高平原地区的柏柏尔部落均开始了阿拉伯化进程。所以,11—13世纪的柏柏尔统一运动也可以看作是部落社会的融合进程,尽管融合的程度依然处于初级阶段,但它已经开始推动着部落社会向民族国家的历史发展。阿尔及利亚早期国家也成型于该时期。作为一个边疆国家,穆瓦希德王朝首次对该地区进

[①] Abdallah Laroui, *L'Histoire du Maghreb: Un Essai de Synthèse*, Paris: Maspero, 1970, p. 171.

[②] Antoine Ernest H. Carette, *Exploration Scientifique de l'Algérie. 3, Recherches sur l'origine et les migrations des principales tribus de l'Afrique septentrionale et particulièrement de l'Algérie*, Paris: Imprimerie Impériale, 1853, p. 408.

行了多部落、多民族的政治整合，尤其是阿尔及利亚地区北部的政治整合。

13世纪20年代，穆瓦希德王朝进入衰落阶段后，马格里布地区随即分裂成三个柏柏尔人国家，分别为马格里布东部的哈夫斯王朝（1229—1574）、中部的阿卜德·瓦德王朝（Abd al-Wadids Dynasty，1236—1556）和西部的马林王朝（Marind Dynasty，1244—1465）。阿卜德·瓦德王朝作为一个地方性政权是阿尔及利亚早期国家的重要载体，其通过政治、经济和宗教等方式基本框定了现代阿尔及利亚北部的主要区域。尽管从1229年的哈夫斯家族独立到1358年马林王朝哈里发阿布·伊南（Abu Inan，1348—1358年在位）去世，三个王朝都在其鼎盛时期试图恢复穆瓦希德王朝时期的统一性，但均以失败告终。突尼斯、阿尔及利亚和摩洛哥等三个现代马格里布国家正是以上述三个地方王朝为基础开始了民族国家构建。与此同时，在碎片化的政治发展背景下，从14世纪初起，马格里布地区陷入了阿拉伯历史学家所说的"黑暗时期"。[①]

这种黑暗时刻的主要表现是，战争与内乱导致城市经济凋零，布吉和君士坦丁等城市纷纷独立，这直接削减了王朝统治者的财政收入，从而使以阿拉伯部落为核心的雇佣兵军队战斗力大大下降。14世纪中叶起，这些阿拉伯部落逐渐回归平原游牧生活，结束了长达三个世纪的"雇佣兵"角色，他们与中央政府的联系也逐渐消失，转而以自治的部落社会控制着阿尔及利亚大片领土。值得注意的是，由于扎纳塔部落的马林王朝与阿卜德·瓦德王朝均是阿拉伯部落的长期联盟，所以到14世纪末，控制马格里布中部和西部的扎纳塔柏柏尔人已经几乎被阿拉伯化。[②]在卡比利亚、奥雷斯山和一些沙漠绿洲地区，

[①] Abdallah Laroui, *L'Histoire du Maghreb: Un Essai de Synthèse*, Paris: Maspero, 1970, p. 225.

[②] Charles-André Julien, *Histoire de l'Afrique du Nord: Des Origines à 1830*, Paris: Payot, 2015, p. 518.

尽管也存在阿拉伯部落,但柏柏尔部落相对而言仍保持着自己的传统、语言与宗教信仰。① 中央权威的衰落、城市和部落社会的自治导致阿尔及利亚地区再次出现了权力真空,而此时正在崛起的西欧也抓住了这一时机,开启了对马格里布的侵略征程。

13 世纪中叶,马格里布地区新崛起的伊斯兰王朝未能达成马格里布统一的重要原因在于意识形态的缺失。无论是东部的哈夫斯王朝,还是中部和西部的阿卜德·瓦德王朝以及马林王朝,他们的建国都不是建立在宗教思想的创新上,而是建立在"自上而下"的武力统一,也即放弃了 10—12 世纪的"宗教思想 + 部落动员"的"自下而上"建国模式。由于缺乏宗教思想武器,统治者也难以对社会施加广泛影响,在经济持续不景气的情况下,作为公共产品的安全与法治也仅限于都城范围内。② 所以,随着时间的推移,部落社会也逐渐脱离了与中央政府的联系。尽管马立克学派重新控制了马格里布的公共生活,但由教法学家组成的乌莱玛阶层到 14 世纪时成为社会权贵,他们对城市生活之外的部落社会普遍表现出冷漠和敌对的态度。③ 在这种情况下,受马格里布穆斯林大众广泛接受的苏菲宗教思想开始进入马格里布基层的部落社会和乡村社会,并以苏菲教团(Sufi Order)和扎维亚(Zawiya,意为宗教道堂)为自治团体在那里扎根。④

因此,在穆瓦希德运动的部落社会融合之后,阿尔及利亚部落社

---

① Si Amar U Said Boulifa, *Le Djurdjura à travers l'histoire depuis l'Antiquité jusqu'en 1830: Organisation et Indépendance des Zouaoua (Grande Kabylie)*, Alger: Imprimeur-Éditeur, 1925, p. 68.
② Jamil M. Abun-Nasr, *A History of Maghrib in the Islamic Period*, Cambridge: Cambridge University Press, 1971, p. 102.
③ Jamil M. Abun-Nasr, *A History of Maghrib in the Islamic Period*, Cambridge: Cambridge University Press, 1971, pp. 21-22.
④ 苏菲教团是苏菲派信徒在某一导师指引下,在修道场所有组织的进行潜心修炼而组成的宗教团体。苏菲派进行修炼的场所被称之为扎维亚,它一般是指由清真寺、宗教学校、静候室和导师的陵墓等建筑组成,被信徒视为圣地,苏菲教团一般以创始人命名。

会被迫从国家建设的主导者逐渐退化到了处于次要地位的参与者。阿尔及利亚早期国家也完成了从部落国家到边疆国家的演变。从阿尔及利亚的视角来看，后来建立的阿卜德·瓦德王朝成功继承与发展了穆瓦希德的历史遗产，即早期国家的政治文明。因而，可以说，穆瓦希德王朝是阿尔及利亚早期国家形成过程的集中体现。从整个古代阿尔及利亚历史来看，穆瓦希德王朝创造的政治文明是前现代阿尔及利亚地区文明史发展的"最高峰"。16 世纪以后的阿尔及利亚进入列强统治时期，直到 20 世纪初世界民族解放运动开启后，阿尔及利亚才进入到现代化文明建设之中。

六、结语

早期国家形成是世界中古史研究[①]、政治人类学研究[②]和历史政治学研究[③]的重要领域。它探讨的重要问题有：中古时期，国家为何会形成？早期国家形成经历了哪些阶段，每个阶段有何特征？以及，早期国家的形成对现代国家建设有何影响？

从本文的研究来看，阿尔及利亚早期国家形成的历史动力先后经历了部落间竞争压力、外部入侵压力（罗马帝国、汪达尔人和阿拉伯人）和征服欲望等阶段，这符合罗伯特·卡内罗（Robert L. Carneiro）总结的冲突理论，即国家的建立是由某种外来压力推动

---

① 国内学者在世界中古史研究方面已经取得了丰硕的成果，如侯树栋、谢丰斋和孔祥民等人出版了一系列《世界中古史》教材和著作。
② 早期国家的诸多理论，均由西方政治人类学家提出，如罗伯特·卡内罗（Robert L. Carneiro）、亨利·怀特（Henry T. Wright）和理查德·布兰顿（Richard Blanton）等人均提出关于早期国家形成的相关理论。参见 Christian Krohn-Hansen & Knut G. Nustad (eds.), *State Formation: Anthropological Perspectives*, London: Pluto Press, 2005。
③ 历史政治学是当前政治学研究的一个新路径，它强调"历史地"看待政治现象，回答各国政治价值、政治制度以及政治行为是怎么来的，而早期国家研究正是这一领域的极佳案例。参见杨光斌：《什么是历史政治学？》，《中国政治学》2019 年第 2 期，第 3—21 页。

形成的。①当代非洲问题学者，如美国政治学家杰弗里·赫布斯特（Jeffrey I. Herbst）在研究非洲国家形成时，认为相对于欧洲国家，由于缺乏"战争制造国家"的经验，所以非洲国家的建设能力较弱，失败国家较多。②这种观点显然忽视了殖民前非洲地区的历史发展。事实上，正如沃尔特·罗德尼（Walter Rodney）在《欧洲如何使非洲欠发达》中所说："在15世纪欧洲人到来之前，非洲已有数个王国处于社群主义向封建主义过渡的边缘，如没有外界干扰，非洲也会循着自己的道路向前发展。"③阿尔及利亚早期国家发展也说明了非洲本土具有"国家建设"的条件。

从演变的特征来看，阿尔及利亚早期国家的发展与成型也是多元文明交往的结果，其主要经历了古希腊-罗马时期、阿拉伯征服时期和柏柏尔帝国时期。三个时期的共同特征是，作为阿尔及利亚早期社会的主要社会组织，本土文明载体——部落——广泛参与了政治实体和国家的构建。在希腊-罗马时期，阿尔及利亚部落在吸收希腊与罗

---

① 冲突理论起源于阿拉伯历史学家伊本·赫勒敦和让·博丹关于国际理论中的征服研究，但它最初是由德国政治学家弗兰茨·奥本海根据人类学证据组织起来的。奥本海认为，国家的建立是为了巩固因征服而导致的各民族之间的不平等。参见 Elman R. Service, "Classical and Modern Theories on the Origins of Government", in Cohen Ronald & Elman R. Service (eds.), *Origins of the State: The Anthropology of Political Evolution*, Philadelphia: ISHI, 1978, p. 10。罗伯特·卡内罗将基于征服（还有经济分层）等的早期国家理论总结为冲突理论，他本人在上述理论基础上，提出了"界限理论"（circumscription theory），这一理论认为："在农业用地受到限制的地区，人口压力导致了战争，导致了国家的演变。"参见 Robert M. Schacht, "Circumscription Theory: A Critical Review", *American Behavioral Scientist*, Vol. 31, No. 4, 1988, p. 439。

② 西方学者常常将现代欧洲国家形成的经验特殊化，尤其是将查尔斯·蒂利提出的"战争制造国家"（War Makes State）视作"圣经"。他们认为，欧洲国家形成的特点是战争的威胁，因为这些国家是统治者为准备和发动战争而努力的副产品。由于非洲国家是在非殖民化中形成的，是在一个尊重国际边界主权的国际体系中诞生的，这意味着非洲不存在领土征服的威胁。因此，非洲的统治精英没有动力发展强大和有效的制度结构，因为国家的生存是由国际社会保障的。这导致了非洲虚弱国家的增加，这些国家只是存在法律，实际上它们缺乏效力和合法性。参见 Jeffrey Herbst, "War and the State in Africa", *International Security*, Vol. 14, No. 4, 1990, pp. 117-139。

③ 沃尔特·罗德尼：《欧洲如何使非洲欠发达》，李安山译，社会科学文献出版社2017年版，第44—50页。

马政治文化的基础上，发展了具有本土特色的部落联盟和酋邦制度，并推动了该地区农业与商业文化的发展。到了阿拉伯征服时期，由于伊斯兰教和阿拉伯游牧文化的进入，阿尔及利亚早期国家建设转向了伊斯兰建国模式，相继建立了多个地方伊斯兰王国，部落凝聚力与宗教思想联合的政治发展模式由此形成。柏柏尔帝国时期，阿尔及利亚早期部落社会有了长足发展，柏柏尔部落不仅成为国家建设的主导者，而且与阿拉伯部落出现大规模的族际融合。最后，从影响来看，阿尔及利亚早期国家的形成历史为现代阿尔及利亚建立提供了政治文明建设的基础，尤其是为阿尔及利亚多民族国家统一提供了历史基础。

（责任编辑：段九州）

From Tribal Alliances to Frontier States: On the Logic of Early Algerian State Formation

Zhang Yuyou

Abstract: As for the origin of modern Algeria, academic circles, especially Western scholars, often take the "Origin Theory of Ottomans" as the explanation path, that is, Algerian countries can only be traced back to the Ottoman Empire at the earliest, and it lacks attention and research on the early Algerian countries. The earliest political entity in Algeria originated from several tribal alliances formed during the 4th to 3rd centuries BC. In the colonial period of the Roman Empire, under the dual pressure of external invasion and internal competition, these tribal alliances successively established the chiefdoms Numidia kingdom and Romanized local regime in the form of wars. In the 7th century, after the entry of Islam, the natural cohesion of tribal civilization combined with the religious cohesion of Arab-Islamic civilization gave birth to several local emirates. The 11th and 13th centuries were a ripe period for the formation of the early Algerian state. Through religious change, the Berber tribes of the desert frontier launched numerous conquests in the heartland, creating two frontier empires. The historical facts of Algeria's early state formation reflect that there had been a rich political civilization in Africa before the Western colonial rule.

Keywords: Tribal Alliances, Frontier Countries, Early State, Maghreb

地理学的地区研究转向：差异衍射的研究实践路径*

迪恩·夏普 著
熊星翰 译**

摘要： 在地理学和地区研究① 渐行渐远几十年之后，我认为地理学已经出现了地区研究转向。然而，两个领域之间的长期分歧导致地理学家对两个问题产生了误解：什么是作为一门学术的地区研究，以及地区研究能对地理学作出什么贡献。本文认为，地区研究不应该仅仅被视为一种专注于表现地区差异的研究路径，而应该被视为一个研究领域，在这一领域中可以对不同地区的差异进行研究实践，并借助地区研究对地理概念进行"衍射"。地区研究可以为地理学提供新的研究方式，让后者思考自身在世界中的地位以及与世界产生的关联。

关键词： 地区研究；冷战；中东地理学；新唯物主义；后殖民理论；表征；反恐战争

---

* 英文首发信息：Deen Sharp, "Difference as Practice: Diffracting Geography and the Area Studies Turn", *Progress in Human Geography*, 2018, pp. 1-18。（作者在本文中明确了"衍射"［Diffract］一词是从光学领域借用而来的概念，在就此概念进行的隐喻类比中，如果认为地理学是光线的话，地区研究就像是一种衍射介质，借助地区研究来发展地理学就如同让光穿过衍射介质，从而展现出新的图景。——译者注）

** 迪恩·夏普（Deen Sharp），纽约城市大学地球与环境科学项目博士，伦敦政治经济学院地理系访问学者，本文全文作者；熊星翰，清华大学国际与地区研究院助理研究员，本文译者。

① 在本文中，经常出现区域地理学（Regional Geography）和地区研究（Area Studies）这两个概念，为了便于区分和理解，本文中的 Regional Geography 全部译为区域地理学，Area Studies 全部译为地区研究。——译者注

一、地理学与地区研究转向

1902年，随着第一批区域地理学学术研究的出现，美国地理学家威廉·戴维斯（William Davis）将地理学区分为系统地理学（Systematic Geography）和区域地理学（Regional Geography）两大传统，他写道："系统地理学是对地理形态学（physiography）和地理本体学（ontography）下所有地理类别之间关系的有序研究。而区域地理学研究的则是系统地理学这些类别之间的关系在某一具体区域内的表现。"[1] 这种对地理学的划分方式使区域地理学的地位下降，从属于系统地理学研究的普遍主义抱负。换言之，系统地理学致力于建立普遍性理论，区域地理学则通过对某一地区百科全书式的研究来收集数据，从而证明系统地理学构建的理论。地理学中的这种分歧一直困扰着自身，传统的区域地理学和当代的地区研究（Area Studies）常常因为其描述性和非理论性内容受到讥讽，而系统地理学的普遍主义自负也备受指责，批评者认为它在试图将具有霸权主义的"英美"观念范畴强加给整个世界。

在本文中，我的主张是地区研究可以成为地理学未来的核心，因为地区研究并不像地理学一样，是由基于地方的社会文化地理学和基于系统性空间研究的空间系统地理学这两条独立的轴线构成的。在地理学中长期被忽视的一点是，任何一种研究范畴几乎都产生于某一社会性领域（social milieu）之中。而正因此，地区研究可以发挥关键作用，不断要求地理学不只是将概念应用于世界，而是在审慎思考本学科与世界如何发生关联的同时，产生新的研究类型。然而，地理学和地区研究之间的薄弱关系阻碍了后者在地理学科中发挥这样的功能。上文介绍过区域地理学和系统地理学存在等级和分野，而部分是

---

[1] Geoffrey J. Martin, *American Geography and Geographers: Toward Geographical Science*, Oxford: Oxford University Press, 2015, p. 4.

出于该原因，地理学学科从区域地理学转向了定量方法，并忽略了地区研究的兴起。但是，如同这篇文章中将要详细介绍的，近年来地理学出现了地区研究的转向。地理学家们现在开始直面他们的学科为什么忽视了地区研究这一问题，同时也正在以此为契机，为自身学科寻求新的机会来介入非西方的社会情境（social settings）中。

对于地理学和地区研究之间更紧密的关系如何能够帮助地理学扩大知识生产的学科界限，在本文中我将批判性地予以评估。但是，本文不是简单地去论证一个去除学科子领域分野（de-provincialized）的地理学，我认为地理学中重要的不仅仅是地理知识，除此以外，所有地理学知识得以从中产生的社会情境、共同的机构以及网络都是重要的。同样，在我看来，地区研究应该首先被理解为一种社会领域，它由一套共同的学术直觉和网络构成，松散地围绕着一个地理区域来进行组织，而不是单独的一种理论、一套方法或一种展现地域差异的研究路径。在此我断言，地区研究可以使地理学的学科类别得以"衍射"发散，并通过促进对差异化的研究实践为地理知识的生产创造新的可能性。在这些新的实践中，研究者将不断探索确保研究投入、缔结学术联系和拓展地理学知识的新方法。

思考地理学与地区研究的关系可以有很多方法。就像地理学有不同的分支学科一样，地区研究也有不同的研究领域，它们既不是内部同质化的，也不是彼此相似的——每个地区都有独特的社会和地理-历史背景。[1] 此外，作为一个学科领域，地区研究也在不断迭代发展（妇女研究、民族研究、残障失能研究）。在本文中，我将借助"中东"这个窗口来分析地理学和地区研究之间的关系，其中重点会讨论中东研究（Middle East Studies，简称 MES）[2] 和中东地理学（Middle East Geography，简称 MEG）之间的关系。我将着重强调地理学与

---

[1] David L. Szanton (ed.), *The Politics of Knowledge: Area Studies and the Disciplines*, Berkeley: University of California Press, 2004, p. 4.
[2] 本文中的中东研究是一种地区研究。——译者注

地区研究更紧密的关联如何能使地理学学科及其方法从中获益。这篇文章参考了最近出版的一些关于地理学和地区研究的学科史资料，也是对22种英语地理学期刊、学位论文以及书籍进行系统回顾后得到的结果，这其中与地理学领域相关的"中东"研究的文章超过了500篇。

二、大分流：地理学与地区研究

在过去的50年里，地理学和地区研究在学术旨趣上的发展方向截然不同。地理学在很大程度上放弃了对区域地理学的坚持，而地区研究的学者们也没有对其研究所关联的地理概念表现出太大兴趣。但20世纪80年代以来，地理学家们越来越意识到知识是有位置的，并开始追踪地理范畴是如何由特定社会情境中的某些个体所创造。同时，地理学家们变得很注意将地理理论、实践和争议定位在它们所生成的地理-历史背景中，并且即便他们不一定拒绝普遍主义，但也愈发主张对后者抱持审慎的态度。正如约翰·阿格纽（John Agnew）和大卫·利文斯顿（David Livingstone）所言，普编性往往是将某些特定情景（context）投射到整个世界后的结果，地理学更需要的其实是跨视角的对话方式，"只有这样，地理知识才不会是霸权强加的产物和聋子之间的对话，而是相互承认差异并理解差异之后获得的成果——无论这种差异是文化的还是理论的"。① 如果说所有的知识都只能提供局部的视角，那么地理学也一样。然而，本来地理学中存在一种工具可以呈现社会情境的差异，并借此显现差异中所蕴含的地理-历史线索，但这个工具在过去一直被抛弃了。

受区域地理学和/或地区研究启发的子学科在地理学中几乎无法被识别。正如区域地理学家休·克劳特（Hugh Clout）所说："不管

---

① John Agnew & David Livingstone (eds.), *The SAGE Handbook of Geographical Knowledge*, London: SAGE, 2011, p. 3.

是什么原因，也不管是学术自杀还是学术谋杀，作为学科专业的英国地理学实际上已经放弃了地区研究的实践，并因此剥夺了地区研究应有的一部分与生俱来的权利。"[1] 长期以来，在地区研究和地理学不稳定的交集中工作的地理学家已经注意到，如果将自己定位为一个从事非西方地区研究的地理学家（如中东地理学家），而不是一个经济、城市或文化地理学家，那么这足以将自己置于地理学科的边缘。[2] "9·11"事件和"反恐战争"加剧后，学界对地区研究进行了引人注目的重新评估，但其中基本上没有地理学家的参与。[3] 同样，在地区研究对学科危机的"海洋回应"中，[4] 地理学者也处于边缘地位，[5] 上述围绕地区研究展开的热烈辩论是由人类学家、考古学家、历史学家、语言学家和政治科学家主导的。[6]

在对地理学和地区研究各自的一些内部学科史进行研究后，能更

---

[1] Hugh Clout, "Place Description, Regional Geography and Area Studies: The Chorographic Inheritance", in Ron Johnston & Michael Williams (eds.), *A Century of British Geography*, Oxford: Oxford University Press, 2003, p. 267.

[2] B. H. Farmer, "Area Studies and the Study of Area", *Transactions of the Institute of British Geographers,* No. 60, 1973, pp. 1-15; James Sidaway, "Geography, Globalization, and the Problematic of Area Studies", *Annals of the Association of American Geographers*, Vol. 103, No. 4, 2013, pp. 984-1002.

[3] 参见 Ali Mirsepassi, Amrita Basu & Frederick Weaver, *Localizing Knowledge in a Globalizing World: Recasting the Area Studies Debate*, Syracuse, N. Y.: Syracuse University Press, 2003; Paul H. Kratoska, Remco Raben & Henk Schulte Nordholt (eds.), *Locating Southeast Asia: Geographies of Knowledge and Politics of Space*, Singapore: Singapore University Press, 2005; David L. Szanton (ed.), *The Politics of Knowledge: Area Studies and the Disciplines*, Berkeley: University of California Press, 2004; Terence Wesley-Smith & Jon Goss (eds.), *Remaking Area Studies: Teaching and Learning Across Asia and the Pacific*, Honolulu: University of Hawai'i Press, 2010。

[4] 针对传统上地区研究以陆地性的各大洲为基本划分单位的做法，有学者提出以海洋为研究单元的新的地区划分方式。——译者注

[5] 其中比较显著的例外是以下两个研究：Paolo Giaccaria & Claudio Minca, "The Mediterranean Alternative", *Progress in Human Geography*, Vol. 35, No. 3, 2011, pp. 345-365; Martin Lewis & Kären Wigen, "A Maritime Response to the Crisis in Area Studies", *Geographical Review*, Vol. 89, No. 2, 1999, pp. 161-168。

[6] Hugh Clout, "Place Description, Regional Geography and Area Studies: The Chorographic Inheritance", in Ron Johnston & Michael Williams (eds.), *A Century of British Geography*, Oxford: Oxford University Press, 2003, p. 267.

好地理解两者之间存在的分歧。① 此外，作为地理学中地区研究转向的一部分，地理学家就地理学和区域地理学之间如何分裂，以及地理学如何对地区研究予以忽视等问题进行了大量探讨。② 这些学术研究认为，地理学之所以放弃了区域地理学，也忽视了地区研究的壮大，是因为地理学在20世纪50年代产生了量化研究转向。地理学通过实证主义寻求科学地位，并通过其空间系统工具进行建模；然而在这一点上，区域地理学和新发展起来的地区研究都没有与之产生共鸣。因此，从20世纪50年代中期开始，量化地理研究开始主导地理学科，区域地理学从此被置于学科知识生产的前沿之外。

虽然地理学家已经详细说明了地理学主流是如何从区域地理转向量化地理研究的，但他们未能就以下问题提供让人满意的解释：首先，当量化、激进的地理学及其通常未经检验的普遍主义追求在面对批判主义认识论（女性主义、后结构主义以及后殖民主义）兴起而发出的挑战时，地理学与地区研究为什么没有能够因此重新调和？其次，如果地理学因量化转向而放弃了区域地理学，并忽视了地区研究的兴起，那么为什么20世纪80年代批判地理学的兴起及其对"新"区域地理

---

① 参见 David N. Livingstone, *The Geographical Tradition: Episodes in the History of a Contested Enterprise*, Oxford: John Wiley & Sons, 1992; Zachary Lockman, *Contending Visions of the Middle East: The History and Politics of Orientalism*, Cambridge: Cambridge University Press, 2004; Geoffrey J. Martin, *American Geography and Geographers: Toward Geographical Science*, Oxford: Oxford University Press, 2015; Ron Johnston & James Sidaway, *Geography and Geographers: Anglo-American Human Geography since 1945*, 7th edition, New York: Routledge, 2015; David L. Szanton (ed.), *The Politics of Knowledge: Area Studies and the Disciplines*, Berkeley: University of California Press, 2004。

② 参见 Ishan Ashutosh, "The Geography and Area Studies Interface from the Second World War to the Cold War", *Geographical Review*, Vol. 107, No. 4, 2017, pp. 705-721; Shane Barter, "Area Studies, Asian Studies, and the Pacific Basin", *Geographical Review*, Vol. 105, No. 1, 2015, pp. 105-119; Amy Mills & Timur Hammond, "The Interdisciplinary Spatial Turn and the Discipline of Geography in Middle East Studies", in Seteney Shami & Cynthia Miller-Idriss (eds.), *Middle East Studies for the New Millennium: Infrastructures of Knowledge,* New York: NYU Press, 2016; James Sidaway, "Geography, Globalization, and the Problematic of Area Studies", *Annals of the Association of American Geographers*, Vol. 103, No. 4, 2013, pp. 984-1002。

学的呼吁，却没有与后殖民主义色彩强烈的地区研究建立起关系？

在讨论这些问题之前，简短重温对于地区研究的传统认识会很有帮助，尽管这些认识经常是有误导性的，它们通常认为地区研究聚焦于地缘政治。首先，包括当代地理学在内的一些学科对地区研究的一个核心批评是：地区研究产生于"帝国项目中对世界的分类、排序和权力投放"。[1] 此外，还有人认为："将'知识'分割成各种地区研究组别进行处理的方式，是从殖民主义、帝国主义和冷战地缘政治充满争议的历史中产生的，并将继续与这些历史产生共鸣。"[2] 但正如我在下文中将会展现的，冷战时期的地区研究其实在 20 世纪 80 年代已经迅速转变为后殖民主义的地区研究，但地理学家没有注意到这种转变。在当代地区研究学者中，其实很少有人对其研究的地区采取简单化的地理划分方法。此外，地理学和地区研究一样，其实也被卷入了地缘政治的阴谋。比如该学科对定量方法的拥抱，是在冷战时期"军事-工业-学术综合体"（military-industrial-academic complex）兴起的背景下发生的。虽然对于冷战时期地理学的量化转向是明面上还是背地里得到支持这一点，地理学家们尚存争议，但所有人都不否认——在这种转向中起核心作用的个人和机构与冷战时期的"军事-工业-学术综合体"存在密切的联系。[3]

（一）在场的缺席：批判地理学与地区研究

美国的民权运动、古巴革命、越南战争、阿尔及利亚内战、1967

---

[1] James Sidaway, "Geography, Globalization, and the Problematic of Area Studies", *Annals of the Association of American Geographers*, Vol. 103, No. 4, 2013, p. 986.

[2] Richard Powell et al., "Interventions in the Political Geographies of 'Area'", *Political Geography*, Vol. 57, No. 2, 2017, p. 100.

[3] 参见 Trevor Barnes, "Geography's Underworld: The Military-Industrial Complex, Mathematical Modelling and the Quantitative Revolution", *Geoforum*, Vol. 39, No. 1, 2008, pp. 3-16; Ron Johnston et al., "The Cold War and Geography's Quantitative Revolution: Some Messy Reflections on Barnes' Geographical Underworld", *Geoforum*, Vol. 39, No. 6, 2008, pp. 1802-1806。

年"六日战争"、1968年法国"五月风暴",以上这些只是一些地缘政治"事件",它们有助于对主流学术研究路径及其背后的社会情境形成批判,并催生新的学术研究。到20世纪80年代,地理学和地区研究都见证了许多这样的地缘政治动荡,并且见识到了与它们相伴的女性主义、后结构主义和后殖民主义认识论的兴起,于是二者都开始更加关注研究的伦理-政治后果(ethico-political consequence)以及地域与知识之间的关系。然而,地理学和地区研究并未能因此形成一种实质性的联结。把握这一点非常重要,它将有助于理解我所强调的近年来地理学和地区研究走向融合这一现象所蕴含的意义。

批判地理学关注的是地理的知识范畴、研究实践和相关机构如何在不同的空间产生转化,以及地理学研究的伦理-政治后果。此外,虽然源起于一种激进的地理学潮流,但批判地理学的兴起使得地理学界对形成一种"新"区域地理学的呼声越来越高。[1] 这种新区域地理学将区域视为各种行为主体能动性与社会空间演化过程的产物并进行研究,而且格外关注阶级、性别、族性等问题。新区域地理研究主张,"区域"本身的存在不能被认为是理所当然的。正如爱德华·索亚(Edward Soja)所说,研究对象不仅仅是存在于空间中的,它也从空间中产生,并且还是空间的组成部分。[2] 新区域地理学家认为,这种新的认识论与旧区域地理学的环境和文化决定论明显不同。就

---

[1] 参见 Michael Bradshaw, "New Regional Geography, Foreign-Area Studies and Perestroika", *Area*, Vol. 22, No. 4, 1990, pp. 315-322; Anne Gilbert, "The New Regional Geography in English and French-Speaking Countries", *Progress in Human Geography*, Vol. 12, No. 2, 1988, pp. 208-228; Doreen Massey, "New Directions in Space", in Derek Gregory & John Urry (eds.), *Social Relations and Spatial Structures*, London: Palgrave, 1985; Anssi Paasi, "Deconstructing Regions: Notes on the Scales of Spatial Life", *Environment and Planning A: Economy and Space*, Vol. 23, No. 2, 1991, pp. 239-256; Edward Soja, "Regions in Context: Spatiality, Periodicity, and the Historical Geography of the Regional Question", *Environment and Planning D: Society and Space*, Vol. 3, No. 2, 1985, pp. 175-190; Nigel Thrift, "For a New Regional Geography 1", *Progress in Human Geography*, Vol. 14, No. 2, 1990, pp. 272-279.

[2] Edward Soja, "Regions in Context: Spatiality, Periodicity, and the Historical Geography of the Regional Question", *Environment and Planning D: Society and Space*, Vol. 3, No. 2, 1985, p. 176.

此，批判地理学及其主张的"新"区域地理学与当时正在进行变革的地区研究产生了强烈的共鸣，而地区研究正是培育后殖民理论的核心领域。

作为对苏联 1957 年发射斯普特尼克卫星的反应，美国国会批准了《国防教育法》（National Defense Education Act），特别是其中的第六章，专门针对外语学习和地区研究而设立。此后，地区研究得到了极大的扩展。美国政府提供这笔资金的目的，在于使地区研究能够成为国家安全需要和"冷战"期间大学科研活动的交集，[1]但新涌现的地区研究学者很快就对其领域的非批判性特征感到不满。在 20 世纪 70 年代，英国和美国的中东研究学者开始组织起来，批判主导他们领域的"东方主义者"。[2]这一趋势在爱德华·萨义德（Edward Said）的《东方学》（Orientalism）于 1979 年出版后达到了高潮，并在接下来催生了后殖民主义理论。[3]萨义德批评了地区研究对东方研究的依赖，以及将地区视为"既存事实"的做法，同时也对西方对外界的认识方式和非西方世界如何被表征提出了根本性的质疑。[4]

虽然萨义德在《东方学》中对地区研究的阐述仍体现出矛盾的态度，但事实上当时已经出现了新一代的中东地区研究学者，他们计划改变该领域对"中东"的研究方式，并将萨义德的《东方学》作为其宣言书。正如扎卡理·洛克曼（Zachary Lockman）所指出的，地区研究学者没有"不假思索地接受东方主义，而是批判性地参与到对它的讨论中"，[5]特别是表征政治（politics of representation）的问题被推

---

[1] Osamah Khalil, *America's Dream Palace*, Boston, MA: Harvard University Press, 2016.
[2] Roger Owen, "Edward Said and the Two Critiques of Orientalism", Middle East Institute, https://www.mei.edu/content/edward-said-and-two-critiques-orientalism, accessed January 18, 2018.
[3] Zachary Lockman, *Contending Visions of the Middle East: The History and Politics of Orientalism,* Cambridge: Cambridge University Press, 2004.
[4] Edward Said, *Orientalism,* New York: Vintage, 1979.
[5] Zachary Lockman, *Contending Visions of the Middle East: The History and Politics of Orientalism,* Cambridge: Cambridge University Press, 2004, p. 291.

上了中东研究的前沿。正如萨义德自己后来指出的，在 20 世纪 80 年代，官方保守的中东研究协会（Middle East Studies Association，简称 MESA）经历了一次意识形态的转变，协会中石油公司的高管和曾经的主流学者被批判性的学者取代。[1] 20 世纪 80 年代的中东研究学者更积极地直面中东研究中的伦理和政治牵涉。比如中东研究协会与各种美国政府机构和公司之间的关系就被仔细检视，并经常成为激烈辩论的主题。[2]

尽管冷战时期的地区研究到 20 世纪 80 年代已经转变为后殖民主义的地区研究，然而地理学家在很大程度上忽略了这种转变。其核心原因之一在于地理学当时在面对后殖民主义，或者说更广泛的非西方世界时，是以不同的方式裹入其中的。在《东方学》一书中，地理学和传统的区域地理学在很大程度上都是萨义德直接批判的对象。萨义德认为，地理学科"基本上为生产关于东方的知识提供了物质性基础。东方所有潜在的和不变的特征都建立在关于它的地理学研究之上，也根植于其地理学知识当中"。[3] 但是，20 世纪 80 年代也有一小群区域地理学家对萨义德的理论不感兴趣。比如中东地理学家威廉·费舍尔（W. B. Fisher）在回应东方主义日益增长的影响时声称，地理学与宗教、历史、文化、文学和语言不同，前者在很大程度上不受萨义德的理论影响："这部分是因为我们的地理工作更多地依赖于观察、调查和量化分析，留给主观意见和阐释的空间较小。"[4]

此外，娜塔莉·科赫（Natalie Koch）在一篇反思一种新的"批判性"区域地理研究是否可能存在的文章中认为，"新"区域地理学之所以失败，是因为其支持者无法反驳学界对地区研究及其具体研究

---

[1] Edward Said, *Culture and Imperialism*, New York: Vintage, 1994, p. 315.
[2] Zachary Lockman, *Field Notes: The Making of Middle East Studies in the United States*, Stanford: Stanford University Press, 2016, p. 192.
[3] Edward Said, *Orientalism*, New York: Vintage, 1979, p. 216.
[4] W. B. Fisher, "Progress in the Middle East", *Progress in Human Geography*, Vol. 5, No. 3, 1981, p. 433.

项目的批评，即后二者与萨义德所批判的东方主义是同谋关系。[1] 此外，几乎没有证据表明"新"区域地理学家因此而加入到萨义德的主张中，同样，他们也没有参与更广泛的后殖民主义理论构建，没有加入任何类型的地区研究学术圈或工作领域。尽管后殖民主义理论和"新"区域地理学之间有很强的协同作用——两者都对"区域"（region）的存在提出了质疑，并关注社会关系和导致社会关系生成的权力运行，但"新"区域地理学没有引用过《东方学》一书，也没有参与其他后殖民学者的工作。[2] 就此我认为，"新"区域地理学未能与后殖民理论和地区研究接轨的原因，是冷战的复杂动态及其对学术实践的影响。

如果说冷战的开始有助于将地理学科从区域地理学转向量化地理学，那么冷战的结束却并没有推动"新"区域地理学参与后殖民地区研究的潜在进程。因为当时一种批判性的地区研究并未出炉，所以新区域地理学的研究定位也并没有受到冲击。正如我之前概述的，后殖民时期的地区研究在 20 世纪 80 年代已经完全形成，而与之相反，也许是一种对冷战结束的反应，"新"区域地理学的支持者突然调头，厌倦了关于表征政治的辩论，转而支持"非表征性理论"（non-representational theory）。[3] 冷战的结束导致部分学者认为历史和地理

---

[1] Natalie Koch, "Is a 'Critical' Area Studies Possible?", *Environment and Planning D: Society and Space*, Vol. 34, No. 5, 2016, p. 809.

[2] 参见 Michael Bradshaw, "New Regional Geography, Foreign-Area Studies and Perestroika", *Area*, Vol. 22, No. 4, 1990, pp. 315-322; Anne Gilbert, "The New Regional Geography in English and French-Speaking Countries", *Progress in Human Geography*, Vol. 12, No. 2, 1988, pp. 208-228; Doreen Massey, "New Directions in Space", in Derek Gregory & John Urry (eds.), *Social Relations and Spatial Structures*, London: Palgrave, 1985; Anssi Paasi, "Deconstructing Regions: Notes on the Scales of Spatial Life", *Environment and Planning A: Economy and Space*, Vol. 23, No. 2, 1991, pp. 239-256; Edward Soja, "Regions in Context: Spatiality, Periodicity, and the Historical Geography of the Regional Question", *Environment and Planning D: Society and Space*, Vol. 3, No. 2, 1985, pp. 175-190; Nigel Thrift, "For a New Regional Geography 1", *Progress in Human Geography*, Vol. 14, No. 2, 1990, pp. 272-279。

[3] Noel Castree & Tom MacMillan, "Old News: Representation and Academic Novelty", *Environment and Planning A: Economy and Space*, Vol. 36, No. 3, 2004, pp. 469-480.

学科已经走向终结，其中的一些人甚至开始为地区研究送终，同时为全球问题研究的崛起欢呼。与之类似，中东研究学者也开始质疑自己的研究领域是否有前途，大量的宣言宣称地区研究只是冷战的副产品，并指责地区研究过于描述性和非理论性。[1]1993 年，福特基金会和梅隆基金会减少了那些针对某一特定区域进行的研究的资助，并启动了一个联合的全球化研究项目。[2] 此外，在学理上，"非表征性理论"也与全球化趋势更加契合，因为它更关注事物的相互联系、外在表现、混杂性和新的发展可能性。

和其他学科不同，包括后殖民主义理论在内的对非西方的关注并不是通过地区研究进入地理学的，让非西方要素进入地理学的动因来源于地理学在海湾战争中发挥的作用，以及学科内部因这种作用所涌现出的压力。海湾战争（1990—1991）是第一次全面应用地理信息系统（GIS）的战争。尼尔·史密斯（Neil Smith）写道："战争以一种既充满道德寓言气息、又非常可悲的方式把地理学推上了公共议程，因为它夺去了大约 20 万伊拉克人的生命。"[3] 正是在这样的背景下，德里克·格雷戈里（Derek Gregory）出版了《地理学的想象力》（*Geographical Imaginations*）一书，该书的写作建立在萨义德《东方学》的基础之上，致力于促进空间概念与批判理论的统一，而这也是许多地理学家当时一直在寻求的。在这部作品中，格雷戈里的写作显然仍笼罩于海湾战争的阴影之下，凸显了对如下现象日益增长的担忧，即在学科内部，地理学家们对西方以外的世界知之甚少；展现了地理学既有的民族中心主义（特别是欧美中心主义）特征；揭示了地理学自身的狭隘性及其追求理论普遍性解释力的危险；还有至关重要

---

[1] Rashid Khalidi, "Is There a Future for Middle East Studies? (1994 MESA presidential address)", *Middle East Studies Association Bulletin*, Vol. 29, No. 1, 1995, pp. 1-6.
[2] Zachary Lockman, *Contending Visions of the Middle East: The History and Politics of Orientalism*, Cambridge: Cambridge University Press, 2004, p. 238-239.
[3] Neil Smith, "History and Philosophy of Geography: Real Wars, Theory Wars", *Progress in Human Geography*, Vol. 16, No. 2, 1992, p. 257.

的一点是，本书呈现出地理知识及其表征是如何与西方政治权力紧密联系在一起的。[1]

但是，格雷戈里并没有回答如何在地理学科中解决上述问题，而新区域地理学也没有认同格雷戈里所展现的关切，而且值得补充的是，格雷戈里自己也没有寻求将这些关切与新区域地理学的复兴结合起来。新区域地理学本可以与后殖民主义的地区研究合作，也可以就如何介入非西方社会情境并与后者产生协同作用进行尝试，但事实上这一情况并未出现，而新区域地理学也因此未能得以发展。此外，就理论取向而言，冷战后地理学研究向"非表征理论"的转变对"新"区域地理学来说也是致命的。与新区域地理学走向末路形成反差的是，地区研究在这一时期幸存了下来。到20世纪90年代末，地区研究开始成功地对社会科学施加压力，使其放弃对西方的单一关注，并开始对地理学既有的知识范畴进行审视。[2] 然而在另一边，尽管空间和地点对于围绕地区研究展开的学术对话至关重要，积重难返的地理学依然继续挣扎于不知道如何与非西方世界接触，以及如何处理欧美社会情境与地理学知识范畴和学科理论之间的关系。一直到"9·11"袭击事件发生后，新的情况才再次促使地理学家们去考虑他们的学科与非西方伦理-政治之间的关系，以及地理学的欧洲中心主义问题。

三、"9·11"事件与反恐战争

作为对"9·11"事件的直接回应，美国地理学家协会（American Association of Geographers，简称 AAG）使用国家科学基金会这一联邦政府科研资助机构的特别拨款，赞助出版了《恐怖主义的地理维

---

[1] Derek Gregory, *Geographical Imaginations*, London: Wiley-Blackwell, 1994.
[2] Immanuel Wallerstein, "The Unintended Consequences of Cold War Area Studies", in Noam Chomsky et al., *The Cold War and the University: Toward an Intellectual History of the Postwar Years,* New York: New Press, 1997.

度》一书。① 但是，这本书受到了整个地理学界的嘲笑，被认为缺乏对"恐怖主义"的实质性定义，研究定位也太过工具主义，是在用资金买技术，并且因此对实证性的地理信息系统（GIS）分析过度依赖。② 此外，地理学者对该书的核心批评是该书完全没有中东地理学家的参与和地区研究"路径"的出现。就此他们指出，地区研究的"路径"总体上在于使"他者"更接近研究：比如在研究中体现该地区的生活知识，具备使用当地语言的能力，具备描述各种"恐怖组织"的能力，甚至或许能够对伊斯兰教（特别是"瓦哈比教派"）提供自己的思考。③ 需要特别注意的是，此时地理学家仍未能参与到地区研究学者，特别是中东研究学者的学术讨论中，去了解后者如何研究"9·11"问题。

相对地理学家而言，中东研究学者对"反恐战争"和"恐怖主义"要熟悉得多，因为这些现象从20世纪80年代中期开始就在中东地区凸显，其中反恐战争也是由里根政府牵头展开的。中东研究学者认为，恐怖主义研究或者"恐怖主义学"（terrorlogy）不仅是一个深受国家权力影响的学术领域，也是美国国家安全利益的衍生品，而且并没有什么实际意义。④ 当中东研究学者在努力保护他们的学术成果

---

① Susan L. Cutter, Douglas B. Richardson & Thomas J. Wilbanks (eds.), *The Geographical Dimensions of Terrorism*, New York: Routledge, 2003.
② 参见 Harm de Blij, "Explicating Geography's Dimensions: an Opportunity Missed", *Annals of the Association of American Geographers*, Vol. 94, No. 4, 2004, pp. 994-996; Daniel Griffith, "Using Maps to Plug Security Gaps: Fact or Fantasy?", *Annals of the Association of American Geographers*, Vol. 94, No. 4, 2004, pp. 998-1001; Derek Gregory & Allan Pred (eds.), *Violent Geographies: Fear, Terror, and Political Violence*, New York: Routledge, 2007; Ron Johnston et al., "The Cold War and Geography's Quantitative Revolution: Some Messy Reflections on Barnes' Geographical Underworld", *Geoforum*, Vol. 39, No. 6, 2008, pp. 1802-1806; Dona Stewart, "Geography and the Middle East", *Geographical Review*, Vol. 95, No. 3, 2005, pp. iii-vi。
③ 参见 Harm de Blij, "Explicating Geography's Dimensions: an Opportunity Missed", *Annals of the Association of American Geographers*, Vol. 94, No. 4, 2004, pp. 994-996; Dona Stewart, "Geography and the Middle East", *Geographical Review*, Vol. 95, No. 3, 2005, pp. iii-vi。
④ Joel Beinin, "Middle East Studies After September 11, 2001", *Review of Middle East Studies*, Vol. 37, No. 1, 2003, pp. 2-13.

不被地缘政治"事件"和（美国）国家安全利益左右时，地理学者却投身于围绕反恐战争进行的辩论中。随着学科内部围绕《恐怖主义的地理维度》一书的论战升温，以及地理学中对反恐战争的争议加剧，一些地理学界最杰出的人物也被吸引，参与到与中东话题相关的讨论中来，而这些话题中最为突出的就是伊拉克战争。①

正如詹姆斯·希达威（James Sidaway）所描述的，"中东地理学研究的死水"在"9·11"袭击和反恐战争升级后发生了根本性的变化。② 与以往依靠传统区域地理学为基础、注重"客观"、以应用为主要研究导向的中东地理学形成鲜明对比的是，"9·11"之后的中东地理学广泛借鉴了后结构主义和后殖民主义的认识论，强调研究该地区的道德、伦理和政治问题。在新的中东地理学中，表征手段对于发动战争和运用权力所起的关键作用成为研究的核心关注。其中地理学家最主要采用的研究路径就是强调中东如何被西方错误地表征，以及这种错误表征是如何与权力和战争产生关联的。③ 其次，相较于传统的表征方法而言，新的中东地理学采用的是对中东进行更"精确"

---

① 参见 Stuart Elden, "Terror and Territory", *Antipode*, Vol. 39, No. 5, 2007, pp. 821-845; Stephen Graham (ed.), *Cities, War, and Terrorism: Towards an Urban Geopolitics*, Malden: Blackwell, 2004; Derek Gregory, *The Colonial Present: Afghanistan, Palestine, Iraq*, Malden: Blackwell, 2004; Derek Gregory & Allan Pred (eds.), *Violent Geographies: Fear, Terror, and Political Violence*, New York: Routledge, 2007; David Harvey, *The New Imperialism*, Oxford: Oxford University Press, 2005; Neil Smith, "Scales of Terror and the Resort to Geography: September 11, October 7", *Environment and Planning D: Society and Space*, Vol. 19, No. 6, 2001, pp. 631-637。

② James Sidaway, "Geopolitics, Geography, and 'Terrorism' in the Middle East", *Environment and Planning D: Society and Space*, Vol. 12, No. 3, 1994, pp. 357-372.

③ 参见 Derek Gregory, *The Colonial Present: Afghanistan, Palestine, Iraq*, Malden: Blackwell, 2004; Laura Khoury & Seif Da'Na, "Decolonizing the Geographies of Resistance: Imperialist Cartography of the Arab World", *The Arab World Geographer*, Vol. 15, No. 3, 2012, pp. 189-225; John Morrissey, "Liberal Lawfare and Biopolitics: US Juridical Warfare in the War on Terror", *Geopolitics*, Vol. 16, No. 2, 2011, pp. 280-305; Dona Stewart, "Geography and the Middle East", *Geographical Review*, Vol. 95, No. 3, 2005, pp. iii-vi; Aylin Güney & Fulya Gökcan, "The 'Greater Middle East' as a 'Modern' Geopolitical Imagination in American Foreign Policy", *Geopolitics*, Vol. 15, No. 1, 2010, pp. 22-38。

的，同时也是更自下而上的（庶民的）表征分析路径。[1]

但是，即便地理学中关于中东的文献大量增加，中东地理学研究和中东研究，以及其他更广泛的地区研究之间的联系仍然很薄弱。就此，艾米·米尔斯（Amy Mills）和蒂姆尔·哈蒙德（Timur Hammond）详细介绍了地理院系在美国大学中的次要地位，认为这种情况注定会阻碍地理学和地区研究之间的协同发展。[2] 举例来说，地理学在美国学术界的地位下降，意味着在许多受益于《国防教育法》第六章而拥有中东研究中心的大学里却没有对应的地理系。地理系在美国大学遭受经济危机时受到的冲击也很大，因为它们大多数都设立在州立大学内。[3] 地区研究和地理学之间缺乏强有力的关系，这一点也在中东研究中明显地表现出来。比如学术圆桌会议"来自海洋的视角：无疆界的中东和北非"[4] 以及"印度洋与其他类型的中东"专题研究[5] 中都没有来自地理学家的贡献。此外，根据《中东研究问题》（Issues in Middle East Studies）2016 年的统计，就论文的学科分类而言，在中东研究协会过去举办的四次年会中，地理学提交的论文仅占参会总论文数量的 1%。[6]

---

[1] 参见 Karen Culcasi, "Displacing Territory: Refugees in the Middle East", *International Journal of Middle East Studies*, Vol. 49, No. 2, 2017, pp. 323-326; Neil Smith, "Scales of Terror and the Resort to Geography: September 11, October 7", *Environment and Planning D: Society and Space*, Vol. 19, No. 6, 2001, pp. 631-637。

[2] Amy Mills & Timur Hammond, "The Interdisciplinary Spatial Turn and the Discipline of Geography in Middle East Studies", in Seteney Shami & Cynthia Miller-Idriss (eds.), *Middle East Studies for the New Millennium: Infrastructures of Knowledge*, New York: NYU Press, 2016.

[3] Amy Mills & Timur Hammond, "The Interdisciplinary Spatial Turn and the Discipline of Geography in Middle East Studies", in Seteney Shami & Cynthia Miller-Idriss (eds.), *Middle East Studies for the New Millennium: Infrastructures of Knowledge*, New York: NYU Press, 2016, p. 168.

[4] Roundtable, "Views from the Seas: The Middle East and North Africa Unbounded", *International Journal of Middle East Studies*, Vol. 48, No. 4, 2016, pp. 743-766.

[5] Michael Low, "Introduction: The Indian Ocean and Other Middle Easts", *Comparative Studies of South Asia, Africa and the Middle East*, Vol. 34, No. 3, 2014, pp. 549-555.

[6] Issues in Middle East Studies (IMES), "Bi-annual Newsletter of the Middle East Studies Association", April, 2016, p. 16.

（一）作为一种领域的地区研究

地理学和地区研究之间的薄弱关系，很可能造成了地理学家对地区研究是什么，以及地区研究学者在做什么存在误解。在地理学中，人们普遍认为地区研究的学者运用一种特定的"方法"去呈现作为研究对象的特定区域。展开来说，地区研究被理解为密集的语言学习、深入的实地研究、密切关注一个地区的史料、根据详细的观察检验基础理论，以及多学科之间的对话。[①] 但是，尽管以上各个方面通常被认为是地区研究关键特征的要素，但它们不应该被理所当然地认为是地区研究领域内任何研究路径的核心方法。例如，认为地区研究主要是关于语言习得和在研究地区的某个地方生活一段时间的想法，既受到越来越多的质疑，也在发生变化。事实上，传统上的东方学家也掌握了中东语言，但他们的独特性在于往往不愿意质疑关于西方对于东方的关键假设，并且这些假设构成了他们对该地区的判断。[②] 此外，研究美国的美籍阿拉伯裔社区、气候变化、全球金融或美国军队，都可以对中东研究和中东地理学带来可观的贡献，而开展这些研究并不需要前往中东地区。简单地说，就学术方法而言，进行地区研究没有一定之规。

与此相关的是，地理学家经常这样解读地区研究的"路径"——认为其研究对象涵盖一个静态的、绝对的地区尺度。比如肖恩·巴特（Shane Barter）和伊山·阿舒托什（Ishan Ashutosh）都认为地区研究有固化其研究区域的嫌疑，但是二人是在没有引用任何过去或当前地区研究学术成果的情况下作此评论的。[③] 其实，中东的地理概念

[①] David L. Szanton (ed.), *The Politics of Knowledge: Area Studies and the Disciplines*, Berkeley: University of California Press, 2004, p. 4.

[②] Ussama Makdisi, "In the Shadows of Orientalism: The Historiography of US-Arab Relations", in Seteney Shami & Cynthia Miller-Idriss (eds.), *Middle East Studies for the New Millennium: Infrastructures of Knowledge*, New York: NYU Press, 2016.

[③] 参见 Shane Barter, "Area Studies, Asian Studies, and the Pacific Basin", *Geographical Review*, Vol. 105, No. 1, 2015, pp. 105-119; Ishan Ashutosh, "The Geography and Area Studies Interface from the Second World War to the Cold War", *Geographical Review*, Vol. 107, No. 4, 2017, pp. 705-721.

及其与大英帝国扩张的联系在中东研究中是一个长期悬而未决的问题。甚至早在中东研究学术圈形成时，以及中东研究协会等专业机构成立的时刻，其成员就对"中东"的边界和构成提出了质疑，[1] 而地理学家直到最近才开始对这种对话作出贡献。[2] 重要的是，后殖民主义启发下的批判——东方学家将他们的研究"对象"理解为静态和不变的——可能被夸大了，甚至是一种对东方学的本质主义式的错误界定。像丹尼尔·弗利亚德（Daniel Foliard）这样的学者在历史文档研究中就发现，在大英帝国背景下发展起来的中东地理概念并非是一个单一的、静态的或有界限的对象，而是多重意义的、不完整的和充满争议的。[3] 甚至东方学家大卫·霍加斯（David Hogarth）也意识到，他研究的近东"事物"（object）受到"政治条件"的制约，其中至少有一些，对它们边界的界定是任意的。[4]

也许更重要的是，在过去的十年里，作为冷战结束后重新评估地区研究的一部分（地理学家在其中基本没有参与），中东研究学者自己对中东的地理实体给予了更多的关注。中东已被更明确地理解为一个没有边界的地理核心，而中东研究学者也更清楚地认识到，由于"加速的全球流动和扩大的知识视野"，[5] 区域的定义正在不断地变动。2018 年，中东研究协会会议的主题是"无边界：全球中东的过去和现在"，重点关注全球变暖、环境恶化、移民和难民、全球经济政策和跨国知识网络等议题。换言之，研究中东并不排除对其他空间规模、甚至其他地区的分析。事实上，近年来中东地区的政治动荡也导致了

---

[1] Roderic Davison, "Where is the Middle East?", *Foreign Affairs*, Vol. 38, No.4, 1960, pp. 665-675.
[2] 参见 Michael Bonine, Abbas Amanat & Michael Gasper (eds.), *Is There a Middle East?: The Evolution of a Geopolitical Concept,* Stanford: Stanford University Press, 2011; Karen Culcasi, "Constructing and Naturalizing the Middle East", *Geographical Review,* Vol. 100, No. 4, 2010, pp. 583-597.
[3] Daniel Foliard, *Dislocating the Orient: British Maps and the Making of the Middle East, 1854-1921,* Chicago: University of Chicago Press, 2017.
[4] David Hogarth, *The Nearer East,* London: Appleton & Co, 1902, pp. 1-2.
[5] Charles Kurzman, "Cross-Regional Approaches to Middle East Studies: Constructing and Deconstructing a Region", *Review of Middle East Studies,* Vol. 41, No.1, 2007, p. 29.

人们从该地区向欧洲和世界各地的大规模迁移。许多知识分子和艺术家从这里迁移到德国,以至于澳大利亚籍埃及社会学家阿姆罗·阿里（Amro Ali）告诉我,柏林作为阿拉伯世界的"流亡之都"正在崛起。

地区研究不是一种路径,它并非用单一的理论或方法来研究一个有界限的空间,也没有一群仅仅致力于研究一个具体地方而不考虑学术理论的学者。相反,地区研究是一种社会情境,其核心构成是那些认同一个松散的地理区域的人所做事情的集合。开展地区研究就是进入一个领域,该领域由一套共同的机构和研究网络构成,它可以围绕一个空间（近来也更多地被定义为一个"核心"）松散地组织起来,这个空间不断变化,不断接受诠释,但在某种程度上这些不同的变体和诠释又是重叠的。以中东研究为例,这一地区研究领域的机构和网络主要包括：大学,学术和专业协会及其经常举行的年度会议（中东研究协会是最具代表性的）；与学习该地区语言有关的机构；更广泛的其他相关机构和组织；特定的学术期刊、出版物、网站和播客。地区研究领域也可能有自己的学术经典,例如在中东研究中,无论是研究中世纪伊斯兰世界的百科全书编纂还是当代埃及的劳工运动,研究者可能都需要了解伊本·赫勒敦（Ibn Khaldoun）,东方学家比如伯纳德·刘易斯（Bernard Lewis）,以及后殖民主义思想家及他们的作品,比如爱德华·萨义德、莉拉·阿布-卢戈德（Lila Abu-Lughod）和塔拉·阿萨德（Talal Asad）。和地理学一样,地区研究只是一个知识生产的场所,它的存在源于与地区研究相关的研究实践、组织机构、学术网络,以及那些认定自己从属于地区研究领域的学者和他们的想象力与学术产出。

四、地理学的地区研究转向

经过几十年的相互疏远之后,地理学和地区研究目前正在融合。正如许多地理学家最近指出的那样,人文地理学的英美特性（Anglo-

Americanness)已经成为该学科的一个关注重点。[1] 例如,地理学家越来越多地发问:阿拉伯、中国或印度的地理学传统如何才能被纳入既有的地理学发展史之中,[2] 在这之上还有越来越多的关于异文化空间知识的学术研究和译介。[3] 此外,地理学者还在考虑英语在地理学中作为主导语言的影响,以及在使用"英美"概念时对其他文化中的地理概念产生的排斥现象。[4] 同时,在诸如科学研究和技术研究这样对地理学产生过影响的领域中,对地区研究和非西方特征的关注也越来越多。[5]

更具体地说,地理学中的地区研究转向包括以下方面:出现了直接讨论地理学和地区研究关系的学术文章;[6] 出现了关于"更新的"

---

[1] 参见 John Agnew & David Livingstone, *The SAGE Handbook of Geographical Knowledge*, London: SAGE, 2011; Trevor Barnes, "Geo-historiographies", in Roger Lee et al. (eds.), *The SAGE Handbook of Human Geography*, London: SAGE, 2014, pp. 202-228; Derek Gregory & Noel Castree (eds.), *Human Geography*, London: SAGE, 2011; Ron Johnston & James Sidaway, *Geography and Geographers: Anglo-American Human Geography since 1945, 7th edition*, New York: Routledge, 2015。

[2] Derek Gregory & Noel Castree (eds.), *Human Geography*, London: SAGE, 2011.

[3] Jeremy Ledger, *Mapping Mediterranean Geographies: Geographic and Cartographic Encounters Between the Islamic World and Europe, c.1100-1600*, Ph.D. thesis: University of Michigan, USA, 2016.

[4] 参见 Sara Fregonese, "English: Lingua Franca or Disenfranchising?", *Fennia-International Journal of Geography*, Vol. 195, No. 2, 2017, pp. 194-196; Ron Johnston & James Sidaway, *Geography and Geographers: Anglo-American Human Geography since 1945, 7th edition*, New York: Routledge, 2015, p. xv。

[5] John Law & Wen-yuan Lin, "Provincializing STS: Postcoloniality, Symmetry, and Method", *East Asian Science, Technology and Society: An International Journal*, Vol. 12, No. 2, 2017, pp. 211-227.

[6] 参见 Ishan Ashutosh, "The Geography and Area Studies Interface from the Second World War to the Cold War", *Geographical Review*, Vol. 107, No. 4, 2017, pp. 705-721; Shane Barter, "Area Studies, Asian Studies, and the Pacific Basin", *Geographical Review*, Vol. 105, No. 1, 2015, pp. 105-119; Sharad Chari, "Trans-area Studies and the Perils of Geographical 'World-Writing'", *Environment and Planning D: Society and Space*, Vol. 34, No. 5, 2016, pp. 791-798; Amy Mills & Timur Hammond, "The Interdisciplinary Spatial Turn and the Discipline of Geography in Middle East Studies", in Seteney Shami & Cynthia Miller-Idriss (eds.), *Middle East Studies for the New Millennium: Infrastructures of Knowledge,* New York: NYU Press, 2016; Pat Noxolo, "Locating Caribbean Studies in Unending Conversation", *Environment and Planning D: Society and Space*, Vol. 34, No. 5, 2016, pp. 830-835; Ian Klinke, "Area Studies, Geography and the Study of Europe's East", *The Geographical Journal*, Vol. 181, No. 4, 2015, pp. 423-426; Natalie Koch, "Is a 'Critical' Area Studies Possible?", *Environment and Planning D: Society and Space*, Vol. 34, No. 5, 2016, p. 809; Garth Myers, "Toward

区域地理学的相关讨论;① 地理学期刊《社会与空间》(Society and Space)和《政治地理学》(Political Geography)都推出了地区研究专刊,② 并于 2015 年分别在新加坡国立大学和牛津大学举办了各自的学术论坛;学界正在开展关于"全球南方理论生成"的相关辩论;③ 地理学期刊越来越重视翻译和"国际化"办刊,比如地理学期刊《对极》(Antipode)最近对翻译和推广的呼吁;以及此前未参与地区研究讨论的地理学家对地区研究的期刊正在作出更多学术贡献,例如《国际中东研究杂志》(International Journal of Middle East Studies)的圆桌会议就明确关注地理学和中东研究之间的关系。④

(接上页)Expanding Links Between Political Geography and African Studies", *Geography Compass,* Vol. 8, No. 2, 2014, pp. 125-136; Tariq Jazeel, "Between Area and Discipline: Progress, Knowledge Production and the Geographies of Geography", *Progress in Human Geography,* Vol. 40, No. 5, 2016, pp. 649-667; James Sidaway, "Geography, Globalization, and the Problematic of Area Studies", *Annals of the Association of American Geographers,* Vol. 103, No. 4, 2013, pp. 984-1002; Jason C. Young, "Canadian Inuit, Digital *Qanuqtuurunnarniq,* and Emerging Geographic Imaginations", *Geoforum,* Vol. 86, No. 1, 2017, pp. 53-62。

① 参见 Martin Jones, "Introduction: For a New New Regional Geography", in James Riding & Martin Jones (eds.), *Reanimating Regions: Culture, Politics, and Performance,* London: Taylor & Francis, 2017; Anssi Paasi & Jonathan Metzger, "Foregrounding the Region", *Regional Studies,* Vol. 51, No. 1, 2017, pp. 19-30。

② James Sidaway et al., "Area studies and Geography: Trajectories and Manifesto", *Environment and Planning D: Society and Space,* Vol. 34, No. 5, 2016, pp. 777-790; Richard Powell et al., "Interventions in the Political Geographies of 'Area'", *Political Geography,* Vol. 57, No. 2, 2017, pp. 94-104.

③ 参见 Jennifer Robinson, "Global and World Cities: A View from off the Map", *International Journal of Urban and Regional Research,* Vol. 26, No. 3, 2002, pp. 531-554; Ananya Roy, "The 21st-Century Metropolis: New Geographies of Theory", *Regional Studies,* Vol. 43, No. 6, 2009, pp. 819-830; Eric Sheppard et al., "Provincializing Global Urbanism: A Manifesto", *Urban Geography,* No. 34, 2013, pp. 893-900。

④ 参见 Mona Atia, "Urban Transformations in the Middle East and North Africa from a Geographical Perspective", *International Journal of Middle East Studies,* No. 49(2), 2017, pp. 327-330; Kyle Evered, "Beyond Mahan and Mackinder: Situating Geography and Critical Geopolitics in Middle East Studies", *International Journal of Middle East Studies,* No. 49, 2017, pp. 335-339; Karen Culcasi, "Displacing Territory: Refugees in the Middle East", *International Journal of Middle East Studies,* Vol. 49, No. 2, 2017, pp. 323-326; Ali Hamdan, "Thoughts from the Provinces", *International Journal of Middle East Studies,* No. 49, 2017, pp. 331-334; Timur Hammond, "The Middle East Without Space?", *International Journal of Middle East Studies,* No. 49, 2017, pp. 319-322; Natalie Koch, "Geopower and Geopolitics in, of, and for the Middle East", *International Journal of Middle East Studies,* No. 49(2), 2017, pp. 315-318。

在地理学和地区研究相互增加接触的过程中,地缘政治和经济"事件"很可能发挥了重要作用。如上文所述,海湾战争、"9·11"事件,以及因为后者所加剧的反恐战争的影响,不断推动着地理学家与非西方国家的接触。21世纪以来,权力正在向英美世界之外转移。2008年的全球金融危机也许是第一次真正意义上的"全球金融危机",在它之后也产生了一个远远超出英美范围的复苏趋势。全球互联互通和技术变革正在加剧,但结构性不平等和军事化也在加剧。再加上英国"脱欧"和特朗普胜选等事件,一些分析家推测这是"去全球化"的迹象,但这反过来无疑又将人类历史和地理已经"终结"的猜测从严肃的学术对话中驱逐出去。此外,地缘政治"事件",如"阿拉伯之春"、叙利亚内战、乌克兰"颜色革命",只是促使地理学家转而关注地区研究的部分案例。[1] 为了理解当代地缘政治、社会和经济局面的复杂性,地理学需要一个超越英美的知识基础。

推动地理学和地区研究结合的另一个核心助力,是英美地理学自我"身份构成"(who)和"定位"(where)的变化。近年来,英美地理学研究界的成员无论在种族还是性别方面都在不断多元化。[2] 苏珊·汉森(Susan Hanson)认为,地理学学术共同体这种更广泛的构成推动了对"他者"文化背景下生活经验的重新关注,并引入了更广泛的研究视角和新的知识网络。[3]

投身地理学的人越来越多样化,这也与高等教育的全球化和英美

---

[1] Ian Klinke, "Area Studies, Geography and the Study of Europe's East", *The Geographical Journal*, Vol. 181, No. 4, 2015, pp. 423-426.

[2] 参见 Susan Hanson, "Who are 'we'? An Important Question for Geography's Future", *Annals of the Association of American Geographers*, Vol. 94, No. 4, 2004, pp. 715-722; Heike Jöns et al., "Introduction: Toward more Inclusive and Comparative Perspectives in the Histories of Geographical Knowledge", *The Professional Geographer*, No. 69, 2017, pp. 655-660; David Kaplan & Jennifer Mapes, "Where are the Women? Accounting for Discrepancies in Female Doctorates in U.S. Geography", *The Professional Geographer*, No. 68, 2016, pp. 427-435。

[3] Susan Hanson, "Who are 'we'? An Important Question for Geography's Future", *Annals of the Association of American Geographers*, Vol. 94, No. 4, 2004, pp. 715-722.

地理学的学科发展本身相伴而生。在地理学方面，高等教育的全球化意味着英美地理学家不仅更有可能走向世界，在诸如首尔这样的地方授课和进行学术交流，[1]而且更有可能在英美世界以外的教育机构任职。新加坡国立大学就是一个突出的例子，它拥有一本著名的英文地理学期刊，也成为一些著名"英美"地理学家的居所。当然，此处"英美"的概念意涵其实已经极为宽泛。此外，如上文所述，新加坡国立大学一直是英美地理学地区研究"转向"的重要枢纽。[2]

在过去的十年里，中东地理学中来自本地区的，特别是来自土耳其、巴勒斯坦和以色列的学者，向英文期刊提交文章的数量明显增加。1998年，《阿拉伯世界地理学家》(Arab World Geographer)创刊，其明确的目标就是增加阿拉伯和英美地理学界之间的联系。[3]学科内的这些发展，也许正在帮助地理学超越米尔斯和哈蒙德所指出的其与地区研究之间的阻碍，[4]而这一阻碍在美国地理学界内部尤为突出。英美地理学正在扩大它的地理研究范围，这一过程的发生，其意义也许不止于让地理学变得不那么英美，而且它还会揭示出曾经由英美主导的地理学这一学科领域产生过怎样的局限性。

---

[1] David Harvey & Paik Nak-chung, "How Capital Operates and Where the World and China are Going: A Conversation Between David Harvey and Paik Nak-Chung", *Inter-Asia Cultural Studies,* No. 18, 2017, pp. 251-268.

[2] 参见 Chris McMorran, "Unthinking the Nation State as Area: Interrogating Japan and Japanese Studies", *Environment and Planning D: Society and Space*, No. 34, 2016, pp. 815-821; Tracey Skelton, "The Im/possibilities of Caribbean Area Studies", *Environment and Planning D: Society and Space*, No. 34, 2016, pp. 850-857; Kamalini Ramdas, "Feminist Care Ethics, Becoming Area", *Environment and Planning D: Society and Space,* No.34, 2016, pp. 843-849; James Sidaway, "Geography, Globalization, and the Problematic of Area Studies", *Annals of the Association of American Geographers*, Vol. 103, No. 4, 2013, pp. 984-1002; James Sidaway et al., "Area Studies and Geography: Trajectories and Manifesto", *Environment and Planning D: Society and Space*, Vol. 34, No. 5, 2016, pp. 777-790.

[3] Ghazi-Walid Falah, "Editorial", *Arab World Geographer*, No. 1, 1998, pp. 1-5.

[4] Amy Mills & Timur Hammond, "The Interdisciplinary Spatial Turn and the Discipline of Geography in Middle East Studies", in Seteney Shami & Cynthia Miller-Idriss (eds.), *Middle East Studies for the New Millennium: Infrastructures of Knowledge*, New York: NYU Press, 2016.

（一）经过地区研究衍射的地理学

在地理学的各个分支领域中，出现地区研究转向的成果通常受到女性主义和后殖民主义认识论的影响。此外，在阐述地理学和地区研究关系的著述中，对地区研究重要性的强调往往是为了论证各地历史、地理差异的重要性。但是在强调差异性时，有时候又容易忽略全球化的趋同性，甚至有时候恰恰是因为全球化掩盖了地区差异而专门需要强调历史、地理的区别。[①] 与此相关的是，这些文献也非常关注西方和非西方之间社会权力的不平等，呼吁地理学家在生产地理知识的过程中重视并反思这一问题。在这一学术脉络中，对表征性政治也有明显的关注。学者们认识到，殖民和专制主义，无论在过去还是现在，都取决于某些"看问题的方式"，参与地区研究转向的地理学研究者反复强调了倾听和转译的重要性，认为这样才能形成对"他者"文化更好的表征。[②]

然而，我认为地理学和地区研究的未来不应该只关注地理想象，比如对"他者"的表征，还应该关注地理研究的材料和实践。对表征政治的关注，以及萨义德《东方学》所引发的极为重要的政治、学理辩论可能已经达到了学术上的极致；或者换句话说，地理学家应该要开始认识到表征性分析的局限。长期以来，地区研究学者和其他学者在后殖民理论对权力和表征的关注中发现的一个核心问题是——没

[①] 参见 J. K. Gibson-Graham, "'After' Area Studies? Place-based Knowledge for Our Time", *Environment and Planning D: Society and Space*, No. 34, 2016, pp. 799-806; Tariq Jazeel, "Between Area and Discipline: Progress, Knowledge Production and the Geographies of Geography", *Progress in Human Geography*, Vol. 40, No. 5, 2016, pp. 649-667; Rupal Oza, "The Entanglements of Transnational Feminism and Area Studies", *Environment and Planning D: Society and Space*, No. 34, 2016, pp. 836-842.

[②] 参见 Tariq Jazeel, "Between Area and Discipline: Progress, Knowledge Production and the Geographies of Geography", *Progress in Human Geography*, Vol. 40, No. 5, 2016, pp. 649-667; Rupal Oza, "The Entanglements of Transnational Feminism and Area Studies", *Environment and Planning D: Society and Space*, No. 34, 2016, pp. 836-842; Richard C. Powell et al., "Interventions in the Political Geographies of 'Area'", *Political Geography*, Vol. 57, No. 2, 2017, pp. 94-104; Kamalini Ramdas, "Feminist Care Ethics, Becoming Area", *Environment and Planning D: Society and Space*, No. 34, 2016, pp. 843-849.

有任何对世界的表征是绝对"真实"或非霸权的,我们借以理解世界的各类表征总是与权力有关。[1] 在中东地理学中,建立替代的、更自下而上的或更"精确的"中东地理概念的尝试并不是那么立竿见影。比如类似卡伦·考尔卡西(Karen Culcasi)提出的"阿拉伯家园"(Arab homeland)这样的替代性概念,[2] 它实际上是强加了一个分类,来涵盖本地区内的非阿拉伯地理想象。[3] 但其实一直以来,"中东"概念在该地区"接地气"的使用方式已经和"阿拉伯家园"具备同样的功效。[4]

在本文中,我并不是要反驳争取表征权力的政治或学理意义,也不认为通过非表征化的方式来进行地区研究是一定可行的。相反,我强调的是,主导了地区研究转向的表征性政治问题,以及关于地理学和地区研究关系的更广泛的对话,也许是一个相对狭隘的研究范围。正如蒂莫西·米切尔(Timothy Mitchell)所建议的,表征性问题总是会与研究材料纠缠在一起。[5] 重点在于,要把研究材料、材料的涵义、对材料的表征这些问题放在一起考虑,而不是简单地把材料和表征对立起来。[6] 以中东为例,它并不是地理上的虚构,而是整个物质实践的一部分,其中包括地图、其他铭文以及价值观、意义的不同呈现形态等等。

---

[1] Robert Young, *Postcolonialism: An Historical Introduction*, Malden: Blackwell, 2001, p. 384.
[2] Karen Culcasi, "Constructing and Naturalizing the Middle East", *Geographical Review*, Vol. 100, No.4, 2010, pp. 583-597.
[3] Graham Cornwell & Mona Atia, "Imaginative Geographies of Amazigh Activism in Morocco", *Social & Cultural Geography*, No. 13, 2012, pp. 255-274.
[4] Timur Hammond, "A Region in Fragments: The Middle East from Istanbul", *The Arab World Geographer*, No. 16, 2013, pp. 125-145.
[5] Timothy Mitchell, "The Capital City", in Amale Andraos & Nora Akawi (eds.), *The Arab City: Architecture and Representation*, New York: Columbia Books on Architecture and the City, 2016, p. 258.
[6] Timothy Mitchell, "The Capital City", in Amale Andraos & Nora Akawi (eds.), *The Arab City: Architecture and Representation*, New York: Columbia Books on Architecture and the City, 2016, p. 258.

在某种程度上，地理学家们已经承担起了让非西方世界超越表征性研究阶段的任务。比如在城市地理学中，随着全球南方的大规模城市化，在非西方情境中需要直面的物质和表征问题都已经变得非常紧迫。事实上，已经有很多人呼吁英美城市理论的适用性"地方化"（provincialized），对此他们借鉴的是迪普什·查克拉巴蒂（Dipesh Chakrabarty）关于"将欧洲地方化"的呼吁，[1]并致力于形成一个从全球南方进行理论研究的后殖民城市研究。[2]他们认为，考虑到城市化进程的中心已经从全球北方转移到全球南方，需要一个具有地方特性的城市研究。因此，从英美继承的城市研究认识论不适合分析南方国家和地区的城市进程。其中，阿南亚·罗伊（Ananya Roy）最明确地主张城市研究应该与地区研究相结合。罗伊认为，地区研究可以帮助建立一种新的城市理论，这种理论来自全球南方，并且关注特定的概念是如何在某些地区产生的。[3]

查克拉巴蒂曾呼吁，需要"创造与我们的存在有关的、可以检视我们的生活及其可能性的多元学科规范"。[4]在整个地理学中似乎也有一种隐含的共识，即该学科应规划一种研究范畴，与查克拉巴蒂的上述观点相呼应。甚至激进的地理学家当前似乎也致力于将历史和理论更紧密地联系在一起，他们呼吁理论要关注其"实际存在的环

---

[1] Dipesh Chakrabarty, *Provincializing Europe: Postcolonial Thought and Historical Difference [new edition]*, Princeton, N. J.: Princeton University Press, 2007 [2000].

[2] 参见 Jennifer Robinson, "Global and World Cities: A View from off the Map", *International Journal of Urban and Regional Research*, Vol. 26, No. 3, 2002, pp. 531-554; Susan Parnell & Jennifer Robinson, "(Re)theorizing Cities from the Global South: Looking Beyond Neoliberalism", *Urban Geography*, Vol. 33, No. 4, 2012, pp. 593-617; Ananya Roy, "Urban Informality: Toward an Epistemology of Planning", *Journal of the American Planning Association*, Vol. 71, No. 2, 2005, pp. 147-158; Ananya Roy, "The 21st-Century Metropolis: New Geographies of Theory", *Regional Studies*, Vol. 43, No. 6, 2009, pp. 819-830; Eric Sheppard et al., "Provincializing Global Urbanism: A Manifesto", *Urban Geography*, No. 34, 2013, pp. 893-900.

[3] Ananya Roy, "The 21st-Century Metropolis: New Geographies of Theory", *Regional Studies*, Vol. 43, No. 6, 2009, p. 820.

[4] Dipesh Chakrabarty, *Provincializing Europe: Postcolonial Thought and Historical Difference [new edition]*, Princeton, N. J.: Princeton University Press, 2007[2000].

境",因为理论在其中被塑造。[1] 此外,后殖民主义理论并不是对普遍性或现代性的彻底拒绝。查克拉巴蒂的观点是呼吁在承认地理-历史差异的前提下进行一种协调,而不是否定社会科学的研究范畴。查克拉巴蒂解释说:"重点不在于拒绝社会科学的范畴,而是向曾经被特定欧洲历史叙事占据的空间中释放其他文化内的规范性和理论性思想,这些思想和规范过去一直被封存在他者的生活实践或是历史档案里。"[2] 然而,也要看到,在所有这些关于需要扩大地理学视野的共识中,城市地理学(包括该学科更广义的范畴)关于自身与非西方知识之间关系的辩论一直非常激烈。[3]

围绕地理学、地区研究和非西方关系的对话所产生的负面效应,也许部分是由残存的现代性二元论导致的,它由学科术语内部的消极关系构造而成。[4] 关于地理学和地区研究之间关系的辩论,仍然是沿着主体和客体、区域和系统地理学、表征和真实、地点和理论、区域和全球、同一性和差异之间的消极二元对立来构造的。例如,对"来自全球南方知识理论化"的呼吁,将其与来自北方的知识理论化置于某种程度的对立和消极二元论中。这种消极的对立性会抑制多元视野的形成,因为它把世界局限在一个二元论的框架里,而不是探索建立信任和联系的可能,并从而最终获得新的地理知识生产的方法。地理学应该向地区研究学习,后者在自身领域中搭建了一种各要素之间的肯定性关系。

---

[1] David Harvey, "History Versus Theory: A Commentary on Marx's Method in Capital", *Historical Materialism*, Vol. 20, No. 2, 2012, pp. 3-38.
[2] Dipesh Chakrabarty, *Provincializing Europe: Postcolonial Thought and Historical Difference [new edition]*, Princeton, N. J.: Princeton University Press, 2007[2000], p. 20.
[3] 参见 Neil Brenner & Christian Schmid, "Towards a New Epistemology of the Urban?", *City*, Vol. 19, No. 2-3, 2015, pp. 151-182; Ananya Roy, "Who's Afraid of Postcolonial Theory?", *International Journal of Urban and Regional Research*, Vol. 40, No. 1, 2016, pp. 200-209; Michael Van Meeteren et al., "Can the Straw Man Speak? An Engagement with Postcolonial Critiques of 'Global Cities Research'", *Dialogues in Human Geography*, Vol. 6, No. 3, 2016, pp. 247-267.
[4] Rick Dolphijn & Iris van der Tuin, *New Materialism: Interviews & Cartographies*, Ann Arbor: Open Humanities Press, 2012, p. 115.

地理学和地区研究可以协调的地方，不是地区研究提供了一种独特的"路径"来更"准确"地表现非西方世界的差异，也不在于地区研究提供了一个"南方"或"中东"的被界定的空间来进行理论化。相反，地区研究可以成为地理学未来的核心，是因为它可以借用新唯物主义，特别是唐娜·哈拉维（Donna Haraway）的观点，从地理学中进行知识"衍射"（diffract），并为之提供了一个社会情境，通过这个情境，该学科不仅可以对差异进行表征，更能够促进关于差异性的研究实践。①

如哈拉维所定义的那样，从光学中借用的衍射概念是一个隐喻，它关注的是差异的关系性。②重要的是，衍射超越了上文提到的消极二元对立，建立了一种肯定的关系性。女性主义物理学家卡兰·巴拉德（Karan Barad）根据她对衍射的量子理解，在哈拉维光学隐喻的基础上，指出衍射可以在许多不同的层次上发生。巴拉德认为，衍射也是一种测量差异效应的仪器，它提供了一种关于关系的本体论模型：量子化的衍射成为"纠缠"（entangled），形成了一种具有本体支撑的认识论（onto-epistemology）。简言之，衍射是关注和回应差异效应的分析工具。③

在将地区研究领域构想为对地理学进行衍射的工具这一思维框架中，我认为前者可以帮助地理学关注和回应差异性造成的影响，而不仅仅是去表征差异性。地区研究作为一种通过其独特的社会情境进行衍射的工具，可以帮助地理学参与对世界的批判性研究实践，并"理解哪些差异重要，它们如何重要，以及对谁重要"。④例如，当通过中东的地区研究对中东地理学进行衍射时，地理学中的星球城市化

---

① Donna J. Haraway, *Modest_Witness@Second_Millennium. FemaleMan_Meets_OncoMouse: Feminism and Technoscience*, New York: Routledge, 1997.
② Donna J. Haraway, *Modest_Witness@Second_Millennium. FemaleMan_Meets_OncoMouse: Feminism and Technoscience*, New York: Routledge, 1997.
③ Karan Barad, *Meeting the Universe Halfway: Quantum Physics and the Entanglement of Matter and Meaning*, Durham: Duke University Press, 2007, p. 72.
④ Karan Barad, *Meeting the Universe Halfway: Quantum Physics and the Entanglement of Matter and Meaning*, Durham: Duke University Press, 2007, p. 90.

（planetary urbanism）理论已经注意到自己的研究一直忽略了对军事城市化（military urbanism）作用的关注，而军事城市化在当代中东地区一直占主导地位。[1] 正如巴拉德所写："观察到的现象，其性质会随着观察媒介的变化而相应变化。"[2] 相似地，如果我们改变了获取地理知识的社会情境，观察到的现象也会发生变化，并随之创造出新形式的地理知识。

地区研究可以为地理学提供新的思考方式，不仅是因为它在世界中的位置，而且也因为它与世界在不停地发生纠缠。此外，在衍射作用下，"区别的过程（differentiating）不在于制造他者、产生分离，恰恰相反，其意义在于建立联系和投入"。[3] 在地区研究的独特领域中创造地理知识是一种可以催生新地理学形式的实践，允许地理和社会的差异化，这对地理知识的创新至关重要。地区研究的学者和学术环境远没有把自己封闭在一个绝对的地区范围内，而是可以为地理学创造新的学科布局、实践机会和研究可能性。

五、结论

即使本文已经展现出了地理学的地区研究转向，但对地区研究的讨论在地理学学科内依然充满争议。此外，本文在论证地区研究的意义时发现，作为一个围绕着地理空间松散地组织起来进行知识生产的社会领域，地理知识可以在其中进行衍射，我希望可以就地区研究这一领域与地理学的关系建立一个更加肯定的对话：在这个对话中，学科能够超越地方与理论、同一性与差异性的消极二元对立，并关注到

---

[1] Derek Gregory, "Mumford and Sons", *Geographical Imaginations* (blog post), https://geographicalimaginations.com/2014/09/09/mumford-and-sons/, accessed January 10, 2018.

[2] Karan Barad, *Meeting the Universe Halfway: Quantum Physics and the Entanglement of Matter and Meaning*, Durham: Duke University Press, 2007, p. 107.

[3] Karan Barad, *Meeting the Universe Halfway: Quantum Physics and the Entanglement of Matter and Meaning*, Durham: Duke University Press, 2007, p. 69.

地理学与地区研究之间更紧密的关联可以产生新的认识和学术存在形式。正如哈拉维所说："重要的是我们用什么介质来思考其他物质；用什么故事来讲述其他故事；重要的是用什么结来编织新结，用什么思想来进行思考，用什么纽带来维持关系。重要的是什么故事造就了世界，而又是在什么世界中诞生了这样的故事。"[①] 与哈拉维的论述相似，什么地理环境造就了地理学固然重要，而同样重要的，还在于是什么样的学术领域造就了地理学。

（责任编辑：段九州）

[①] Donna Haraway, "SF: Science Fiction, Speculative Fabulation, String Figures, so Far", Pilgrim Award Acceptance Comments, 2011.

Difference as Practice: Diffracting Geography and the Area Studies Turn

Deen Sharp Xiong Xinghan

Abstract: After decades of geography and area studies drifting apart, I argue there has been an area studies' turn in geography. The long divergence between the two subjects, however, has resulted in a certain misunderstanding by geographers of what area studies scholarship is and what this field can contribute to the discipline. Area studies should not be considered as an approach that merely concentrates on the representation of difference but rather as a milieu in which research of regional differences can be conducted and geographical concepts can be 'diffracted'. Area studies can bring new research methods to geography, providing us ways to explore what role geography plays in the world, and how it ties up with the world.

Keywords: Area Studies, Cold War, Middle East Geography, New Materialism, Post-colonial Theory, Representation, War on Terror

田野调查

跨学科视野下的田野调查：
愿景、生态与共性

李宇晴[*]

摘要：在国内学界各学科不约而同开始讨论田野调查之际，田野调查已经成为跨学科视野下的一种学术生态。田野调查生态的形成与跨学科或交叉学科在学界的流行有着密切关系。跨学科理念在全球学界流行，其背后隐含的是对现有植根于学科分类的高校体制的解构，以及对基于案例研究的实证主义方法论的强调。在新兴交叉学科的区域国别研究领域，因其以地理区位划分研究对象的特点，田野调查成为区域国别学的重要方法论。田野调查既是一系列研究方法的科学集成，也是涵盖了多个学科的学科综合。跨学科视野下的田野调查的共性在于以问题为导向，掌握问题的复杂性；追求某个社会场域的整体视角，考虑对问题看法的多样性；重视第一手材料，强调掌握现实的动态性。跨学科视野下的田野调查强调自下而上地、生成性地、从整体性视角对研究问题进行原创性思考。区域国别学作为我国一门新的交叉学科，学界正在不断探索其知识体系、学科核心与学科边界所在。区域国别学在将田野调查看作其核心方法论之一的同时保持一定的学科边界模

---

[*] 李宇晴，清华大学国际与地区研究院助理研究员。

糊性，将包容更多灵活动态的研究进入。

关键词：田野调查；区域国别学；跨学科；交叉学科

近期国内学界源源不断地涌现出许多聚焦于谈论田野和田野调查的新作，这些作品不仅仅来自人类学和社会学这些原本就很重视田野调查的学科，还来自政治学、历史学、法学、管理学等其他学科。例如，北京大学政府管理学院于 2021 年 10 月组织了"多学科视野中的田野工作讨论会"，学者们带着社会科学研究如何呈现中国治理丰富的故事这样的问题意识，从各自的学科领域出发对田野工作的意义进行了阐释；[①] 2022 年 8 月，"区域·族群·国家：新文科时代的历史人类学"学术研讨会在江西南昌举行，会议提出"新文科"追求学科融合，提倡从分科治学走向学科交叉，以历史学为本位的历史人类学强调文献与田野的结合，在方法和视野上必然是多学科、跨学科的融合；[②] 2022 年 8 月 19 日，法学教授朱苏力在法律和人类学通识大讲堂带来题为"走进田野，何谓田野，创造田野！"的讲座；关于田野调查的出版物更是数不胜数。田野相关讨论汇聚而成一股学术潮流：到田野去，似乎成为新时代的召唤。

我们需要理解这个学术潮流在当下出现的原因。"礼失求诸野"，恰逢百年未有之大变局，新冠疫情让很多人的生活悬在空中静止，国际局势动荡不安，极端天气频繁出现，西方主导的旧国际秩序似有崩坏之势。在这个现实政治世界背景下，中国学者们开始反思既有知识系统的普遍性，细细厘清知识源头的脉络，生发了重新开眼看世界的意识，追求更加具有自主思考和原创色彩的学术研究成果。在这种迫

[①] 罗祎楠：《中国治理的故事何以丰富？：认识论视野中的田野案例研究》，《公共管理评论》2022 年第 3 期，第 148—156 页。

[②] 李争伟、李平亮：《区域·族群·国家：新文科时代历史人类学的基调、深入与拓展》，2022 年 9 月 16 日，https://m.thepaper.cn/newsDetail_forward_19914563。

切的需求下，革新获取知识的途径便是题中应有之义，田野调查、实地调查能够给学者带来第一手资料，也带来学术创新的起点和希望。在各个学科不约而同地讨论田野调查之际，我们不能不承认，田野调查已经成为跨学科视野下的一种学术生态。

一、作为学术愿景的跨学科研究

田野调查生态的形成与跨学科或交叉学科在学界的流行有着密切关系。今天，在世界上几乎所有地区的学术机构中，跨学科和交叉学科理念均被熟知和被强调，然而却很难说跨学科研究或交叉学科研究已经成为主流。一个原因是跨学科或交叉学科很少在高校中被教授，大部分高校仍然是以单一学科的院系建制为主，跨学科的机构往往是研究机构，处于高校学科建制的边缘地位；另一个原因是因为仍然有很多人认为跨学科性与传统科学知识生产的基本原则是矛盾的。以东南亚研究为例，"跨学科"理念是东南亚研究领域专家所推崇的理念，但实际教学与科研过程中，学科界线仍然清晰地存在，不同学科的专家使用的研究视角和研究理论都根据自己的学科传统而来，没有和其他学科进行充分的交叉。[1]本尼迪克特·安德森曾在自传中表达自己对跨学科的看法，跨学科研究往往有两条路径，一是通过跨学科的议题将不同学科理论和方法串联起来，如"民族主义""身份政治""后殖民研究"等议题。然而，安德森表示，此条路径容易因杂乱无章和逻辑混乱而受人诟病，其研究计划甚至在私人基金会或政府机构的鉴定专家处无法通过，这些专家往往是隶属于某单一学科的教授。二是通过系统地精通和调和两门或更多学科的基本框架和工具，实现真正的跨学科研究，此条路径则对学者的要求极高，很少有人能够真正达到。关于成功的跨学科案例，安德森仅举一例，

---

[1] Thomas B. Pepinsky, "Disciplining Southeast Asian Studies", *Sojourn: Journal of Social Issues in Southeast Asia*, Vol. 30, No. 1, 2015, pp. 215-226.

即大卫·莱廷（David Laitin）对于语言政策在政治和日常语言使用之间的比较工作，为政治学与社会语言学何以能巧妙地调和提供了一个很好的例证。[1]

虽然若仔细辨析，跨学科和交叉学科二者含义可能略有不同。当我们谈论"跨学科"，似乎仍然有本位学科的意识，强调的是从本位学科出发主动去跨领域的研究方式；"交叉学科"的表述则强调汲取多个学科的专长，没有本位学科的意识，以解决某个研究问题为导向，而该问题属于可以借助多个学科的透镜进行研究的领域。虽有细微差别，但是，跨学科和交叉学科二者经常在同等意义上被讨论，本文亦将如此处理。那么，到底什么是跨学科性（transdisciplinarity/interdisciplinarity）？近二十年来，学界相关出版物越来越多，对跨学科学术活动进行了深入探讨。[2]

对跨学科性进行相关定义的著作非常多。《跨学科理论、实践和教育：合作研究和集体学习的艺术》一书将跨学科性的出现定位为以解决复杂问题和现实问题为目的。该书认为纯学科的框架从理论到应用的转换率低下，缺乏社会直接相关人群的参与，应该引起人们的反思。[3]《跨学科研究的方法：初级实践》一书就跨学科性提出了以下定义，即跨学科是一种反思性的研究方法，通过跨学科合作以及研究人员与学术领域之外的行为者之间的合作来解决社会问题。其目的是促成科学领域与现实社会之间的相互学习过程；在不同的行为主体之

---

[1] 本尼迪克特·安德森：《椰壳碗外的人生：本尼迪克特·安德森回忆录》，徐德林译，上海人民出版社 2018 年版，第 168 页。
[2] 笔者于 2022 年 2 月 18—19 日参加京都大学东南亚研究所主办的第 45 届东南亚研究研讨会（The 45th Southeast Asia Seminar），此次研讨会以"跨学科性"为主题（Engaging Transdisciplinarity: Variegated Trajectories in Southeast Asian Studies）。笔者将在研讨会中的发言内容融入本文之中，相关内容受此次研讨会提供的讨论和灵感的启发，特此鸣谢主办方京都大学东南亚研究所以及参与此次研讨会的所有学者。
[3] Dena Fam, Linda Neuhauser & Paul Gibbs (eds.), *Transdisciplinary Theory, Practice and Education: The Art of Collaborative Research and Collective Learning*, Springer International Publishing, 2018.

间进行整合是研究过程的主要认知挑战。①

波尔（Pohl）和哈顿（Hadorn）的定义是以问题为中心的：当关于某个社会领域的问题是不确定的，当问题的具体本质是有争议的，当该问题领域涵盖了很多方面的内容，那么跨学科研究就是必需的。跨学科研究通过以下几种方式解决问题：

（1）掌握问题的复杂性；

（2）考虑到真实生活和科学对问题看法的多样性；

（3）将抽象的知识和具体的案例联系起来；

（4）发展知识和实践，促进被认为是共同利益的东西。②

朱莉·克莱因（Julie Thompson Klein）对跨学科本质的探讨进行了精妙的综述。③她首先对跨学科研究的贡献进行了简洁的历史回顾。她指出，跨学科研究相关出版物呈指数级增长，学科和专业背景不断扩大，科学政策机构、资助机构以及公共和私人领域的兴趣也在增加。克莱因通过广泛的文献回顾，综合提炼出了三种反复出现的话语：第一种话语关注研究现实世界的挑战，并在通常被称为解决问题的研究模式中采取行动，然而，这种取向在批评者看来是过于局限的。第二种话语认为跨学科研究是挑战现有体制结构和学科研究方法的越轨实践，因为既有的方法不适合处理复杂的现实世界问题。第三种话语认为跨学科研究在认识论上有超越性，通过使用整体主义、系统思维和深层结构的概念进行整合和综合来追求认识的统一。克莱因指出，这三个核心特征的背后是对科学和社会层面以及与现实社会挑战相关的知识生产的创新方法和过程的日益关注。

跨学科和交叉学科的学科发展愿景意味着什么？在笔者看来，首先，跨学科性的发展意味着打破现状的愿景和议程。跨学科和交叉学

---

① Matthias Bergmann et al., *Methods for Transdisciplinary Research: A Primer for Practice*, Frankfurt: Campus Verlag, 2012.
② Christian Pohl & Gertrude Hirsch Hadorn, *Principles for Designing Transdisciplinary Research*, München: Oekom Verlag, 2007.
③ Julie Thompson Klein, "Reprint of 'Discourses of Transdisciplinarity: Looking Back to the Future'", *Futures*, Vol. 65, 2015, pp. 10-16.

科的发展背后隐含的是对现有植根于学科分类的高校体制的解构、颠覆和重塑。对跨学科和交叉学科的强调，体现了在学术界普遍的以学科为壑的体制框架之外进行思考的全面努力。

其次，跨学科和交叉学科发展的背后是认识论的拓展。跨学科思维背后的认识论来自实证主义范式，基于实证的研究和案例报告为跨学科思维提供了丰富的养分。跨学科思维假定一切事物都是相互依赖的，一切事物都是相互联系的，没有什么是独立存在的，基于实证的研究要求学者不能回避案例本身的复杂性和整体性。

在实证主义的基础上，有学者进一步提出了行动主义的研究方案，即所谓的设计科学范式（design science），他们认为这是跨学科研究的价值所在，其研究目标是提出能够满足需求的解决方案。

> 我们注意到，设计科学和人文科学在认识论上的一个重要重叠领域是前面提到的"行动研究和基于社区的参与式研究"。在这些行动研究模式中，主要的目标是为特定的问题或受益群体创造一个解决方案，而不是进行预测或测试一个理论。对如何解决复杂问题的长期关注，导致了跨越不同学科和社会部门的合作研究和行动的强劲运动或跨学科性。同时，对现实的思考和研究现实的方式的转变，为支持跨学科性提供了一个良好的科学基础。成功的跨学科工作需要借鉴所有科学范式的理论和方法，并需要利益相关者的大力参与。设计科学的指导和方法对于反复规划和完善复杂的干预措施特别有帮助。对于我们许多在健康、社会和环境科学领域接受过更多传统方法培训的人来说，这也是一种新的方法。越来越多的研究证明了跨学科工作的有效性。[1]

---

[1] Dena Fam, Linda Neuhauser & Paul Gibbs (eds.), *Transdisciplinary Theory, Practice and Education: The Art of Collaborative Research and Collective Learning*, Springer International Publishing, 2018.

上述引文所在的《跨学科理论、实践与教育》一书在多个章节强调了跨学科对教学和社会行动的价值。例如，该书第十五章中"合作研究和行动"一节举例说明了所谓的设计科学范式，"中国常州工人健康项目"是这一理论性章节中的一个案例研究。该案例研究说明了应用该章所述的跨学科理论和方法来支持解决中国工厂农民工健康保障这一高度复杂问题所面临的挑战、可采取的策略和所取得的成功。

总结而言，人们对跨学科性主要有两种理解。第一种理解对跨学科的理解相对较窄，也是一般而言国内学界公认的理解，即指学术领域内部的学科之间相互交叉。第二种理解相对更为宽泛，即将跨学科性理解为从学术界到工业界或非学术界的跨越，在工业界参与活动，并与现实世界的利益相关者合作，提出真正能够解决现实社会问题的方案。不过，后者在学术伦理层面引发的争论更大，它不断拷问着大学教育的逻辑、理念以及大学在社会中的作用到底应该是什么。

事实上，学科分化产生于近代，在此之前的学术传统一直是整体性的，如传统的语文学或西方传统的东方学（Oriental Studies）。但随着学术发展的理性化和现代化，学科界限越来越清晰。虽然对高校的院系管理而言更为便利，但它对学术生产的局限性也越来越明显：人们就像盲人摸象，有人摸象头、有人摸象脚，但对于"大象"到底是什么越来越说不出个所以然来。学科边界在某些意义上限制了学术发展、阻碍了学术创新，主要体现在学者必须与学科内的经典作品或大师对话，每个学科几乎都有默认的研究范式或行文范式，这些都是无形的围墙。众所周知，传统的语文学在现代大学中迅速衰落，其衰落与北美地区研究的崛起有关。汉学曾经的辉煌时代在被"中国研究"取代后也走到了尽头。社会科学理论似乎能更好地解释中国的真实政治和经济状况，因此似乎没有必要再去学习和研究中国古代的语言、文学和历史文化。[1]

---

[1] 沈卫荣、姚霜:《导论》，载沈卫荣、姚霜编:《何谓语文学：现代人文科学的方法和实践》，上海古籍出版社2021年版。

在中国的学术语境下，区域国别研究作为一个跨学科领域正在崛起。我们国家成立了具有中国特色的区域国别学，区域国别学成为新兴交叉学科。近年来，我国至少有 5 个重点大学的区域国别研究相关机构落成。清华大学国际与地区研究院成立于 2017 年，研究院成立之初，跨学科、学科交叉便是一个基本的共同愿景。学者们达成的共识是，基于过于细分的学科建制可能并不能形成良好的问题意识，过于狭窄的学科建制会限制创新，问题导向研究会促进创新发展的成果，跨学科和交叉学科是未来学术生产的愿景。

二、作为学术生态的田野调查

在跨学科和交叉学科成为新学术生产的愿景之下，我们到底应该怎样去进行交叉学科研究？在新兴交叉学科的区域国别研究领域，田野调查是我们正在探索的重要答案之一。基于田野调查的海内外调研已经为我国区域国别学的发展积累了知识厚度，是区域国别学的重要方法论之一。田野调查是一种研究范式和研究思维，也是一种以实证主义认识论为基础的学术生态。

一提到田野调查，学者们最先想到的往往是人类学。首先，人类学对于田野调查的经验理论化贡献可谓最为深厚，人类学内部对田野调查不仅已经形成一套操作规范，与此同时还对田野伦理进行了深入细微的探讨。人类学家马林诺夫斯基提出了科学民族志的三要素：研究者应当会当地语言，田野调查时间一般是一个完整的生产周期（一般是一年），研究者应在当地进行参与式观察和深度访谈。笔者个人的博士论文研究即按照传统的人类学范式进行。最初，笔者被保存完好的织布工艺及相关传统习俗的老挝人村落吸引，来到了泰国和缅甸交界的森林边上的老挝人村落，本来想以泰国基层治理、文化遗产保护和乡村发展为主题进行考察，结果在不断寻找关键报导人的过程中，认识了越来越多的当地重要人物或乡贤，牵扯出当地老挝人族群

200多年前的地区史——那时泰老混战，这群老挝人被泰人俘虏，还被迫走上了泰缅战争的前线。后来他们扎根下来，融入了泰国现代民族国家的建立进程之中。笔者通过接触当地形形色色的人物，对他们进行各种类型的访谈，对泰国现代民族国家的建立进程之中的民族融合、基层文化治理有了一个全面而又深入的理解。在此基础上，笔者发现了一个极具泰国特色的政体，即"达摩政体"。笔者的博士论文虽然以政治人类学为写作方向，但也包含历史、宗教、族群、经济的维度。因此，人类学也是一门横向学科，本身即具有跨学科的属性，其内部分支包括体质人类学、语言人类学、考古人类学、文化人类学等等。不管是做什么细分方向的人类学研究都需要做田野调查，因此，人类学对于田野调查方法的探究非常深入，田野调查也成为人类学的标签。

然而，田野调查不仅仅是人类学的专利，也或多或少存在于政治学、经济学、历史学等多个学科之中。例如，政治学的一个分支即田野政治学，"所谓的田野政治学本质上是中国政治学，它强调一切从实际出发，基于中国国情来检验西方政治学理论；在'必要之时'，勇于承担起作为学者的使命——建构能够解释和说明中国政治现象的概念、命题和理论"[1]。"政治学的田野调查核心要义是对作为研究对象的事实进行复现或现场重建……如果不进行田野调查，即不到现场进行观察分析，实际上是在利用他人观察记录做间接调查研究，必然要受到他人局限。"[2] 田野政治学的发展与中国政治学日渐对西方政治理论是否适宜中国现实所产生的怀疑倾向密不可分；它的田野调查方法论取向和人类学又有些不同，以非参与式观察、田野实验和访谈为主。

历史学家也非常注重田野调查的方法，并形成了历史人类学这样

---

[1] 景跃进：《中国政治学理论建构的若干议题——田野基础、历史脉络与创新维度》，《华中师范大学学报》（人文社会科学版）2021年第4期，第34页。
[2] 房宁：《政治学为什么需要田野调查》，《华中师范大学学报》（人文社会科学版）2021年第1期，第14页。

的跨学科分支。"我们要把田野的概念放宽。我们在田野里所看到的那些现象,比如,人家在娶亲,或者在办丧礼,或者在路边吵架,或者是讲个故事,都是我们关注的表面现象,也是一些文本。……我的建议是,在田野中收集人们的口述录音、官私出版资料、家谱等等,我们可以在这些文本表征里作田野。"① "在文本与情境之间找到合理的对应,依此认识我们周遭复杂的社会……是历史人类学研究的基本方法。"② 历史学家在田野调查中主要注重收集口述史、家谱、非正式出版物等文本,同时也喜欢在田野当中找寻与历史文本相呼应的情境感。另外,历史人类学家还引入生物学遗传学工具,将自然科学运用于历史时期的族群研究。例如参加"区域·族群·国家:新文科时代的历史人类学"学术研讨会的文少卿表示:"除了追溯父系和母系祖先,还可以通过新的遗传学的工具——基因组去量化分析每一祖先成分的贡献有多少,评估一个群体的遗传变化趋势以及重大历史事件对这个群体的影响。此外,随着科技考古技术的引入,骨骸特征及其蕴含的基因、蛋白、化学元素等信息皆可成为'史料',此类史料又称分子史料或分子证据,应属于新史料的范畴,它们可以帮助历史学者印证文献记载的真实性。"他还认为:"新文科所强调的跨学科并非是简单地将各种学科集合在一起,而是每个学科都有自己的擅长和'生态位',在跨学科合作中各自发挥作用。"③

　　经济学的田野调查主要采取场景实验、参与观察、自然实验、准自然实验、随机对照实验等方法。诺贝尔经济学奖获奖作品《贫穷的本质》一书中大量采取随机对照实验的方法深入印度贫困地区进行田野调查研究。④ 作者不仅利用随机对照实验的方法,还通过深入的参

---

① 　王明珂:《田野、文本与历史记忆——以滇西为例》,《思想战线》2017年第1期,第6页。
② 　王明珂:《在文本与情境之间:历史人类学的研究方法反思》,《学术前沿》2015年第2期,第5页。
③ 　秦思婕、温海波:《跨学科研究、回归田野:新文科时代历史人类学的机遇与挑战》,2022年9月16日,https://www.thepaper.cn/newsDetail_forward_19914544。
④ 　埃斯特·迪弗洛、阿比吉特·班纳吉:《贫穷的本质——我们为什么摆脱不了贫穷》,景芳译,中信出版社2018年版。

与观察和访谈打破常识认知。例如经济学中的"贫穷陷阱"理论认为忍饥挨饿的穷人无法胜任重要工作,吃饱饭的人才足以胜任细致的农活儿,这会导致马太效应,穷人越穷,富人越富。然而作者实际走访时发现,穷人虽然吃不饱饭却买了电视机——作者发现了藏在细节里的魔鬼,对穷人来说,食物并不是最重要的,比食物更重要的显然是"让自己的生活少一点乏味"。除了食物之外,穷人需要面对太多其他的压力和欲望,因此大多数人的贫穷状态并不是由于吃不饱饭造成的。[①] 经济学更偏爱进行田野实验,往往在田野调查和田野实验中颠覆既有的常识认知。2021年诺贝尔经济学奖便授予了3名在劳工市场研究领域的杰出学者,他们从自然实验中得出因果关系结论,即提高最低工资并不像人们预想的那样会造成就业率降低。

对"田野"最广义的理解就是研究者能获取资料的地方。田野调查一般就是指学者亲自进入研究的对象国或区域的社会文化圈,通过居住体验、参与观察、深度访谈、问卷调查、档案研究、文献搜集等方法获取第一手资料的研究工作。区域国别研究当中坚持田野调查有其独特意义:区域国别研究独特的以地理区位为研究对象的特点,导致它对于在地的田野调查研究十分重视。区域国别研究中的田野调查主要有三个特征:

一是语言文化层面,注重学习和使用对象国语言,特别是将非通用语言作为田野调查的工具语言。清华大学国际与地区研究院发展中国家研究项目在人才培养方面积累了十年经验,经验之一便是对小语种的重视。项目的博士研究生在前往田野点之前大都已经掌握或熟悉对象国或区域常使用的语言,既包括英语、法语、阿拉伯语、西班牙语、俄语等国际通用语言,也包括缅甸语、印地语、斯瓦希里语、葡萄牙语、波斯语、乌克兰语等非通用语言。

二是参与程度层面,强调通过参与式观察和体验深度浸润当地社

[①] 埃斯特·迪弗洛、阿比吉特·班纳吉:《贫穷的本质:我们为什么摆脱不了贫穷》,景芳译,中信出版社2018年版,第27—40页。

会文化结构之中。田野调查鼓励研究人员长期待在所研究的对象国和地区,"浸润"于当地文化,以期"穿透"对于当地国别与地区研究的表面和固有认知,提炼、丰富或纠正既有的知识和理论体系。

三是学科层面,不拘泥于某一个学科,以整体性、综合性视角来把握某个研究场域的丰富意涵。以清华大学国际与地区研究院发展中国家研究项目为例,项目的博士生来自不同学科背景,有社会学、人类学、经济学、政治学、法学、公共管理学等学科。尽管各个学科在方法论上有自己的特色,但所有学生都将进行长期的实地田野调查。项目强调的田野调查可促使他们保持对当地社会文化的整体感和日常基本社会生活知识的了解,进而促进不同学科背景的博士研究生都能够从微观到宏观层面去把握区域国别研究所强调的综合性。

田野调查作为一种方法论有其独特的意义,主要体现在:一是能够帮助研究者获得科学研究的第一手资料,这些资料包括但不限于田野笔记、访谈资料、口述史资料、问卷调查资料、大数据资料等等;二是有助于研究者获得对当地社会文化场域认知的整体性视角,以便对现有方法和理论进行丰富和延展,更正学术认知的不足和偏见,进一步累积和建设区域国别研究知识体系;三是田野调查能给研究者带来一种"现场感",即通过他者之眼发现大量的社会文化细节和长期被视而不见的社会文化事实,从而促进研究者的学术创新。

田野调查不应被简单理解为一种研究方法,正如上文所述,田野调查不属于某一单一学科,它是一系列研究方法的科学集成,包括参与式观察、深度访谈、影视记录、口述史、大数据、问卷调查等等;它是多学科的综合,涵盖了人类学、政治学、经济学、历史学,以及考古学、传播学等学科。在这种跨学科视野下,田野调查已经形成了一种综合学科生态。以田野调查为底层方法论取向,能最大限度发挥多个学科的交叉优势。学术生态借用了生物学意义上对生态的理解,它是一种隐喻,一般是指为学术活动提供条件的环境或机制,这既包括学术研究的资金来源、学术机构组织、学术交流平台等硬件设施和组织结构，又包括如学术研究出版、学术会议、学术交流等体现学术信息交流可见度的学术活动。学术生态的健康发展是学术研究的重要保障，也是学术创新的重要条件。当前，不同学科不约而同地开始展开以田野调查为主题的学术研讨会等学术活动，各大高校也在加大对海外田野调查的资金支持力度，可以说，一种以田野调查为中心的学术生态正在形成。

清华大学国际与地区研究院开设的"发展中国家田野调查"课程就是一个建设交叉学科视野下田野调查的努力。来自研究院不同学科背景的研究人员贡献出各自独特的田野调查经验，形成一个包含人类学、政治学、经济学、历史学等学科背景的田野调查经验的方法论课程。新入学的博士生有望从这门课程中迅速获得一些关于在国外进行实地考察的知识和方法。此外，在来自不同学科背景的研究员共同准备这门课程的过程中，也碰撞出了一些问题。其中之一是定性方法和定量方法的比例问题，不同学科背景的研究者对此有着不同的看法；其他问题还包括人类学家所做的长期深入的田野调查似乎过于低效，对经济学背景的研究人员来说可能吸引力不大，他们更倾向于设计实验。这些碰撞正好让所有人都更深入地了解了不同田野调查方法取向之间的相对优势和劣势，以及针对不同研究问题而选用的方法之间的差别。

与此同时，虽然学者们有着不同的学科背景，但在海外发展中国家进行田野调查的时候也遇到了一些共性的问题。例如，一开始进入当地文化圈时，当地人对学者们几乎都有类似的问题：为什么要来我们这儿？在田野点时，泰国当地的乡下农民甚至还曾试探性地询问笔者是不是"间谍"。如何融入当地文化是田野调查者遇到的共同问题，这门课即试图解答学者们在遇到这种情况时应该如何处理。再试举一例，笔者在当地村子里住了很久，其间他们并未拿出一些实质性的纸质资料，但当笔者快要离开的时候，老乡们却拿出家中珍藏的贝叶经等历史文献。所以人类学家往往在快要离开田野点的这段时间里反而是最忙的，很多深入访谈也都是在这个阶段进行的，之前和他们在一起长时间的居住生活都是积累的阶段。这些田野经验虽然来自研究人员个体，但也具有一定的普遍性意义。

三、跨学科视野下田野调查之间的共性

总体而言，各个学科所采用的田野调查具体方法之间存在差异，在人文性和科学性这两个端点连成的光谱上，各个学科所着重采取的方法落在了该光谱的不同点位上。其具体差异体现在：

第一，人类学更为注重长时段的参与式观察田野方法。人类学家坚信，只要坚持长时段的田野调查，长时段地和一群人"混"在一起，一个具有基本素质的人类学家一定能够发现一些奥妙，形成其他任何方法都无法达成的深刻洞见——这就是长期田野调查的意义所在。与此同时，在人类学田野调查中，有很多需要调查人员自身直觉和胆量的地方，这些远非很多科学化、一刀切的规范能够指引调查者完成的，调查结论的深度也不是表浅的大规模数据收集所能够达到的。因此，田野调查的成功与否还依赖于调查者的"突围"和运气，以完成深度信息的获取和处理。人类学的田野方法取向处在偏人文性的一端，人类学民族志的书写往往具有一定文学性，人类学家拒绝一味提倡"科学主义，而且还要拒绝纯粹的审美简化论；如此一来，我们可以将'艺术'（art）、'技艺'（craft）和'技巧'（technique）三个概念融合在一起"，把民族志书写看作语言的雕塑。[①]

第二，政治学和经济学等学科更注重偏向科学性的田野调查方法。政治学家曾提出"政治学使用的田野调查方法主要有三种：非参与式观察法、田野实验和访谈"。[②] 经济学家更倾向于采取随机对照

[①] Michael Herzfeld, "Serendipitous Sculpture: Ethnography Does as Ethnography Goes", *Anthropology and Humanism*, Vol. 39, No. 1, 2014, p. 3.
[②] 卢凌宇：《政治学田野调查方法》，《世界经济与政治》2014年第1期，第27—28页。

实验和自然实验等田野调查方法。这两个学科都排除了耗时耗力的参与式观察方法，并且，田野调查在当代政治学和经济学研究中也不属于主流研究方法。

第三，科学性和人文性的田野调查方法有融合的趋势。跨学科性背景下，科学性的田野调查方法和人文性的田野调查方法有融合的趋向。例如人类学田野调查中也常常采用问卷调查、田野实验等方法；历史学的田野调查在传统的场景性调查之外更偏向文本资料和口述史的发掘，一般来说其田野调查方法取向落在光谱上偏向人文的端点这一边，然而随着生物学方法和科学考古技术的发展，历史学家可以使用科学手段帮助人们进行祖先族群的溯源研究。

尽管不同学科对于田野调查方法如何具体发挥作用有着不同的理解和实践层面的差别，例如田野实验法、问卷调查法以及人类学最经典的长时段田野参与观察方法等等，这些具体田野调查方法在投入时间、开展方式和深入程度上来说都有所不同，但是以田野调查为底色的方法论取向或者学术生态存在一些共性，这些共性可能更需要我们去寻找。本节尝试抽取一些田野调查方法的共性，或成为某种田野范式的可能性。

首先，跨学科视野下的田野调查均以问题为导向，[1] 注重掌握问题的复杂性。一般来说，研究问题都是一个复杂体系，超越了单一学科的界限。"简单说，事物的存在本身是以其内在规则而不是学科划分为据的，而我们的学科划分多是依据事物的表面现象进行的，不论'政治'、'经济'、'历史'、'人类'还是'社会'。……其实，现象后面的探索（包括'问题'意识）才是超越性的。"[2] 研究者通过田野调查获取具体实例，然后将抽象知识和具体实例结合起来，期待以从

---

[1] 段九州：《突破"学科"困境：以议题为驱动的区域国别研究》，《区域国别学》2022年第1期，第17—21页。
[2] 张小军：《历史人类学：一个跨学科和去学科的视野》，2006年12月03日，https://www.lishiyushehui.cn/article/item/31。

实践中获取的超越性视角对现象进行深入的探索。另外，田野调查往往需要调查者深入田野现场，田野现场具有场景性，田野的场景性具有流动和复杂的特点，因此能够呈现出调查问题的深度和真实性。例如上文提到的《贫穷的本质》一书中对贫困相关问题的研究，田野场景常常冲击着研究者的固有认知，使他们认识到现有理论不足以解释他们发现的研究问题，促使研究者反思研究问题解释机制的真实性。

其次，田野调查追求获得某个社会场域的整体视角，考虑对问题看法的多样性。田野调查打破了学者头脑中既有学科框架的自我设限，现实社会场域的整体性和多样性挑战着学界既有的研究深度。例如，传统人类学的田野调查方法产生了一些问题，单打独斗的人类学家背负上了越来越多猜疑，也越来越难以获得核心资源，从而越来越难进入到当地事件当中去。[①] 工业化学术生产时代，很多学者开始寻求跨学科的团队合作，以探索更为整体化和复杂的问题。京都大学东南亚研究所推崇的学术价值观之一便是跨学科团队合作，其学者有很多跨学科团队合作的经验。例如，日本京都大学迈克·费纳（R. Michael Feener）主持的"海洋亚洲遗产调查"项目便结合了人文和自然科学团队，该项目旨在寻找和记录海洋亚洲四个国家中极度濒危的遗产地、社会结构、物品和手稿，包括越南、印度尼西亚、斯里兰卡和马尔代夫。该项目利用尖端技术制作数字文件，以生产一个开放的在线数据库，对研究地区多样和独特的遗产进行记录并安全存档。[②] 另外，京都大学东南亚研究所的"可持续人类圈研究"项目将自然与环境融入科学与社会的对话之中。

[①] 在2022年2月18—19日日本京都大学举办的"第45届东南亚研讨会"上，人类学家迈尔斯·拉扎尔（Miles Kenny Lazar）以自身的田野调查研究经历为例，谈论了他在老挝长期的田野调查，其研究的问题是老挝南部对土地剥夺和种植园扩张的抵制。他发现，当研究者对涉及相互对立的行为人和机构的民族志研究议题进行调查时，存在着严重的限制和问题——权力机构只接待那些有特权的或事先被接纳的研究者。如何降低政治上被边缘化群体的风险的问题也对田野伦理构成挑战。

[②] 项目网页见：https://maritimeasiaheritage.cseas.kyoto-u.ac.jp/opportunities/。

第三，田野调查重视第一手材料，强调掌握现实的动态性。田野调查重视做基于第一手材料的研究，对既有理论和认知进行纠正或丰富、延展。既有的学科知识仍然发挥着作用，但是源自田野的第一手资料、源自实践的新鲜经验很可能推翻既有的学科理论或假说。以人类学的田野调查为例，有不少学者热衷于回访经典的田野地点。例如玛格丽特·米德（Margaret Mead）所研究的萨摩亚人的田野点，后来就被后辈学者弗里曼（Derek Freeman）回访，在一个更新的时间阶段做田野调查。米德的田野调查得出的结论是萨摩亚人青年不存在青春叛逆期，因为萨摩亚人不要求青年服从任何清规戒律，所以他们不必以反抗来证明自己的存在；弗里曼在15年后再访米德田野点，得出了和玛格丽特完全相反的结论，这个结论的颠覆很可能是因为萨摩亚在这些年间已经受到了较强的西方文化的影响，现实已经发生了动态变迁。

总而言之，跨学科视野下的田野调查是自下而上的、生成性的，往往以实证主义为指导，强调获取第一手资料，从整体性视角对研究问题进行原创性思考。田野调查的时长没有统一的规定。虽然人类学的田野调查往往是一年，但在其他学科背景的学者看来，人类学家进行的长期田野似乎时间成本太高，[①]属于工业化学术生产时代的"手工艺活儿"。然而不同学科之间的田野调查方法可以相互借鉴，问卷法等科学方法在效率上见长，人类学强调的长时间参与观察的方式所形成的洞见也是其他方法所不能替代的。与此同时，研究计划有助于研究者抓住田野调查的重点和核心；好的研究计划有助于提高田野调查的效率，避免变成田野时间的浪费。

[①] 日本京都大学东南亚研究所调研小组曾在泰国东北部的一个村子里连续做了近六十年的田野调查，他们累积了这个村庄生活的各个方面的数据，将这些数据连接起来就可以看到当地村庄在农业、土壤、就业趋势等方面的变化。他们在这个村庄的长时段的田野工作就像做了一个标本切片，透过它可以以小见大看到泰国农村半个世纪以来的变迁。研究团队的这一成果很有意义，但对于研究者个体而言，面临的问题是研究成果产出费时、低效，参见 http://iias.tsinghua.edu.cn/blog/liang-xiang-04/。

四、结语：边界的形成与开放

在清华大学国际与地区研究院举办的国学系列讲座中，中文系的一位老师谈起中国新诗的困局，大意是，李白和杜甫都是唐朝的大诗人，他们写的诗基本上都有固定的形式，比如五言绝句或者七言绝句，又或者是律诗。但是现在，写现代诗的诗人已经完全跳脱出这种形式，他们写的诗歌形式上五花八门，风格自由。然而，古代成名的大诗人多，脍炙人口的好诗也多，现代诗当中令大众记忆深刻的则相对较少，一种批评中国新诗的声音将这一现象归因为新诗缺乏一定的形式。这种声音似乎想说，相对稳固的形式可能有助于内容的竞争与发展，毫无边界的自由创作可能不利于内容的进化。这引发了笔者关于形式与内容的辩证思考。在笔者看来，跨学科视野下的新晋交叉学科区域国别学正处于"建立相对稳固的形式"和"毫无边界的自由创作"之间。现在跨学科视野下的区域国别研究似乎是自由式状态，似乎每个人都可以声称他们在做田野调查，相应的研究范式还未形成固定的模式，学科标准和发表相关学术作品的期刊阵地也刚刚开始推动建立。与此同时，自区域国别学成为我国一门新的交叉学科后，很多学者正在不断探索区域国别学的知识体系、学科核心以及学科边界所在。学者们总是努力在给新的学科划定边界范围，设定新的学科标准，最后会有一整套的学术标准和相关学科范式来支持交叉学科区域国别学的研究工作，就像任何其他的学科一样，形成自己的"围墙"。

诚然，没有边界的学科似乎很难让人一下子把握住该学科的定义，但是，不假思索地推动学科边界的形成也有其弊端。每一门学科的成立都意味着一定之边界的形成，当较为清晰的边界形成，新的研究议题或研究灵感将很难被已经建立的研究范式接纳。而当我们允许它的边界存在一定的自由宽度或模糊地带，则标志着学科具有一定的活力。对学者来说，保持一定的学科边界模糊性或许是好事，这将包容更多灵活、动态的研究进入。区域国别学虽然是一门交叉学科，但是它的理想状态可能是"去学科"的状态。"'去学科'是跨学科的高境界。跨学科还是基于学科的基础之上，它难以超越学科的界限，进入无学科的反结构或共融状态。所谓去学科，就是摈除一切学科标准的干扰，进入一种超越的状态，从而开启人类的智慧和思维。"[1]在保持区域国别研究一定的边界模糊性的同时，我们需要找寻它的核心方法论。如上文所述，区域国别研究独特的以地理区位划分研究对象的特点，使其对于在地的田野调查研究十分重视，田野调查是区域国别研究的核心方法论之一。

事实上，交叉学科视野下的田野调查方法和概念并无清晰的边界，随着多元化学科背景的学者的推动，它的内涵和外延就如同沙盘一般在移动、扩大或加深，交叉学科视野下的田野调查生态正在构建的过程中。在以研究议题为导向的研究过程中，我们不需要用条条框框把一个狭义的以田野调查为重要方法论的"区域国别学"严格限制住。交叉学科是对未来学术研究的一种展望和愿景，保持一定的边界模糊性，就能让区域国别研究保持一定的开放性，也会给学界回馈更多的创新可能性。

（责任编辑：周燕）

---

[1] 张小军：《历史人类学：一个跨学科和去学科的视野》，2006年12月03日，https://www.lishiyushehui.cn/article/item/31。

Fieldwork Research in an Transdisciplinary Perspective：Vision, Ecosystem and Commonalities

Li Yuqing

Abstract: When all disciplines in the Chinese academia have coincidentally begun to discuss fieldwork, fieldwork has become an academic ecology in the transdisciplinary perspective. The formation of fieldwork ecology is closely related to the prevalence of interdisciplinarity or transdisciplinarity in the academia. The popularity of the transdisciplinary concept in the global academia implies the deconstruction of the existing university system rooted in disciplinary classifications and the emphasis on a positivist methodology based on case studies. In the field of area studies, which is an emerging interdisciplinary discipline, fieldwork has become an important methodology because of its characteristics of dividing research objects by geographical location. Fieldwork is both a scientific integration of a series of research methods and a disciplinary synthesis covering several disciplines. The commonalities of fieldwork in the interdisciplinary perspective are problem-oriented, grasping the complexity of the research problem; pursuing a holistic perspective of a certain social field, considering the diversity of the problem; attaching importance to first-hand materials, and emphasizing the dynamics of grasping reality. Fieldwork in transdisciplinary discipline is bottom-up, generative, and original in thinking about research questions from a holistic perspective. As a new interdisciplinary discipline in China, area studies are constantly exploring their knowledge system, the core of the discipline and the boundaries of the discipline. By maintaining a certain degree of boundary ambiguity, area studies will embrace more flexible and dynamic researches.

Keywords: Fieldwork, Area Studies, Transdisciplinarity, Interdisciplinarity

19世纪末以来的墨西哥城：都市人类学视野下的城市变迁与发展

李 音[*]

摘要：在很长一段时间里，学界对于城市历史进程或城市化的研究多遵循线性演变的逻辑，也就是城市人口增多、空间扩大的城市发展史，关注的是描述性的统计分析，低估了行动者及其行动的重要作用。都市人类学视阈下的城市变迁研究得以对城市的时空进行解构，透视城市内街道、建筑物、纪念碑、基础设施等城市场所或部件的符号力量与文化意义，有助于从动态实践的角度深入理解城市的复杂性与异质性。基于此，本文将目光聚焦在人口多达两千万的拉美最大城市墨西哥城，在梳理19世纪末以来墨西哥城"历史中心"及其周围区域在道路规划、城市建设、空间区隔、景观设计、人文休闲、商业开发等方面变迁的基础上，试图展现官方话语下的构想空间与当地居民自下而上的抵抗之间的张力，为理解城市史提供一种"人"与"城市"双向建构的新视角。

关键词：墨西哥城；都市人类学；城市史；城市变迁

---

[*] 李音，福建师范大学社会历史学院讲师。

一、引言

墨西哥曾孕育了奥尔梅克（Olmec）、特奥蒂瓦坎（Teotihuacan）、玛雅（Maya）、阿兹特克（Aztec）等众多印第安文明。14 世纪初，阿兹特克人从其发源地阿兹特兰（Aztlan）一路向南迁徙至墨西哥的中央谷地，选择在特斯科科湖（Texcoco）的北面和南面分别建造了特拉特洛尔科（Tlatelolco）和墨西哥-特诺奇蒂特兰（México-Tenochtitlán），两座城市彼此独立，通过水渠相连。数个世纪之后，当年的两座城市已经发展成为占地约 1485 平方公里、常住人口超过 900 万的墨西哥城，[①] 同时，墨西哥城也是当今世界上最大的城市之一。19 世纪 40 年代至 20 世纪 50 年代，以美、德、法为代表的发达国家的城市化水平迅速上升，并在这一时期实现了高度的城市化，包括拉丁美洲在内的众多发展中国家也在 20 世纪中后期进入了城市化的高速发展期，墨西哥城也不例外。以国家为主导的城市向外扩张与中心城区的加速衰败使得墨西哥城始终保持着一种撕裂的、两极化的特点，这也吸引着许多的学者将墨西哥城作为研究对象开展城市研究，涉及的主题包括城市历史变迁、城市规划、贫穷与边缘化问题、城市社会运动、城市环境、性别及文化研究等。

加尔萨（Gustavo Garza）和沃德（Peter M. Ward）分别关注墨西哥城从 16 世纪至 19 世纪以及 20 世纪 40 年代以来的发展，考察了墨西哥城的人口增长、空间扩张、住房环境、基础设施及公共服务的变化；[②] 一些学者从城市史的角度切入，着重探讨了迪亚斯时期

[①] 数据来源：Instituto Nacional de Estadística y Geografía (INEGI), https://cuentame.inegi.org.mx/monografias/informacion/df/poblacion/。

[②] Gustavo Garza (ed.), *Atlas de la Ciudad de México*, Mexico City: El Colegio de México, 1987; Peter M. Ward, *Mexico City: The Production and Reproduction of an Urban Environment*, Boston: G. K. Hall, 1990.

（1876—1911）墨西哥城的历史演变，迈克尔·约翰（Michael Johns）运用官方资料、报刊资料及学问作品生动地展现了世纪之交的墨西哥城的典型特征及其投射出的民族性格；[1] 特诺里奥-特里洛（Tenorio-Trillo）以散文式的写作风格阐述了墨西哥自迪亚斯独裁时期以来在政治制度、大众文化、建筑、语言、文学、艺术等方面所经历的改变，种种改变隐喻着不同阶层的墨西哥人对于现代性的寻求与抵抗，通过首都墨西哥城的重塑得到了充分的外化与彰显；[2] 汪艮兰等在此基础上探究了美国的资本如何在墨西哥政府的支持下有力地推动了墨西哥城的早期现代化进程，并指出该阶段墨西哥城的城市变革（或城市化）在很大程度上受到了外力作用的影响；[3] 更多的学者从宏观层面考察了墨西哥城自20世纪以来出现的过度城市化现象及其所提供的经验和教训。[4] 但上述研究多注重"城市人口增多、空间扩大的线性发展史"，较少从大都市居住者的内部视角出发，理解城市发展过程中人与城市之间的互动关系。[5]

还有学者从社会学、人类学的角度分析了墨西哥城的动态变迁与发展。杜豪（Emilio Duhau）等以当代语境下的墨西哥城为研究对象，运用都市民族志的研究方法描绘了城市居民在不同空间里的日

---

[1] Michael Johns, *The City of Mexico in the Age of Díaz*, Austin: University of Texas Press, 1997.
[2] Mauricio Tenorio-Trillo, *I Speak of the City: Mexico City at the Turn of the Twentieth Century*, Chicago: The University of Chicago Press, 2012.
[3] 汪艮兰、程洪：《迪亚斯执政时期美国的资本扩张与墨西哥城的城市重建》，《世界历史》2021年第5期，第37—51、161页。
[4] 参见 Robert V. Kemper & Anya Peterson Royce, "Mexican Urbanization Since 1821: A Macro-Historical Approach", *Urban Anthropology*, Vol. 8, No. 3-4, 1979, pp. 267-289; 吕军：《试论墨西哥的城市化进程》，《拉丁美洲研究》1999年第5期，第28—33页；Gustavo Garza, "La Urbanización Metropolitana en México: Normatividad y Características Socioeconómicas", *Papeles de Población*, Vol. 13, No. 52, 2007, pp. 77-108; 刘学东：《墨西哥城市化进程与土地制度革新，1992—2010》，《中国名城》2013年第2期，第4—10页；王文仙：《20世纪墨西哥城市化与社会稳定探析》，《史学集刊》2014年第4期，第56—65页。
[5] 陈恒：《关于城市史研究的若干思考》，《华东师范大学学报》（哲学社会科学版）2019年第5期，第194—200页。

常生活体验，揭示了墨西哥城看似混乱的空间设置背后的秩序与逻辑；[1] 曼迪（Barbara Mundy）运用了原住民留下的文献资料，通过探究墨西哥城空间的延续性及其与居民日常生活的交叠，强调了原住民精英在殖民社会的形成与发展中所发挥的能动作用，为理解墨西哥城这座建立在特诺奇蒂特兰废墟之上的殖民城市的早期历史提供了全新的视角。[2] 尽管上述研究与本文涉及的历史时段有所不同，但依然为本文的讨论提供了重要的参考。

鉴于此，本文将目光聚焦在19世纪末以来的墨西哥城城市史，从都市人类学的视角出发，尝试探讨在一定时空框架下不同行动者与城市变迁之间的互动关系，提出一种人与城市双向建构的大都市历史观。

二、将"城市"作为过程：
人类学都市研究的新视角

自19世纪中后期西方人类学学科体系形成以来，以泰勒《原始文化》、摩尔根《古代社会》等早期经典作品为代表，人类学被定位为对于原始社会、人群及其文化的研究，并与殖民主义的全球扩张紧密地联系在一起。[3] 然而，世界殖民体系的瓦解以及现代社会的发展对专注于"部落社会""古代社会"及"传统社会"的人类学研究提出了挑战，善于反思的人类学家也逐渐意识到，人类学的研究对象与研究范畴似乎太过狭窄单一，正如美国人类学家索撒尔（A. E. Southall）在1989年底于北京举行的首届都市人类学国际会议上所说

---

[1] Emilio Duhau & Angela Giglia, *Las Reglas del Desorden: Habitar la Metrópoli*, Mexico City: Siglo XXI Editores, 2008.
[2] Barbara Mundy, *The Death of Aztec Tenochtitlan, The Life of Mexico City*, Austin: University of Texas, 2015.
[3] 周大鸣：《关于人类学学科定位的思考》，《广西民族大学学报》（哲学社会科学版）2012年第1期，第79—83页。

的那样,"将人类学的兴趣局限于小型、孤立、非西方、一般属国家出现前阶段的社会,这在理论研究和实践上都是站不住脚的"。① 面对不断涌现的新现象、新事件,作为人类学一门独立分支学科的"都市人类学"(Urban Anthropology)在20世纪70年代的正式诞生可以被认为是人类学学科自我完善、自我丰富的重要体现。

在此之前,更多的社会学家从政治、经济、文化等维度出发围绕城市开展了系统的研究,其中,以帕克(R. E. Park)为首的美国社会学芝加哥学派结合人类学民族志方法的都市研究最具有代表性。芝加哥学派主张将"城市"理解为动态的、流动的社会"实验场",而不是静止的、任人摆布的"人工构筑物",其主要的理论贡献在于提出了"城市生态学"(Urban Ecology),从生物学的角度分析城市的结构功能与人口运动、社区组织、社会组结之间的相互关系。进入20世纪五六十年代,随着城市的不断扩张,欧美等资本主义国家的城市化进入新的阶段,产业、资本与高收入群体的外迁导致了主城区的空心化,城中心的失业、贫困、暴力与犯罪问题迅速滋生,城市生态学框架下城市会在自然法则的支配下实现某种平衡的观点显然无法很好地回应日益严重的城市社会危机。一些学者开始寻求新的理论分析框架,以卡斯特尔(Castells)、哈维(Harvey)等人为代表的新马克思主义学者试图将阶级矛盾与资本累积引入关于城市问题的思考。马克思主义城市理论的另一位重要代表人物列斐伏尔(Lefebvre)提出了关于"空间"的三元辩证法理论,强调从"空间实践""空间表征"以及"表征空间"三个维度理解资本主义制度是如何实现对于"空间"的操纵。②

从20世纪初期芝加哥学派开创"城市生态学"研究的先河,到

---

① 谭深:《启动我国都市人类学创建的契机——第一届都市人类学国际会议综述》,《社会学研究》1990年第3期,第53—56页。
② Henri Lefebvre, "Spatial Planning: Reflection on the Politics of Space", in Richard Peet (ed.), *Radical Geography: Alternative Viewpoints on Contemporary Social Issues*, Chicago: Maaroufa Press, 1977, pp. 339-352.

五六十年代马克思主义学者针对城市危机提出的政治经济学思考，一方面，城市社会学的议题从社会整合转向了资本主义国家的社会冲突；[①]另一方面，将城市内部的社会冲突归因于生产力与生产关系之间矛盾的做法忽略了文化的、阐释的、实践的维度。基于上述状况，人类学的理论及方法在某种程度上为"城市社会学"的研究提供了有益的参考，越来越多的社会学家开始转向对于城市社区的微观研究；同样地，"都市人类学"在20年代的兴起以及在70年代的形成也受到了"城市社会学"的深刻影响。

相比于社会学家而言，人类学家更加关注城市所具有的文化职能。与城市社会学家将城市作为直接的研究对象不同，人类学家往往将都市作为某种特定的场景或"场域"，将田野调查、参与式观察、民族志方法运用到对于城市里的族群关系、社会网络、互动结构、日常实践、符号系统、行动机制的考察。于是，"乡城移民"（rural-urban migration）、城市贫民窟或"城中村"（the urban village）、族群认同（ethnicity）、非正式制度等现象作为高速工业化、城市化的结果不可避免地成为20世纪50—70年代都市人类学家的主要关注点。[②]在此期间，学界也涌现了一系列经典的城市研究著作。例如，首次使用"参与式观察"的调查方法对城市底层群体及其社会结构进行考察的《街角社会：一个意大利人贫民区的社会结构》（*Street Corner Society: The Social Structure of an Italian Slum*, 1943）；从文化的角度考察"贫穷文化"（poverty culture）并提出贫穷的代际传递问题的《五个家庭：墨西哥贫穷文化案例研究》（*Five Families: Mexican Case Studies in the Culture of Poverty*, 1959）；从微观层面揭示城市贫困群体鲜为人道的日常生活与内心世界的《泰利的街角：一项街角黑人的研究》

[①] 吴军、张娇：《城市社会学理论范式演进及其21世纪发展趋势》，《中国名城》2018年第1期，第4—12页。

[②] Roger Sanjek, "Urban Anthropology in the 1980s: A World View", *Annual Review of Anthropology*, Vol. 19, 1990, pp. 151-186.

(*Tally's Corner: A Study of Negro Streetcorner Men*, 1967); 关注乡城移民如何利用族群认同以适应城市环境的《非洲都市中的风俗与政治》(*Customs and Politics in Urban Africa*, 1969); 等等。1972 年,《都市人类学》(*Urban Anthropology*) 杂志正式创刊,1979 年,在美国人类学会内部成立了都市人类学会 (Society for Urban Anthropology),都市人类学作为一门独立的学科已然初具雏形,人类学家对于城市研究的独特贡献也获得了各方的认可。[①]

都市人类学在 20 世纪 80 年代得到了进一步的发展并在这个过程中提出了对既有研究的反思,扩展了全球化的视野,将都市的研究置于整体性的研究视角中。[②] 同时,受到全球主义的影响,都市人类学家将研究的对象扩展至世界各地,也开始关注"世界城市"(World City) 或"全球城市"(Global City)[③] 的空间变革、阶层流动、社会融合等问题。美国人类学家赫兹菲尔德 (Michael Herzfeld) 在欧洲文明的发源地 (希腊和罗马) 进行了长达 40 多年的田野工作,运用民族志手段阐述了精英阶层代理人如何通过操纵"历史遗产"建构和重塑普通民众的历史记忆与身份认同,进而推行一系列旧城改造措施,由此揭示了精英话语与日常实践的巨大脱节。[④] 赫兹菲尔德的研究将"历史"或"历史遗产"作为连接国家与民众的关键纽带,具有人类

[①] Jack R. Rollwagen, "Urban Anthropology (The Journal): A Personal History", *Urban Anthropology and Studies of Cultural Systems and World Economic Development*, Vol. 20, No. 4, 1991, pp. 361-372.

[②] 周大鸣:《三十而立——中国都市人类学的发展与展望》,《思想战线》2019 年第 4 期,第 1—12 页。

[③] "世界城市"(World City) 一词,由帕特里克·盖迪斯 (Patrick Geddes) 于 1915 年在《进化的城市》(*Cities in Evolution*) 一书中首次提出。今天众人谈论的"世界城市",则是从约翰·弗里德曼 (John Friedmann) 于 1982 年和 1986 年的研究中直接演化而来——在他看来,世界城市是全球经济体系的节点和全球资本的汇集地。1981 年,美国经济学家理查德·科恩 (Richard Cohen) 基于跨国公司和国际劳动分工理论,又提出"全球城市"(Global City) 的概念。

[④] Michael Herzfeld, *Ours Once More: Folklore, Ideology, and the Making of Modern Greece*, Austin: The University of Texas Press, 1982; Michael Herzfeld, *Evicted from Eternity: The Restructuring of Modern Rome*, Chicago and London: University of Chicago Press, 2009.

学与城市史相结合的跨学科倾向,尽管如此,大部分都市人类学研究并未能突破共时性局限,换言之,在都市中进行"历史人类学"研究的尝试和努力是值得我们加以关注的。此外,以往的都市人类学研究更多地将城市作为"场所",考察的是"城市里的人或事物",本文选择转换一种新的研究视角,结合墨西哥不同历史阶段的主流社会思潮,将城市作为"过程"考察"城市与人或事物"的互动关系。

三、重塑墨西哥:波菲里奥和平时期的城市面貌

正如本文开篇所述,墨西哥城的前身其实是一座建立在湖心岛之上的城市——墨西哥-特诺奇蒂特兰。作为阿兹特克帝国的首都,当年的墨西哥-特诺奇蒂特兰便位于如今墨西哥城的"历史中心"(Centro Histórico)。尽管这片区域的面积不足10平方公里,但几乎构成了19世纪之前墨西哥城的整个都市地区。[1]当时,刚刚获得独立的墨西哥国家正在经历着一系列的冲突与变革,墨西哥城的人口迅速膨胀,但城市的面积并没有大幅度的增加,直到19世纪下半叶的"波菲里奥和平时期"(Porfirian Peace),墨西哥才逐渐走上了工业化和现代化的道路。

波菲里奥·迪亚斯(Porfirio Díaz)独裁政府上台后,采取了一系列推动墨西哥城现代化的举措。作为墨西哥城的"心脏","历史中心"一直是这座城市的政治、经济、社会与文化中心,也是资本和权力的聚集地,迪亚斯时期的上层精英对于墨西哥城的现代化改造便是以"历史中心"作为起点的。从宪法广场(Zócalo)出发,沿着19世纪60年代修建的旧金山大街(Avenida San Francisco)和华雷斯大道(Avenida Juárez)来到改革大道(Paseo de la Reforma),沿途可见阿拉梅达公园(Alameda)、卡洛斯四世雕像、哥伦布纪念碑(Monumento

---

[1] Alejandro Suárez Pareyón, "El Centro Histórico de la Ciudad de México al inicio del Siglo XXI", Revista INVI, Vol. 19, No. 51, 2004, pp. 75-95.

a Colón)、夸乌特莫克纪念碑（Monumento a Cuauhtémoc），最后到达查普尔特佩克城堡（Castillo de Chapultepec）。进入 20 世纪之后，迪亚斯政府对于"历史中心"公共工程的投资仍在不断增加，尤其是在 1910 年。这一年对于墨西哥国家及其人民来说具有重要的意义。从墨西哥发展的历史进程来看，1910 年不仅见证了墨西哥独立运动的百年纪念，也见证了墨西哥革命的爆发。早在 1907 年，波菲里奥·迪亚斯政府专门成立了国家百年庆典委员会（Comisión Nacional del Centenario），负责策划筹办墨西哥独立运动的百年纪念活动，成千上万的庆典活动提案纷至沓来，大部分贵族精英的提案得到了委员会的通过。①1910 年的 9 月更是见证了城市现代性如何通过空间展现的方式实现了对于墨西哥城的又一次改造，其中包括新修建的剧院、展览馆、多所小学、师范类院校、现代精神病院拉卡斯塔涅达（La Castañeda）、国家监狱莱康贝里宫（Palacio de Lecumberri），分别在 1910 年 9 月 16 日和 18 日正式落成的独立天使纪念碑（Angel de la Independencia）和胡亚雷斯纪念碑（Hemiciclo a Juárez）以及在 9 月 23 日启动修建的新立法宫（Palacio Legislativo）②③。可以看到，墨西哥独立的百年庆典活动加速了墨西哥城的现代化进程，这座城市在市政设施、市容秩序、公共卫生、城市美学等方面得到了一定程度的改善，这些建筑物及纪念碑以一种醒目的方式实现了迪亚斯政府专制统治的合法化，也强化了政府对于社会大众的控制。不仅如此，迪亚斯政府还下令对宪法广场、莫奈达 13 号街（Calle de Moneda

---

① Mauricio Tenorio Trillo, "1910 Mexico City: Space and Nation in the City of the Centenario", *Journal of Latin American Studies*, Vol. 28, No. 1, 1996, pp. 75-104.
② 为了纪念墨西哥独立一百周年，波菲里奥·迪亚斯提议建造一座新的立法宫，该工程由法国建筑师埃米尔·贝尔纳尔（Emile Bernard）负责，并于 1910 年 9 月 23 日正式启动。然而，短短两个月后，墨西哥革命爆发了，施工被迫停止。数年之后，这座纪念性建筑的两翼也被拆除，仅留下中央部分，也就是于 1938 年正式落成的"革命纪念碑"（Monumento a la Revolución）。
③ Louise Noelle Gras, "México: Las Fiestas Del Centenario, 1910", *Apuntes: Revista De Estudios Sobre Patrimonio Cultural*, Vol. 19, No. 2, 2006, pp.184-200, 228, 937.

13）、莫奈达之家（Casa de Moneda）等纪念性建筑物和历史遗产进行修复和保护，同时大兴土木，修建了包括带有新古典主义风格的国家艺术宫（Palacio de Bellas Artes）、拉丁美洲塔在内的大型建筑物，进一步凸显了"历史中心"作为墨西哥现代国家以及政权象征的地位和作用。

同时期的现代化举措还包括在市中心的周边区域设立各种现代化工厂，将城市土地纳入国有财产的范畴并开放国家与私人投资者之间的土地交易，以及将墨西哥城划分为25个"新区"（colonias），其中以罗马（Roma）、胡亚雷斯（Juárez）和康德萨（Condesa）为代表的"新区"位于城市的西侧，该片区域是以巴黎、伦敦、纽约等现代欧洲城市作为模板进行规划与建设的。与此同时，迪亚斯政府实行鼓励外国投资和移民垦殖的政策，贸易的开放与技术的发展使得墨西哥城的商业呈现出一片欣欣向荣的景象，因此，城市的就业机会快速增加，女性从业者人数不断上升也成为墨西哥城早期现代化的一个突出特点。[1] 伴随着经济的发展与人口的增长，乡城移民纷纷涌入墨西哥城。由于无法负担宪法广场西侧片区高昂的租金，该部分人群便自然地"流入"或被无奈地"推向"宪法广场以东的地区，其中，最具代表性的贫民街区包括格雷罗（Guerrero）、拉梅尔塞（La Merced）和特比多（Tepito）。自19世纪末，数以万计的农民被墨西哥铁路、地产、矿业等公司驱逐出自己的土地，这些背井离乡的人群也搬进了位于墨西哥城东侧的拥挤地区。这些地区曾经坐落着殖民时期的学校、修道院、小型公寓或仓库，在早期城市化过程中逐渐沦为生存条件恶劣不堪、缺乏基础服务与设施的"棚户区"或"贫民区"，随处可见的是简易的土坯房、木棚屋或单层砖房。[2]

---

[1] 汪艮兰、程洪：《迪亚斯执政时期美国的资本扩张与墨西哥城的城市重建》，《世界历史》2021年第5期，第37—51、161页。

[2] Michael Johns, *The City of Mexico in the Age of Díaz*, Austin: University of Texas Press, 1997, pp. 12, 31-33.

纵观19世纪末至20世纪初墨西哥的城市面貌，一方面，新的街道使城市不断向周边发展，墨西哥城也在这一阶段实现了迅速扩张，城市人口从1858年的20万上升至1910年的40万，城市的总面积则增加至40.5平方公里。[1] 根据"平版印刷公司"（Compañía Litográfica y Tipográfica）于1907出版的《墨西哥城地图》（Plano de la Ciudad de Mexico）可以看到，与18世纪、19世纪相比，20世纪初的墨西哥城总面积大幅增加，区块之间有了较为清晰、明确的分隔，这些划分也标志着街区或社区边界的产生。"新区"与其他居住区的分化将墨西哥城与邻近的村镇各自连接，形成包括圣安格尔（San Ángel）、特拉尔潘（Tlalpan）在内的行政辖区（Delegación），原来的牧场、农庄、村社（ejido）、河流和运河不复存在。联邦区规划委员会（Comisión de Planificación del Distrito Federal）等专门的机构和城市规划法也相继得到了建立。[2] 另一方面，以宪法广场作为城市的中心，墨西哥城被切割为截然不同的两个世界，统治阶层与社会精英不断向西移动，刻意模仿巴黎香榭丽舍大道建成的改革大道（Avenida de la Reforma）、宪法广场西侧出现的一座长条形的商业拱廊以及一片充满现代气息的居住区，以及有意设计的商业场所、咖啡厅、法式花园等无一不在彰显着统治阶层与精英人士对于欧式花园城市的美好想象。值得注意的是，美国、英国资本家掌握着迪亚斯时期墨西哥的国家经济命脉（铁路、采矿行业），而大部分的生产经营场所（杂货店、服装店、屠宰场等）则归属于西班牙人、德国人、法国人等外国经营者。有学者指出，这种将墨西哥城划分为贫穷东部与富裕西部的做法往往被理解为对于城市阶层的深刻分离，墨西哥城在城市形态、居住环境、阶级构成、生活方式、财富分配等方面呈现出越发明显的两极化特征，甚至在很大程度上塑

---

[1] Francisco Covarrubias Gaitán, "Instrumentos para la gestión de los Centros Históricos", paper presented at the Seminario Permanente: Centro Histórico de la Ciudad de México, PUEC-UNAM, Mexico City, April 2010.

[2] Alejandrina Escudero, "La ciudad posrevolucionaria en tres planos", *Anales del Instituto de Investigaciones Estéticas*, Vol. 30, No. 93, 2008, pp. 103-136.

造了墨西哥人矛盾、割裂、不安的民族特性。[1]

　　需要看到的是，波菲里奥和平时期的城市治理与发展在很大程度上体现了当时主导墨西哥国家各个领域的意识形态理念——实证主义（positivismo）。这一起源于欧洲、以孔德为代表的实证主义哲学强调"秩序与进步"，主张科学支配社会、科技精英管理和统治社会，认为社会秩序的维系应该依靠具有进步思想的实证主义哲学家和各类精英阶层，只有他们才能够为社会复兴提供领导，由此崛起了一批被称为"Científicos"（技术官僚）的政治团体。实证主义哲学非常符合19世纪中后期墨西哥统治阶级的需要，既服务于以经济自由主义为旗帜的现代化运动，也为迪亚斯的专制统治以及不断衍生的社会不平等问题提供了合理的辩护。[2] 随着专制统治的深化，强调优胜劣汰的社会达尔文主义（darwinismo social）进一步成为拉美上层的主流意识形态。总之，从宏观的视角来看，19世纪晚期迪亚斯政府对于墨西哥城的现代化建设，尤其是围绕宪法广场的一系列改造，是在外国资本的推动、迪亚斯政府的配合下实现的，该时期的城市重塑顺应了来自欧洲的实证主义与社会达尔文主义的进步主张，也被认为以某种潜移默化的方式作用于作为行动者的城市居民及其行动、思想与心理状态。[3] 然而，对于城市发展与变迁的单向度考察无法切实地印证上述判断，因此，有必要在厘清墨西哥城现代化历史进程的基础上强化"底层视角"的回归。

四、挤压与再生产：双向建构之下的现代都市语境

　　1910—1920年的墨西哥革命期间，城市的公共工程（比如基础

---

[1] Michael Johns, *The City of Mexico in the Age of Díaz*, Austin: University of Texas Press, 1997, pp. 4-6.
[2] 曾昭耀：《墨西哥的三次现代化浪潮》，2005年3月17日，https://www.cas.cn/zt/jzt/ltzt/jjxdhzgxdhjsdzzzz/lltt/200503/t20050317_2670832.shtml。
[3] 汪艮兰、程洪：《迪亚斯执政时期美国的资本扩张与墨西哥城的城市重建》，《世界历史》2021年第5期，第37—51、161页。

设施、服务设施、道路、大型建筑等）都受到不同程度的影响。1920年，当墨西哥革命告一段落，对于墨西哥城大型建筑和历史遗迹的重建与修复再次成为了当局关注的重点。无论是建筑师奥古斯托·佩特里克西奥利（Augusto Petriccioli）在1925年对于国家宫的扩建和改造及其为宪法广场打造的巴洛克式装饰，还是建筑师拉斐尔·戈耶内切（Rafael Goyeneche）所设计建造的马赫斯迪克酒店（Hotel Majestic），这些带有新殖民主义风格的建筑工程试图将墨西哥城市现代性展演与墨西哥国家认同建构相融合，并在某种程度上实现政治宣传的目的。[1] 可以说，自19世纪末以来，上层精英和城市规划者一直希望的是，首都的市中心（尤指涵盖大教堂、宪法广场、国家宫、艺术宫、商业步行街在内的区域）既被形塑为现代化都市生活的生动表达，又成为拥有着极高社会经济价值的投资目的地，更是国家至高权力和意识形态的直接体现。市民、游客、政治活动家、游行者、商人纷纷在此聚集，将统治精英、城市规划者、技术官僚以及投资者对于现代化都市空间的干预和操纵不断内化为一种空间的感知，反过来再次强化了官方话语之下的空间表征。

赫兹菲尔德曾在《驱离永恒》(Evicted from Eternity)中提出"空间清洗"（spatial cleansing）的概念，用以描述享有"永恒之城"盛誉的罗马市内蒙蒂区（Monti district）"士绅化"（gentrification）过程中老居民因拆迁而不得不离开家园的现象，并将之定义为"概念和物理边界的划分"，这种隐晦而暴力的"空间清洗"现象同样也发生在19世纪末20世纪初的墨西哥城"历史中心"。[2] 权力与资本的合谋在"历史中心"生产一个具象的空间，这个空间的物理结构被划定为不同大小、形状的土块，将政治的、宗教的、商业的、历史遗迹的区域

---

[1] Elsa Arroyo & Sandra Zetina, "La Reconstrucción de Monumentos Coloniales en las Décadas de 1920 y 1930 en México", *Conversaciones ...*, No. 9, 2021, pp. 119-139.
[2] Michael Herzfeld, "Spatial Cleansing: Monumental Vacuity and the Idea of the West", *Journal of Material Culture*, Vol. 11, No. 1-2, 2006, pp. 127-149.

同现实的社会生活区隔开来，用以强化传统与现代、精英与平民、历史与现实、永恒与易变的界限，这是代表政府意识形态的"纪念碑"时间（monumental time）对于代表着居民日常琐碎生活的"社会"时间（social time）的遮蔽、挤压和驱赶。[1] 由于政府的政策和资本的输入，空间高度商业化、符号化的趋势使得市中心土地价格迅速上升，周围街区的租金也水涨船高，当时的墨西哥总统曼努埃尔·阿维拉·卡马乔（Manuel Ávila Camacho）为了缓解日益突出的社会矛盾，出台了"租金冻结"政策（La Ley de la Renta Congelada de la Ciudad de México），旨在长期"冻结"市中心住宅的租赁价格。然而，这一措施并未达成预期的效果，甚至导致户主停止对于其不动产的维护以及修缮，越来越多传统街区的建筑物及住宅因物理退化被放弃。1952年，墨西哥国立自治大学搬至位于城市南部的大学城，市中心部分被腾空的街区和建筑物更是沦为乏人问津的仓库。[2] 在这个过程中，富人阶层或投资者也逐渐丧失对于墨西哥城"历史中心"的兴趣，城市的扩张为他们提供了全新的投资领域以及更为适宜的居住区域，新兴的资本和资源开始向城市的其他地区迁移和聚集。因此，20世纪40—60年代墨西哥城涌现了包括洛马斯德查普尔特佩克（Lomas de Chapultepec）、查普尔特佩克莫拉雷斯（Chapultepec Morales）、波兰科（Polanco）、纳瓦尔特（Narvarte）在内的一批富人及中产阶级居住区，周围各类高档购物中心、时尚餐厅、艺术博物馆云集。

然而，与罗马的蒙蒂区乃至大部分的欧洲城市不同，墨西哥城的市中心直至今日依然没有经历历史街区的老居民被精英人口取代的"士绅化"过程，反而出现了明显的"人口流失"（depopulation）现

---

[1] 刘珩：《"空间清洗"、文化亲密性和"有担当的"人类学》，《思想战线》2015年第3期，第20—28页。
[2] María José García Gómez, "El Impacto de la Ley de Renta Congelada en la Ciudad de México (1942-2001)", in Andrés Lira & Elisa Speckman Guerra (eds.), *El Mundo del Derecho, II: Instituciones, Justicia y Cultura Jurídica*, México: UNAM-IIJ, 2017, pp. 487-511.

象。到 2000 年，墨西哥城大都市区的居民人数已经达到了 1840 万，但在墨西哥城人口爆发式增长的近几十年里，"历史中心"居民总数从 20 世纪 50 年代初的 50 万人下降至 2000 年的 3.1 万人。究其背后的原因，其一是资本在早期城市化过程中率先完成了对于都市空间的选择和操纵，无论是城市新兴区域的出现，还是市中心旧城区的没落，都是资本主义介入城市空间的结果。土地成了可消费的商品，投资者追逐利益的行为导致了区域发展的不平衡与不平等。[1] 最为显然的表现就是，一种旧的匮乏被一种新的匮乏取代，不仅在墨西哥城的"历史中心"，甚至是在全球范围内的许多城市里，面包等生存必需品以及生产资料的匮乏被干净的生活用水、无污染的空气以及城市的物理空间等有限资源的匮乏取代。[2] 在这场资源的争夺战中，居住在大都市的底层群体无疑是处于下风的那一方，他们不得不在白日繁华热闹、夜晚清冷幽暗的城市中心守住自己残破无序的家园。事实是，墨西哥城"历史中心"周围传统街区的居民在遭受着空间挤压、社会排斥的同时，也在逐渐强化着他们的身份认同、邻里纽带和地方归属感，这也是墨西哥城市中心没有发生中高或高收入群体对退化空间重新占有的另一个重要原因。

面对着"历史中心"空间的碎片化和住宅区的衰败，政府似乎仍在不断寻求"士绅化"的可能途径，20 世纪 50 年代以来，政府提出了一系列墨西哥城市中心"住房改善计划"，包括"棚户区消除计划"（Erradicación de tugurios）、"住房代替计划"（Programa de Sustitución de Vecindades）、"特比多计划"（Plan Tepito）等，旨在通过改善市中心老旧住宅的硬件条件、外观形象、社区环境、基础服务

---

[1] 贾静、张强：《墨西哥的城镇化与"去中心化"趋势》，《国际城市规划》2017 年第 5 期，第 49—58 页。
[2] Henri Lefebvre, "Spatial Planning: Reflection on the Politics of Space", in Richard Peet (ed.), *Radical Geography: Alternative Viewpoints on Contemporary Social Issues*, Chicago: Maaroufa Press, 1977, pp. 339-352.

设施等赢取更多的中上收入群体的青睐。①然而，政府的举措却遭到了当地居民（尤其是底层人群）的强烈反对，居民通过自组织的方式形成了不同的社会组织，用以抵抗政府对其生存空间的干预，这些自主自发的行动与革命后逐渐升温的民众主义、民族主义思想有着密切的联系。在20世纪20—40年代墨西哥文化革新运动的推动下，各种以文化民族主义、土著主义、混血主义为特征的思想浪潮激发城市工人、中间阶层、城市贫民等新兴社会力量以及在现代化进程中受到冲击的传统社会阶级如农民、印第安原住民开始大胆地表达自身的诉求，对政治精英与上层阶级对于城市发展的垄断权提出了挑战。②由于中等阶级的壮大，独立的公民组织也陆续出现，在一些落后的农村地区、城郊贫民窟或原住民社区，还出现了组织联盟或地方合作网络，现代"公民社会"开始在墨西哥形成。③

以最具有代表性的墨西哥城底层街区之一"特比多"街区为例。1973年，政府正式启动了一项针对该街区破旧住房的改造计划，也就是上文提及的"特比多计划"。该计划涉及的改造面积高达117公顷，旨在为街区的所有家庭提供一个全新、舒适的单元楼式住宅空间。此外，政府还计划修建学校、医院、幼儿园、图书馆、绿化带，以及用于优化商业活动的固定商铺。④政府与当地居民在项目初期达成的共识是——政府将以高价出售部分新修建的单元房，所得的额外收入将被用来补贴那些无法支付改建费用的原居民；另外，因"特比多计划"的实施而被迫搬离住房的居民将被暂时安置在政府提供

---

① Anabel Monterrubio, "Políticas habitacionales y residencialidad en el Centro Histórico de la Ciudad de México", *Argumentos*, Vol. 24, No. 66, 2011, pp. 37-59.
② 董经胜：《拉丁美洲的民粹主义：理论与实证探讨》，《拉丁美洲研究》2017年第4期，第16—34页。
③ 曾昭耀：《墨西哥的三次现代化浪潮》，2005年3月17日，https://www.cas.cn/zt/jzt/ltzt/jjxdhzgxdhjsdzzzz/lltt/200503/t20050317_2670832.shtml。
④ Guadalupe Reyes Domínguez & Ana Rosas Mantecón, *Los Usos de la Identidad Barrial: Una Mirada Antropológica a la Lucha por la Vivienda: Tepito 1970-1984*, México: Universidad Autónoma Metropolitana Unidad Iztapalapa, 1993, pp. 99-105.

的"中转房"（viviendas transitorias）之中。到 1978 年，"特比多计划"第一阶段暂时告一段落，政府共完成了 260 间公寓以及 20 个街区商铺的修建，当地居民后来将这些公寓楼戏称为"鸽舍"（Los Palomares），用以影射居住环境被割裂成狭小的空间；随后，"特比多计划"第二阶段启动，政府决定耗时 9 个月继续修建 400 间住宅，1979 年，其中 176 间在街区落成，当地人又将它们唤作"堡垒"（La Fortaleza）。随后的 3 年内，政府又继续修建了近 300 间公寓，但是，时间跨度很大的"特比多计划"不断遭遇财政方面的困境，政府部门并没有兑现之前的承诺，这些公寓楼不仅无法容纳所有的街区居民，而且新建社区中也没有计划中的配套措施（绿化带、学校、幼儿园等）；随着市中心商业价值的攀升，所谓的"住房补贴"成了纸上谈兵，新建住房的价格成倍地增长，原先的居民根本无法承担新公寓的高昂价格。[1]

受到"特比多计划"的影响，很多居民不得不搬出街区，因为政府需要拆除旧的房屋，但是其中一些人可能无法负担新建住宅的房价，也就再没有机会回到原本居住的街区了。不仅如此，就算是那些住进单元楼的居民也抱怨说，这种"现代化"的居民模式让他们的生活被局限在一个很小的空间里，人们发现这根本不是他们理想的街区面貌。[2]

"特比多计划"产生的种种问题引发了当地居民的强烈不满，他们相继开展了一系列的反抗行动并给政府的计划制造了很多的障碍和阻力，包括成立"这里有艺术"（Tepito Arte Acá）街区文化团体

---

[1] Guadalupe Reyes Domínguez & Ana Rosas Mantecón, *Los Usos de la Identidad Barrial: Una Mirada Antropológica a la Lucha por la Vivienda: Tepito 1970-1984*, México: Universidad Autónoma Metropolitana Unidad Iztapalapa, 1993, pp. 105-108.
[2] 资料源于笔者 2016 年 10 月 11 日 10:00—12:00（当地时间）在特比多街区对商贩 Mario 的访谈。

并通过各种各样的艺术形式表达自身的不满与抗议，联合墨西哥国立自治大学（UNAM）建筑学院自治体第五工作室（Taller 5 de Autogobierno）的教师、学生以及建筑学家制定了一项名为"特比多街区整修计划"（Plan de Mejoramiento para el Barrio de Tepito）的反提案并成功阻止了政府建造"特比多广场"商业中心（Plaza Tepito）的计划等……1985年9月19日的大地震后，包括特比多街区在内的市中心老旧住宅区遭受了严重的损坏。9月27日，上百名街区商贩和居民自发组织前往众议院门前抗议，要求政府出面进行灾后的救援与重建工作，迫于压力，政府承诺将重建街区并改善当地居民的生活条件。[1] "大众住房重建项目"（Progama de Renovación Habitacional Popular）便是针对那些在地震中遭到损毁的建筑物而提出，旨在为受影响的灾民合理地提供临时性的住所。震后重建的结果是令人惊讶的，据统计，两年的时间内，街区共有6131处住所最终得到重建，其中5305处住所为全新的建筑。地震后重建的房屋没有改变街区的地块或区域划分，只是将原本20平方米左右的老旧房屋改建成了大约40平方米至50平方米的小型公寓楼，这些公寓楼有三层楼高，围绕着一个公用的半开放式中央庭院，既尊重了当地社区的居住传统，也满足了居民的社交需求。[2] 当然，这一结果并不完全是政府的功劳，从某种意义上来说，底层阶级的自发行动才是推动街区重建的关键角色。正如一位该街区的居民曾回忆的那样：

  我们自发地团结在一起，参与到震后的重建工作之中。政府为"大众住房重建项目"调拨了资金，也提供了一定的政策支持，但是落实到整个城市的不同角落时，政府的力量

---

[1] N. R. Grisales Ramírez, *Barrio y Barriada de la Ciudad de México: el Caso de Tepito*, Mexico City: UNAM, 2003, p. 114.
[2] N. R. Grisales Ramírez, *Barrio y Barriada de la Ciudad de México: el Caso de Tepito*, Mexico City: UNAM, 2003, pp. 117-118.

可以说是微乎其微了。这种情况下，特比多街区的重建主要依靠的是商贩以及商贩代表、地方社区和街区居民。依靠一些非政府组织和知识分子的帮助，我们得以重建了符合我们内心期望和真实需求的家园。①

尽管如此，在更多的情况下，1985年的地震只是加速了市中心老建筑的损毁，而所谓墨西哥城老城区的灾后重建工作，不可避免地成为政府和资本家重新设计和开发这一地区的主要原因。在过去的20年里，市中心的一系列变迁都与1990年的"救援计划"（Programa de Rescate）密切有关，该计划主要是由当时的墨西哥首富卡洛斯·斯利姆（Carlos Slim）参与投资的。②在当时墨西哥总统德拉马德里（Miguel de la Madrid Hurtado）的默许下，墨西哥城市中心的重建计划为以卡洛斯·斯利姆为代表的富商实现经济资本与政治权力的双向转化创造了新的机会。如果说在19世纪末之前，这座城市的"历史中心"似乎还遵循着君主制西班牙的常见模式，那么自城市化以来，尤其是进入20世纪80年代以来，在新自由主义浪潮的席卷下，现代性的展演、城市土地的私有化运动、资本主义的空间再生产、民族国家的符号构建成了统治阶层关注的重要主题。所幸的是，城市居民并没有屈服于城市化进程中自上而下的"空间清洗"，而是以日常生活为载体，努力建构和维系着自己的生存空间。

由于"历史中心"逐渐转变为商业和旅游重点，一些"嗅觉敏感"的市中心老居民私下将房屋性质做了更改，自己临街的房子也摇身一变，成了杂货铺或商店。这些房屋的所

---

① 资料源于笔者2016年10月09日10:00—12:00（当地时间）在特比多街区对商贩Mario的访谈。
② Yutsil Cruz Hernández & Alfonso Hernández, "The Obstinacy of Tepito", *Scapegoat Journal*, Vol. 6, 2014, pp. 167-173.

有者大多会将自己的店面租给那些外来的居民，靠这部分收入，他们的生活已经超过很多人了。……户主不会继续居住在这里，他们会搬离到条件更好的社区，但不会离得太远，依然生活在这片区域。[①]

同样位于墨西哥城"历史中心"附近的"三文化广场"（Plaza de las Tres Culturas）的象征变迁则是另一个典型的案例。谈及这座广场的正式建成，就不得不提到"诺诺阿尔科–特拉特洛尔科集合住宅"（Conjunto Urbano Nonoalco Tlatelolco）项目。随着第二波现代化浪潮的到来，20世纪50年代以来，墨西哥政府持续推进墨西哥城市中心的住房建设工作。设计师马里奥·帕尼（Mario Pani）受政府的委托，设计并建造了一组极具创新意味的住房建筑群，即著名的"诺诺阿尔科–特拉特洛尔科集合住宅"。这片住宅区共有102座公寓楼，高度在4—22层不等，它们临街而建，拥有自己的学校、医院、公园，体现着当时先进的建筑理念以及对于现代城市生活的美好愿景。住宅区附近的区域则被改建为一座广场，也就是如今的三文化广场，墨西哥不同历史阶段的三种文化在此处汇聚交织，分别是美索美洲文明、西班牙殖民文化以及墨西哥现代文明，广场上的遗址以及周边的建筑物都体现着不同时代的印记。然而，广场于1964年落成不久之后，就目睹了当时的革命制度党政府对于学生、平民抗议政府行动示威活动的血腥镇压，1968年10月2日，正是在三文化广场，发生了一场墨西哥警察对于无辜百姓的"屠杀"。[②] 更不幸的是，1985年的大地震再次重创这片区域，三文化广场旁的"诺诺阿尔科–特拉特洛尔科集合住宅"因建造过程中的成本削减及不当维修而遭到严重损毁，导致近

[①] 资料源于笔者2016年12月05日13:00—15:00（当地时间）在特比多街区对Rocío的访谈。
[②] Eugenia Allier Montaño, "Tlatelolco, lugar de memoria y sitio de turismo. Miradas desde el 68", *Revista Mexicana de Ciencias Políticas y Sociales*, Vol. 63, No. 234, 2018, pp. 215-238.

300人死亡，多处建筑被拆除。自此，三文化广场从象征着现代墨西哥的辉煌之地转变为充满伤痛的公共记忆空间并延续至今，民众自发地聚集在此，通过抗议示威、街头艺术、祭奠仪式、哀悼活动等各种方式表达着对于政治暴力受害者的缅怀和思念，同时也发出对于当下社会不公的不满和谴责。

由此看来，在墨西哥城复杂的城市化过程中，有些居民选择主动迎合现代化与商业发展的需求，从而获得经济方面的实惠；有些居民选择理性抵抗，巧妙地运用社会资本及内部团结实现对于"纪念碑时间"的回应；有些居民主动参与行动，将城市公共空间转变为表达愤怒的武器和自我疗愈的场所；还有些居民（尤其是老年居民）则选择消极回避，践行着一种默默无声的弱者反抗。例如，德阿尔瓦·冈萨雷斯（Martha de Alba González）对于墨西哥城"历史中心"老年居民关于城市空间集体记忆的捕捉和可视化呈现生动地展现了这种"无声的反抗"。受访的老年居民被要求通过手绘的方式描绘出如今的墨西哥城"历史中心"，研究结果显示，老年居民所绘制的地图或图案与真实的"历史中心"有着较大的差距，其在现代化、城市化的过程中所经历的各种空间实践并未改变当地老年居民对于该区域的空间感知，很多时候，他们依旧生活在记忆中的那片"历史中心"，不愿接纳那些重新修建的建筑物。[1] 在笔者田野调查期间，来自特比多街区的一位女性居民也曾表示：

> 特比多街区过去非常安全。我和我的姐妹们出生并成长在这里，那时候我们在街道上玩耍，不用担心任何的危险。对我来说，那时候的特比多是非常美好的。我时常觉得特比多就是属于住在这里的每个人的，这不是因为我们占有这个

---

[1] Martha de Alba González, "Memoria y Representaciones Sociales del Centro Histórico de la Ciudad de México: Experiencias de Nuevos y Viejos Residentes", *Seminario Permanente Centro Histórico de la Ciudad de México*, Vol. 1, 2010, pp. 55-81.

空间，而是因为这个空间里的每条街道都有我们的回忆。①

在某种意义上，空间使用者对于空间本身的认同、感知与想象使得后者以一种"空间表征"的形态延续着它的生命和活力，也构成了墨西哥民众日常都市实践的重要部分。

五、结语

墨西哥城在 19 世纪初开启早期的现代化道路，在 20 世纪中后期进入了城市化的高速发展期。无论是从工业化水平还是人口统计学的角度，墨西哥城应该都可以被理解为一座"过度"或"超前"发展的大都市。根据世界银行的数据可知，1960—2019 年，墨西哥的城市人口占总人口的比例从 50% 上升至 80%，墨西哥城则集中了全国 20% 以上的人口。② 由于城市的超前发展与其工业化和经济发展水平之间的落差，随之而来的城市治理层面的混乱与无序也遭遇诸多诟病。如上文所述，已有研究多从宏观层面考察墨西哥城"城市化"或"现代化"发展及其所提供的经验和教训，较少从大都市居住者的内部视角出发探讨城市的变迁。本文从人类学学科视角出发，更为关注的是表面的混乱与无序之下创造统一和秩序的那种力量——人与人的行动。

无论是迪亚斯统治时期的实证主义和社会达尔文主义思想，还是 20 世纪 30 年代以来文化革新运动下涌现的民族主义、民众主义思潮，抑或是墨西哥"公民社会"的兴起和 20 世纪 80 年代后袭击拉美土地的新自由主义浪潮，19 世纪末以来墨西哥城的发展始终是当时政治

---

① 资料源于笔者 2016 年 10 月 29 日 13:00—15:00（当地时间）在特比多街区对居民 Luisa 的访谈。
② 数据来源：World Bank, https://data.worldbank.org/indicator/SP.URB.TOTL.IN.ZS?locations=MX。

秩序、经济政策、社会思潮和意识形态的集中体现。同时，也可以被理解为一场普遍意义上的空间爆炸，劳动力、技术、知识、信息、资本和权力在短时间内实现了快速的聚集和巩固，并完成对于有限的城市空间的操控与定义，其结果就是社会形态、阶级结构、区域功能的明显两极化。例如，墨西哥城的"历史中心"被划分为不同的区块，造成不同社会经济阶层与文化群体的彼此隔离，面对城市的快速发展造成的物质空间及其资源的挤压与竞争，城市居民（尤其是底层群体）以不同的方式谋求生存的空间，维系着自己与这片土地的紧密联系。换言之，在发展的过程中，一个城市往往会经历狭义上的快速扩张，社会的不平衡性为政治和资本的合谋所强化，但不同主体与城市空间之间的双向互动与建构造就了一座都市的复杂结构与异质生态，也充分彰显了不同行动者的能动性与实践力。

由于篇幅的限制，本文着重围绕墨西哥城"历史中心"及其周边区域的变迁展开论述，尽管该片区在规划布局、空间结构、景观风貌、空间演变等方面具有较强的代表性，但是，应该看到，墨西哥城人口还在增加，城市的扩张也仍在继续，城市与不同阶层之间的双向互动如何在墨西哥城不同辖区、不同街区，甚至不同社区得到实践的问题值得更加细致深入的研究与讨论。

（责任编辑：李宇晴）

Mexico City From the Late Nineteenth Century: City Changes in the Perspective of Urban Anthropology

Li Yin

Abstract: In a long period of time, researches on the urban history or urbanization mostly follow the logic of linear evolution, that is, the history of urban development with increasing population and spatial expansion, emphasizing the descriptive statistical analysis and underestimating the important role of actors and their actions. The study of urban changes viewing from the urban anthropology perspective enables the deconstruction of the city's space and time, by analyzing the symbolic power and cultural significance of urban places or components such as streets, buildings, monuments, and infrastructures, to deeply understand the complexity and heterogeneity of a city through a dynamic and practice approach. Based on this, this paper focuses on Mexico City, the largest city in Latin America with a population of 20 million, and presents the changes in road planning, urban construction, space segmentation, landscape design, cultural leisure, and commercial development in the "historical center" of Mexico City and its surrounding areas since the late 19th century, to reveal tension between the conceived space under the official discourse and the bottom-up resistance of the local residents, thus providing a new perspective for understanding the two-way construction of "actors" and "city" in urban history.

Keywords: Mexico City, Urban Anthropology, Urban History, City Changes

评论与争鸣

作为国家知识体系要件的中国"区域国别学"建设：政治经济过程与前景

张　昕[*]

2022年9月14日，国务院学位委员会、教育部发布《研究生教育学科专业目录（2022年）》和《研究生教育学科专业目录管理办法》。新版学科专业目录中的一级学科"扩员"尤其令人瞩目。其中，"交叉学科"正式确立，下设7个一级学科：集成电路科学与工程、国家安全学、设计学、遥感科学与技术、智能科学与技术、纳米科学与工程和区域国别学。教育部研究生学科专业目录的公布意味着持续数年关于建立"区域国别学"作为一个独立一级学科的讨论在中国国家教育体系中暂告一段落，从而进入具体实施阶段。本文尝试将中国近年来推动"区域国别学"作为独立学科的过程本身作为考察和分析的对象，将这个学科建设的过程作为国家知识体系建设的一部分，审视这个过程如何嵌入中国政治经济体系内部，以及由此给中国"区域国别学"赋予的特性。通过分析推动独立学科建设背后的政治经济过程，我们可以更好地理解中国的"区域国别学"的性质、内在悖论以及未来发展的可能路径，其结论也可以延伸到更广的中国国家知识生产体系的性质和未来前景。

一、知识生产与国家知识体系中的区域研究

从知识生产的角度来认识区域国别学科的建设是笔者一直倡导的

---

[*] 张昕，华东师范大学政治与国际关系学院、俄罗斯研究中心副研究员。

一个视角。[1] 中国这一轮区域国别学的学科建设具有鲜明的国家议程主导的性质，对独立学科建设的推动者中不乏直接将该学科的建设以"国家战略需要"正名，认为之前学科建设的缺陷是对国家利益"卡脖子"的评价。如此论证背后的基本假定是：这个学科建立的终极价值是为国家的政策提供知识基础。

思想、理念确实可以为决策提供知识基础，而且这样的因果关系受制于特定国民政治经济体系的性质，从而在不同国家之间构成了鲜明的跨国差别。比较政治经济学、政治社会学等领域之前的研究较少关注政策背后的思想和理念如何产生和传播，以及这一过程在各国之间的差异。比较政治经济学领域在20世纪70年代和80年代提供了一系列可以称之为政策制度（policy regime）的比较研究，主要是关于各国政治体系、政治制度的特征如何影响到具体的政策产出。[2] 此后，受这类"资本主义多样性"研究的影响，对"知识制度"（knowledge regime）的讨论也开始出现：与政策有关的思想借由怎样的制度产生、以什么样的方式影响渗透到政策制定的过程并最终对政策制定产生影响。部分研究对更加具体的"知识体系"（诸如智囊团、政党、基金会、代议机构中的特设委员会和政府内部研究室等政策研究组织群体等）如何产生理念并将其传递给决策者进行了比较分析。已有的关于"知识制度"的研究得出了和政策制度类似的结论。比如约翰·坎贝尔（John Campbell）等人研究了美国、法国、德国和丹麦的知识体系在过去30年中如何组织、运作，发现知识制度对资本主义的重要性不亚于国家和企业。虽然自20世纪70年代以来，主要西方资本主义国家的国家知识体系采用了共同的做法，但趋同趋势是有限的，知识体系的特征在很大程度上仍然受各自国家内部政治经济体

---

[1] 冯绍雷等:《新发展格局下国别区域研究方法与范式创新》,《俄罗斯研究》2021年第3期，第146—184页。
[2] Peter A. Hall & David Soskice, *Varieties of Capitalism: The Institutional Foundations of Comparative Advantage*, Oxford: Oxford University Press, 2001.

系的影响，围绕政策的理念和知识体系存在着持续的国家差异。他们的研究还显示，知识制度也有"资本主义多样性"研究中揭示的类似自由竞争型和协调合作型的分类差别：前者通过竞争性的、政治上往往依照党派分野的方式提供政策知识，后者则依赖更加合作和鼓励共识的方式。[1] 前期对类似的知识生产另一个组织形式"智库"的研究也显示：中国的国民政治经济体系既不需要、也不可能催生美国式的智库组织，美国宏观政治经济体系中的多进入点、竞争性的党派政治等特征催生了竞争性的智库生态以及智库对于政府决策之外的公共舆论的影响。[2] 而近期受知识社会学的影响，有更多研究直接聚焦以大学、正式学术体系为核心的知识生产体系，包括其生产体系如何嵌入以国家为单位的政治经济体系内部，以及这样的嵌入对于学科性质的影响。[3]

部分基于上述研究，我们需要认识到：知识生产本身是一个国家"国民政治经济体系"或者"国家-社会-市场"综合体的一部分。换言之，有什么样的国民政治经济体系就有什么样的国家知识生产体系。同时，知识生产本身又始终在政治与行政场域、经济场域、制度化文化生产场域和媒体场域之间的缝隙中游走，始终处于寻找、争取自己的合法性和实现自身价值的过程中，而知识生产本身也可能构成一个属于自己的权力场域，可能拥有自己相对独立的行为逻辑。在当

---

[1] John L. Campbell & Ove K. Pedersen, *The National Origins of Policy Ideas: Knowledge Regimes in the United States, France, Germany, and Denmark*, Princeton, N. J.: Princeton University Press, 2014.

[2] 郦菁：《知识研究与历史社会学》，《清华社会学评论》2019 年总第 12 辑，第 12—24 页；郦菁：《政策研究困境与价值缺失的中国社会科学》，《文化纵横》2016 年第 2 期，第 88—93 页。

[3] 例如 Stephen Aris, "International vs. Area? The Disciplinary-Politics of Knowledge-Exchange Between IR and Area Studies", *International Theory*, Vol. 13, No. 3, 2021, pp. 451-482; Ammon Cheskin & Alina Jašina-Schäfer, "Relational Area Studies: Russia and Geographies of Knowledge", *Transactions of the Institute of British Geographers*, Vol. 47, No. 4, 2022, pp. 1044-1057; Stephen Aris, "Fragmenting and Connecting? The Diverging Geometries and Extents of IR's Interdisciplinary Knowledge-Relations", *European Journal of International Relations*, Vol. 27, No.1, 2020, pp. 175-203。

下这一全球性的传统知识生产体系,甚至专业知识本身日渐式微的年代,我们更需要认识知识生产的政治和社会属性,建设中的中国区域国别研究领域的知识生产也无法置身其外。

二、"全球中国"的知识生产

回到中国语境中,当下中国"区域国别学"建设的推动力是"全球中国"理念上的体现。首先,当下的中国正在从梁启超笔下的"中国之中国"、"亚洲之中国"迈向"世界之中国",现在可能是历史上中国政治和知识精英第一次尝试发展出真正意义上的全球视野(甚至包括南北极、外太空等空间),也开始有意识地回应历史上早期殖民历史及帝国视野中涉及自我/他者身份定位认知、空间/边界的想象、控制/治理的形态等领域已有的实践和历史记忆。在这个过程中,"世界之中国"急需建立能够覆盖全球各个地理空间的知识生产和传播体系,这是中国区域国别研究近期得以推动的第一层背景。第二层背景和含义则是,在学科建设鲜明的国家议程背景下,中国的"全球书写"也意味着:在日益迫切需要"讲好中国故事"的基础上,立足中国、"讲好世界故事"的需求也在迅速上升。中国参与世界的程度越深,对于世界各个地区的关切和了解的需求也与日俱增,而区域国别研究作为中国"国家知识体系"中的重要部分,为上述过程提供知识储备责无旁贷。

在这一轮"区域国别学"推动之前,为了进一步支持新的空间和世界观的建设,中国学者其实已经开始积极推动特定的知识生产组织形式,以在世界范围内传播中国声音、扩大影响力,并在此基础上展开对世界各个领域的认识。[1]这方面的一项重要工作是国家级的"教

---

[1] 以下关于"全球中国"知识生产的内容部分取自 Maximilian Mayer & Zhang Xin, "Theorizing China-World Integration: Sociospatial Reconfigurations and the Modern Silk Roads", *Review of International Political Economy*, Vol. 28, No. 4, 2020, pp. 974-1003。

育部高校人文社会科学重点研究基地"项目，这些基地由教育部于1999年设立，被中国大学系统和研究界视为人文和社会科学领域最有影响力和最有声望的研究中心。在这些中心中，有八个专门从事地区和国别研究或国际事务，它们涵盖的国家/地区部分反映了国家教育主管部门在全球地理想象中的某种优先选择：三个传统的大国或地区（美国、欧洲和俄罗斯），四个邻近地区或区域组合（东北亚、东南亚、南亚、中东）。这种空间和地理视野与20世纪90年代末中国外交政策的总体取向十分吻合：强调传统的大国间关系和中国传统的"周边"地区，而对远离中国本土各个区域的覆盖则非常有限。自2015年以来，教育部开始了新一轮的机构建设，特别是鼓励和资助建立"地区和国家研究中心"。这一类由教育部代表国家予以承认的研究中心的数量大幅增加（括号内为中心的数量）：非洲（3），阿拉伯世界（3），东盟/东南亚（3），拉丁美洲（2），南亚（2），中亚（2），大洋洲（1），东欧和中欧（1）；美国（2），德国（2），日本（2），法国（2），俄罗斯（2），加拿大（2），英国（2）。这一"地区和国家研究中心"名录全面覆盖了世界各地的国家和地区，包括与中国地理上不相邻的国家和地区，如加拿大、大洋洲、南非、拉丁美洲和阿拉伯世界；在空间覆盖上也更加细致，涵盖了已有关注的大地理区域内的特定国家（如欧洲的德国和法国、东亚/亚太的日本等）。在关于建立这类"地区和国家研究中心"的文件中，教育部社会科学司明确界定了该计划的主要目标是"努力为国家改革发展提供智力支持和人才保障"。[①]2017年，教育部内的另一个部门（国际合作与交流司）启动了新一轮的机构建设，特别是在国别地区研究领域，开放了国家和地区研究中心的注册。出于进一步扩大高校国别地区研究备案中心的目的，教育部相关文件中如此界定："高等学校开展国别

---

① 中华人民共和国教育部：《教育部关于印发〈国别和区域研究基地培育和建设暂行办法〉的通知》，http://www.gov.cn/gongbao/content/2015/content_2856663.htm，2015年1月。

和区域研究工作，对于服务国家战略和外交大局，全面推进'一带一路'建设，具有十分重要的意义。中央领导高度重视此项工作，我部亦将其列入2017年工作要点。为深入开展国别和区域研究工作，全面覆盖世界各个国家和地区。"[1] 到2018年底，在教育部注册的新系列国家和地区研究中心包括100多所院校的400多个中心。这些注册的中心/机构涵盖了世界上大部分国家和地区。通过对欧亚大陆的重新想象和国家主导的面向全球的知识库建设，支持中国外交政策的空间拓展，现代中国首次提出了建立一个全球主题的声音。中国政治和文化精英也正在根据改变了的空间认知尺度和想象力来开展知识的生产，使得中国知识精英逐步摆脱"东方汉学"的束缚，[2] 更加大胆地开展中国的"世界书写"，而区域国别学科的建设正是这个过程中的一个重要环节。[3]

三、"区域国别学"学科建设的博弈过程

作为国家知识体系中的重要组成部分，对于世界的认识以特定的学科来组织和推进是在具体的政治经济情境中展开，从而也注定带有鲜明的国家特色。就中国而言，推动将关于中国以外世界认知的知识生产单位作为一级学科的设想，笔者最早在2013年左右开始有所接触。当时的推动力主要来自国际关系学科（包括国际政治）的学者群体和机构，希望将"国际事务"或者"国际研究"提升为独立的一级学科。之后类似学科建设推动力的重点有所调整，更多转向了"区域研究"或者"国别研究"。这个调整过程的原因笔者尚无确定信息。

---

[1] 中华人民共和国教育部：《教育部办公厅关于做好2017年度国别和区域研究有关工作的通知》，http://www.moe.gov.cn/srcsite/A20/s7068/201703/t20170314_299521.html，2017年2月。
[2] Daniel F. Vukovich, *China and Orientalism: Western Knowledge Production and the P.R.C.*, London: Routledge, 2011.
[3] H. Cheng & W. Liu, "Area Studies and Chinese World-Writing", *Progress in Human Geography*, Vol. 46, No. 4, 2022, pp. 1065-1085.

一种可能的解释是，传统国际关系学科的局限性在近期的国家政策实践中日渐清晰，所以国家有动力培养有预测分析能力的年轻人，由此逐渐转向了日后建设的"国家安全学"和"区域国别学"两个新的一级学科。

关于区域国别学建设前期的讨论、包括教育部组织的多轮专家咨询过程中，各方不同意见主要集中体现在以下层面。[①] 支持方的主要论据首先是国家战略需求：相对国家战略需求，已有的知识生产供给存在重大差距。"推动这个学科是中国对外发展的重要保证，是'卡脖子'的瓶颈。""两任总书记有过四次重要批示"，因此我们"一切服从国家战略需要"。此外，支持这一方最重要的论证在于在中国的教育体系内，没有学科支持，"永远名不正、言不顺"；没有学科支撑，尤其是在大学体系内如果没有学科支撑，就没法成体系地培养人才；"人才没有培养出来，就是因为没有学科"。其次，现有的学科组织体系无法达到国家议程的要求，比如原有区域国别研究被设置在其他一级学科下，但是以任何原有的单一一级学科为基础（比如外语）都无法承担区域国别研究的历史使命。类似国外已有的、还保有鲜明的国别特点的学科，如比较政治学，其抽象理论的基础建立在不同区域国别提供的案例基础上，而区域国别学应该是多学科、全覆盖的，研究对象和认识层次上应该是分工合作，区域国别不应该只是为一个传统学科的知识生产提供案例和素材。之前在已有一级学科下面设立二级学科的做法，培养的仍然是单科人才，最多只是现有学科基础上的"学科+"。区域国别研究本身的交叉性、综合性无法归到任何一个目前既有学科内，因此在考虑现在的学科建设，尤其是交叉学科建设的时候，不能受既有的学科本位主义影响，不能从现有的任何一个学科利益出发考虑问题。

[①] 以下内容取自笔者参与的两次教育部关于区域国别学的专业咨询会议和多次学界的研讨会。

另一组持支持态度的论证则强调建立独立区域国别学科已有的基础。目前区域国别研究其实已经覆盖现有学科体系中外语、世界史、政治学、社会学、应用经济学、法学等11个学科，27所高校设立二级学科36个，研究人员超过10万人。而且历史上，经历了20世纪60年代周恩来的亲自推动、70年代末邓小平对政治学中世界问题研究的推动，中国的区域国别研究的体系在客观上已经存在，在社科基金等现有学术管理体系内的资源分配中其实已经有所体现。换言之，在这样的理解里，当下中国推动区域国别学作为一级学科，其实不是知识生产领域里的"补课"、"补短板"或者"还账"，而是在新的国家议程下给已有的传统和实践一个制度化的正名。针对不同区域国别的研究如何整合到一个学科内部的问题，支持方也提出日本、俄罗斯等国家都有类似的成功做法，比如日本四十年前已经通过在教养学部、基础教育之下统合历史、语言、国际关系等传统学科的做法解决了这个问题。最后，支持者普遍强调：新学科建设的完善是在不断实践中完成的，区域国别研究作为一个独立学科的学科边界注定是模糊的、流动的，模糊性、流动性才是跨学科、交叉学科的本质特征。相应地，我们需要在建设中不断提升学科的科学化、系统化，而现在最重要的是学科本身要先建立起来、先做起来。

在辩论的另一边，反对、批评或者持谨慎态度的意见主要体现如下。作为一个学科，区域国别学本身的核心问题、学科的内涵和外延都不清楚；目前中国高校体系内并没有针对这个学科专门的师资积累、跨学科带头人和梯队等。如果不能清楚界定学科独有的核心，最后搭建起来的所谓独立学科"有可能仅仅是一个什锦拼盘菜"。设立一级学科对解决之前已有专业设置中的行政固化、人才培养方面的异化现象没有帮助，日后的学科评估、课程建设等反而会增加现有师资和研究团队的负担。尤其是原来主要在外语学科内部建设的区域研究，在人才培养上至少有自己多语种的优势，但这些优势如何在区域国别学作为一级学科的设置中体现出来，并不清楚。对于建立一级学科的外部需求确实存在，但是近期推动的内生动力更多来自教育科研体系内部特定群体对资源的需求。

四、学科建设与中国制度之间的关系

上述背景构成了近期区域国别学科建设的中国政治经济情境，也在很大程度上影响了中国区域国别学作为一个学科发展的性质和未来走向，包括和其他国家知识生产体系中类似学科组织建设的区别。

首先，很清楚的是，区域国别学的建设是由国家议程带来的现实驱动力，甚至可以说就是国家议程的一部分。"在学科创建模式方面，国别和区域研究是在中央领导部署下，教育行政管理部门直接领导的有组织有计划的学科整体建设，相比美国区域研究依靠学术界自发组织学科创建活动，具有更强大的动员力和更广泛的参与度。"[①] 在对一级学科的论证中，几乎所有支持一级学科建立的论述都开始于国家战略需求，甚至直接将该学科的建立论证为"一切服从国家战略需要"。但是这个国家议程又与之前地区研究在其他国家的实践推动过程不尽相同。实际上，"从19世纪的英国到20世纪的美国，区域国别研究是在殖民主义和帝国主义驱动下形成的帝国知识的一部分，区域与地缘政治密切相关，国别与全球战略关系密切。"[②] 一方面，中国的现状并没有同殖民主义、帝国主义的驱动直接关联。另一方面，中国的这一轮具体的推动，在中国当下的知识生产组织体系里，是与"学科化"紧密挂钩的，所以中国探索建立自己的区域国别学的另一个重要的特点源于中国高等教育本身的政治经济特质（尤其是资源分配机制）：有学科才有正当性。学科与资源分配紧密相关，在国家教育体系内获得一定界别学科的定性和正当性认可是首要任务，而教育组织形式和机构设定又与学科紧密相关。

[①] 江时学：《评中国学术界对区域国别研究和区域国别学的认知》，《拉丁美洲研究》2022年第2期，第6页。
[②] 汪晖：《作为时空体的区域》，《学海》2022年第2期，第28页。

这些制度背景使得中国当下的实践有别于 19 世纪的英国和 20 世纪的美国的类似实践：后两者都没有系统地学科化、大规模建立专门的"区域国别学"或者区域国别学术组织单位（比如大学内的院系）。美国二战后的地区研究在组织建设上主要还是以地区为单位来组建研究团体，很多大学内的地区研究主要是以各自地区为单位建立教学和研究单位，比如东亚研究、中东研究或者拉美研究，但是几乎没有以"地区研究"或者"国别研究"的独立学科来将各个地区、国别的研究整合在一个行政、教学、科研单位内部的做法。而在中国当下的大学和更广义的知识生产体系内，这恰恰变成了这一轮区域国别学确定为一级学科的主要推动力和日后重点发展的方向。在获得了一级学科的地位之后，可以预见的是下一轮学科建设的重点会集中到对应这个一级学科的教学科研单位（区域国别学院、区域国别系）或者至少是区域国别专业。与之相伴的，诸如学位点和对应学科的教科书（系列）、研究经费的划拨、人才培养体系和研究成果评估体系将顺理成章地成为后续建设的重点。目前，教育部也已经开始筹划"区域国别联合研究院"等新的组织形式和制度建设，而这些围绕现在一级学科的区域国别学的制度建设又会深深嵌入国家高校议程中的其他要件中：诸如课题制、高校智库、内参批示等。

此外，美国在二战后的实践在没有大规模建立区域国别研究综合单位的前提下，地区研究虽然在多个传统学科内都有自己的发展，但不同学科、不同区域总体上有共同的问题意识："对于人文学科而言，中心问题是东方主义或后殖民性的问题，对于社会科学而言，中心问题是现代化理论的框架，后者也同样是西方中心论的。这些讨论与后冷战条件的出现形成呼应关系。"[①] 而在美国部分从事该领域研究的学者眼中，"二战后兴起的美国的地区研究的基本作用一直是在政策制

---

① 汪晖：《作为时空体的区域》，《学海》2022 年第 2 期，第 27 页。

定者以及在广大公众中,减少社会科学和人文学科中以美国和欧洲为中心的世界观、减少这些世界观沦落为过于'地方化'的表达。在美国的大学里,地区研究试图记录那些塑造了欧洲和美国之外社会和民族的独特的社会和文化价值、表现形式、结构和变化动态……其广泛的实际目标有两个方面。第一,产生新的知识和新的知识形式。第二,更具有反思性的是,将美国社会科学和人文科学学科的公式化和普遍化倾向加以历史化和情景化,促使研究者不会以'理所当然'的态度来面对美国和欧洲的经验。如果成功的话,地区研究的研究和教学凸显了通常是理想化的以'西方'叙事为基础进行分析的局限性,这种分析往往是基于特殊和偶然的历史、结构、权力形式以及选择性的西方叙事为基础的。不过,更加雄心勃勃的是,地区研究还可以为重建学科、使它们成为更具包容性和更有效的社会和文化分析工具提供素材、观念和分析视角。"[1]

这种对美国地区研究功能的认识(提供西方之外的多样性认识、部分松动甚至反思和挑战自我中心地位)与20世纪70年代以后各种"后"学、批判理论或者后殖民、去殖民理论的问题意识渗透到具体的地区研究(尤其是针对所谓的"第三世界")一脉相承。[2]而目前在中国的区域国别学建设中还是缺乏这样的跨越传统学科、作为国别地区研究领域实质上的共同问题的意识。尤其是,当研究重点(中国以外的国家和地区)不同的研究人员集中在同一个对应的一级学科的教学、科研(甚至咨政)单位里,如何形成一个有机的研究整体,仍是一个特别大的难点。区域国别研究在一个"field"之外,还要发展成为一个"discipline",而且要以这个"discipline"作为具体的组织单位,目前来看还缺少一个"魂"。[3]尤其是,中国的区域国别研

---

[1] David L. Szanton (ed.), *The Politics of Knowledge: Area Studies and the Disciplines*, Berkeley: University of California Press, 2004, pp. 1-2.
[2] 汪晖:《作为时空体的区域》,《学海》2022年第2期,第30—31页。
[3] 一位英国学者与笔者交流时,对中国当下区域国别学的第一反应就是:"区域研究作为一个field没有问题,但是是否有必要建立一个discipline?"

究"地位"的提升本身即中国从原来西方国家区域研究的"边缘"研究对象，正转向成为区域研究的主体和某种新的"中心"。在摆脱"东方学"桎梏的同时，如何处理新的"中心与边缘"、中国式的"东方学"可能给中国的世界书写带来的机遇和挑战，目前还是一个巨大的问号。当下已经获得国家层面正名的区域国别学作为一个学科，确实缺乏清楚的学科边界、学科属性、共同的问题意识或者共同的方法，学科论证过程中推动者希望以"跨学科""交叉学科"的名义，以开放性、灵活性、模糊性来为新兴的一级学科正名。这固然有可能构成未来中国区域国别学的特点和优势，但是学科建设咨询过程中对建立独立学科的反对意见或者谨慎态度仍然具有合理性，当下进行中的学科建设热潮仍然没有回应作为一个学科需要具有的核心问题关切。

在学科创建路径上，这一轮学科建设也受到之前组织机制的路径依赖式的影响。之前的实践中，国别和区域研究采取"由下至上，协同整合"的路径，由外国语言文学、政治学、世界史、经济学四个一级学科共同参与，各个传统学科对于区域国别学的建设不免带入自身的利益考虑。[①] 在教育部组织的专家咨询过程中，外语学科曾对将区域国别设置为一级学科表达鲜明的反对态度，政治学（包括国际关系）表现出积极推动的意愿，而世界史领域则是相对支持。而以田野调查为"招牌"、田野工作和个案的文化志研究方法为看家本领的人类学，往往更加关注微观，尤其是小时空、小群体、小村落等研究对象，往往强调超越国家之外的次国家、超国家、跨国机制的视角，这样的学科特性对主体之外的研究对象，尤其是对特殊性的关注，对区域国别研究具有重要意义。[②] 但由于人类学在中国目前学科体系内是隶属于社会学、民族学之下的二级学科，所以在此

---

① 江时学：《评中国学术界对区域国别研究和区域国别学的认知》，《拉丁美洲研究》2022年第2期，第6页。
② 张小军：《跨学科悖论与历史人类学》，《北大史学》2021年第21辑。

前的区域国别学科建设咨询中没有积极投入，或者如从事海外民族志的学者所言："力量有限"。传统的学科分类与当下中国特定的区域国别的学科建设之间明显存在张力，这样的张力随着今后各类区域国别独立院系的出现和完善可能会进一步凸显。换言之，众多推动区域国别学的声音所强调的作为新文科、交叉学科的"交叉和融合"特性，在已有的学科分类体系和高等教育资源分配体系下，还没有看到可行的实现机制。

一种建立学科（discipline）之"魂"的可能性就是以议题来组织学科内部的知识生产、积累和传播，比如近期以议题为驱动突破"学科"困境的倡议。[①]而部分人类学学者则在自己学科的关切上提出不被"国别"误导的区域研究，通过区域学的贡献将"区域"转化为社会主体，进而使"区域学不是为国家单方单向服务的内部知识，而是为世界社会的各种行动主体提供专业知识生产的开放社会科学。区域学不再可能成为世界霸权的工具，在这样一个人们在不同层次的共同体之内和之间高度互动的世界社会，区域学是人类在世界范围追求秩序、公正、互利互惠的专业知识领域"。[②]这无疑为中国区域国别学科的发展提出了传统国家议程之外的更高远的发展目标。

五、区域国别学建设的若干建议

给定上述学科建设的政治经济制度背景和学科建设已有的政治过程，结合笔者自己在基层大学教学科研和人才培养的实践体会，提出以下几条操作性的建议。

区域国别研究不可能完全脱开国家的视野和需求，但不能完全依

[①] 参见清华大学国际与地区研究院主办的《区域国别学》第一期中的相关讨论（段九州：《突破"学科"困境：以议题为驱动的区域国别研究》，《区域国别学》2022年第1期，第17—21页）。
[②] 高丙中：《区域国别研究与世界社会对话主体的知识生产》，在"第二届人类学与区域国别研究论坛"上的演讲，2022年11月5日。

附于国家政策导向设定的研究议程，单纯的短期对策研究或者紧跟热点的时事评论都无助于学科的长期发展和知识积累。区域国别学科的建设和研究的价值取向都需要在政策热点之外保有相当的独立性。同样，国家为区域国别研究提供的支持需要有相当部分投向和当下政策需求没有直接关系的研究力量，这是一个有世界想象的大国为长远发展计必须付出的额外代价——如同电厂的设计能力不能以平均用电量为标准，而是需要应对极端的电力需求峰值。

高质量的区域国别研究不能停留在情况介绍、年鉴式的数据堆积或者百科全书式的研究路径上，也不能以新闻评论、热点事件分析为主业。在该学科领域研究的"市场规模"迅速扩大的同时，这个研究共同体内部已经有了加深"市场分工"的可能性，因此，未来培养的重点不应该是"万金油"似的、专注于对各类热点问题发表评论的国别专家。对于年轻一代区域国别研究专业人士培养的起始目标，建议从"一个国家（或者区域）+一个具体的研究议题/议程+一个基础学科"开始，然后可以沿上述三个方向继续伸展。综合而言，从事区域国别研究专业人士的理想素质大致包括：具备针对研究对象的（工作）语言能力；了解对象国/地区的历史文化背景；有在地生活、学习、工作的经历；有现代社会科学训练（至少一个专业学科领域的训练）；在对象国/地区有研究资源和网络。区域国别研究不能简单地以空泛的"中国国家利益"作为专业研究的起点、视角和衡量研究质量的标杆。同样，对诸如中亚、高加索地区的研究也不能完全以单一的俄罗斯的视角或者官方立场作为我们研究的起点。而且，对于作为"他者"的一个国家和地区的研究应理解在前、判断其后、最后才是针对行动的建言。

以上建议的以区域国别研究为基础、同时回应学科领域基础理论、并不一定直接回应短期政策研究、不一定和中国发生直接关联的研究在中国还缺少高质量的发表和同行交流的平台和出口，在国家知识体系中也没有得到足够的重视，这是发展中国的区域国别研究面临的一个重大制约。①

相应地，如何鼓励区域国别研究的学者在学科专业的学刊和目标国别/区域研究领域之外发声、提升自己的综合能力和自己研究的影响也是未来需要加强的方向。建议有意识地联合不同的区域国别研究的学术团体、学刊和重要基地与传统的学科领域对应的学术刊物联合做发表、议题设置方面的共同努力。

另一个我们实践中面临的现实困境是：目前推进国别研究领域的人才培养和研究能力的持续提升还缺少制度化、体系性的支持和保证。比如，对于那些对俄罗斯、中亚或者前苏联地区产生了兴趣的学生，我们还没有成体系的组织机制继续鼓励支持他们进一步学习、提升自己的研究能力，并最终成为一个该领域合格的研究者（未必一定是学术或者正式研究机构内的专业研究人员）。具体的难题包括如何打通语言文化学习和历史社科知识积累两者之间在现有教育体系中存在的壁垒，也包括训练学生在不掌握所在国目标语言的约束下如何开展对目标国家区域的学习和研究。针对这样的问题，我们考虑是否可以请传统的外语院校和外语科系在外语教学上针对非语言文学专业的学生的需求开发和健全相应的语言教学体系；是否可以利用寒暑假开设专门的高强度密集培训的语言班和语言学校；也可以鼓励借助海外力量，比如海外大学的暑期班等形式，这类语言学校欧美国家有许多非常成功的范例可以供我们学习仿效。中国政府也可以考虑设立类似美国的"外国语言与地区研究"（FLAS）奖学金项目，专门支持从事这类学习和研究的研究生。此外，我们还需要考虑推动制度建设，为学生去目标国家和地区学习和生活提供更多的机会和便利，并最终将其提升至为其在目标国家和地区持续开展独立研究提供便利，这方面

---

① 最近几年涌现的一批新学刊虽然大都还没有进入C刊系列，也往往只能采用学术集刊的出版形式，但确实提供了弥补上述缺陷的可能，如清华大学国际与地区研究院主办的《区域国别学》、中国人民大学国际关系学院主办的《世界政治研究》、浙江大学社会学系主办的《历史与变革》等。

是否可能部分打破现在学校和机构之间的壁垒，实现全国性的跨校、跨地区信息和资源的共享。

区域国别研究的发展在依赖国家直接支持之外，国内外各种非国家机构和渠道也完全存在合作的可能。中国各种性质的企业其实已经出现了对于这类人才的巨大需求，有意愿对相应的研究和人才培养提供多种形式的扶持，这个领域内"国家-企业-高校"之间多种形式的三边合作，或者借由国家主管部门之外的机制和资源的多种合作形式都有拓展的空间。在现有的中国政治经济体系的大结构中，高等教育机构和知识生产机制应该主动寻找更加多元灵活的发展空间。

（责任编辑：石靖）

区域国别学人对话
——学科建设九人谈

龚浩群　郭　洁　姜景奎　李紫莹　孟钟捷
沐　涛　孙德刚　吴小安　叶海林[*]

编者按：2022 年是清华大学发展中国家研究博士项目创立十周年暨清华大学国际与地区研究院成立五周年。同年，"区域国别学"被国家增设为交叉学科门类下的一级学科。一级学科的设立为区域国别研究学人提出了新的挑战，学界亟须就区域国别学的研究对象、研究方法、研究理论、人才培养、学科方向设置、课程体系建设等方面问题进行深入讨论，加快完善区域国别学学科建设，提升其水平。

值此之际，清华大学国际与地区研究院邀请对东南亚、拉丁美洲和加勒比、南亚、欧亚、撒哈拉以南非洲和西亚北非六个地区进行过深入研究，且具有经济学、法学、文学、历史学等不同学科背景的十位区域国别研究专家齐聚清华园，就区域国别学的学科建设问题进行对话与讨论，共同探讨区域国别学一级学科的发展路径和行动方针。

雷定坤[①]：各位老师下午好，欢迎大家参与今天的区域国别学人

---

[*] 按姓氏字母排序：龚浩群，厦门大学社会与人类学院教授；郭洁，北京大学国际关系学院副教授；姜景奎，清华大学国际与地区研究院教授、常务副院长；李紫莹，北京外国语大学区域与全球治理高等研究院教授、副院长；孟钟捷，华东师范大学历史学系教授，社会主义历史与文献研究院院长；沐涛，华东师范大学历史学系教授；孙德刚，复旦大学国际问题研究院研究员、中东研究中心主任；吴小安，华侨大学讲席教授，华侨华人与区域国别研究院院长；叶海林，中国社会科学院亚太与全球战略研究院研究员、副院长。

[①] 雷定坤，清华大学国际与地区研究院助理研究员。

对话活动。本次对话活动分为上下两个半场，共设八个议题，每个议题由一位受邀学者作引领性发言，其余学者针对发言展开讨论。上半场主要围绕区域国别学的路径规划进行讨论，下设"跨学科视野下的区域国别学""跨地区视野下的区域国别学""区域国别学的田野定位"三个分议题；下半场学者们则将聚焦于区域国别学学科建设的具体行动方针，探讨"学科方向设置""人才培养""课程体系建设""师资团队建设"以及"田野工作站建设"五个问题。下面我们就正式开始今天的讨论。

一、跨学科视野下的区域国别学

吴小安：关于区域国别学的跨学科属性问题，作为开场白，我想先分享一点自己很强烈的感受。中国的区域国别学现在很热、很火，但也正是因为热、因为火，也导致学术共同体学术生态的混沌与混乱。这特别体现在专业学术与专业学术名义的机构（包括学术团体）之间关系的动力，严重倒置；作为机构的动力，在某种程度上，替代了作为专业社区的学术团体的动力。各个大学和研究机构、各个学科的各路诸侯，纷纷跃跃欲试，都试图以自身学校组织的或个人的赋权抢占先机、掌控话语权，从而主导区域国别学的专业学术讨论。这既是积极的、正常的现象，某种意义上，甚至是好事；但是也是很让我担心的一种学术生态。

关于区域国别学的跨学科属性，这里，我个人觉得，我们必须明确三点认知前提，这非常重要。

首先，中国学界跨学科融合或交叉学科融合，是与中国区域国别学的起步几乎同时、同步并举的，虽然存在提法上的先后之别。跨学科融合和区域国别学建设，构成了当下我国学界亟待建设的双重使命。我们应该意识到，国家目前的跨学科融合或交叉学科融合，事实上仍未形成一定的厚实基础，依然是所谓的新鲜事物，遑论形成基本学术共识。中国的区域国别研究正是在这样的学术背景下，开始大张旗鼓地进行的。无论是作为范式的研究领域，还是作为交叉门类下的一级学科，区域国别学的建设与发展都应建立在成熟的跨学科融合基础之上。这是学术的基本共识，也是认知前提。这个前提性的认知，大家一定要有，必须清醒；否则，我们讨论区域国别学的跨学科属性，要么是本末倒置，要么是空中楼阁，要么是好高骛远。这是第一点。

第二，既然区域国别学是跨学科的，具有新兴学科和交叉学科属性；那么区域国别学应该同时建立在各单一学科厚实的基础之上，才能行稳致远。然而，当下的另一个学术生态现实是什么呢？由于发展历程较短，我国传统学科厚实的基础依然亟待固本，特别是与时俱进的发展还远远不够完备。在这种情况下，传统学科与时俱进的发展与新兴学科的建设，却又是同时并举的。中国学界如果不同时努力做好这两方面的基础性工作，那么局面很可能好比小孩还没有学会爬，就开始跑步了；或者说，人还未站稳或刚刚站稳，就开始迫不及待百米冲刺了。换言之，建设区域国别学这样一个重要战略意义的新兴学科的同时，我们不能无视我国传统学科建设尚未固本，特别是尚未完满达成与时俱进发展这一学术生态事实，否则就脱离了我国的国情，脱离了跨学科研究的基本认知前提。

第三，在中国，传统人文学科与社会科学发展的历史使命，依然任重道远。国际上，交叉学科建设是在二战后的50年代开始的，欧美国家即使到了60年代，都还一直在争论。西方的世界一流大学在60年代的时候尚且如此，何况我们中国学界呢？我们大学的学科建构是何时开始的？改革开放是何时开始的？区域国别学的学科建设能不能脱离这个大的历史背景？在我看来，我们的学科体系化建设，依然在路上，很多是权宜、过渡性质的，而且是还没有完成的。我们的区域国别学建设，如果要真正做到修正与丰富人类社会关于社会科学的概念与原理，如果要能够满足国家战略发展的迫切需求，如果要做到预流并能够引领学术潮流,就更不能脱离这个重要的基本认知前提。

以上是我对这个议题最先想到的三点个人看法,权且作为问题意识与开场白,与大家一起头脑风暴。

沐涛:对于这个问题,我也分享一下自己的看法。国家新的学科目录里面增设了区域国别学一级学科,华东师范大学从去年年底到现在也召开了好几次研讨会和座谈会,几个相关学科之间无形中似乎在竞争,都在抢这块蛋糕。但在我看来,区域国别学实际上对传统学科来讲是一柄双刃剑。一方面,它可以拓宽传统学科的研究视野和研究方法;但另一方面,根据现在一级学科的研究机制和评估方式来看,区域国别学的兴起对传统学科的人员配备和研究力量也是一种削弱,所以我们不能过于乐观。关于区域国别学的人员配备和师资力量怎么去发展,等到孟钟捷老师所负责的议题时,他会具体深入去讲。

区域国别学在我看来是针对推进我们国家或者地区的人文地理、政治、经济、社会、军事等方面的深入研究,用个不恰当的比喻,就好比中国社科院牵头搞的一个"列国志",那是最通俗版的一个区域国别学的读物。从本质上来讲,区域国别学是对世界上与中国关系密切的区域与国别的全方位研究,所以是个多学科、跨学科或者学科交融的综合领域。

孙德刚:刚才两位老师的发言让我深受启发。国内学术界关于区域国别学建设路径出现争论,难以形成共识,其中的原因是什么?究其本质是对于区域国别学交叉学科的本质没有认识清楚。什么是交叉学科?刚才吴老师说得很清楚。现在的基础学科,无论是政治学、经济学、历史学,还是其他学科,其实并没有做好学科交叉的准备。交叉学科的创新是综合性创新,也就是说只有形成了扎实的基础学科,才会有交叉学科创新。基础学科是存量,交叉学科是增量。如果把基础学科看作是原子，交叉学科是原子团，可能很多单位急于增加新学科，扩大招生规模，提高一级学科数量，但忽视了基础学科与交叉学科的差异性。基础学科是交叉学科的前提，交叉学科是基础学科的发展，二者相辅相成。

孟钟捷：听吴老师的发言，我是心有戚戚焉。谈到区域国别学的时候，其实我一直在问自己一个问题：当区域国别学作为一级学科在发展的时候，它和我到底有什么样的关联性？我自己是做德国史的，但同时也是华东师范大学周边国家研究院的一员。沈志华老师此前针对研究院作过一些布局，现在由我来负责推进，我一直在想究竟该如何发展周边国家研究院这样一个与区域国别研究息息相关的机构。回到跨学科的区域国别学这一议题。从知识生产的角度来看，学界大概有两种知识生产方式。第一是针对单学科、单国家基础的知识生产，比如我现在做的德国史。它主要是立足于历史学的学术生产活动。当然了，学术的发展要求我不应该只关注历史学，也许人类学的深描方法我们也必须要关注一下，政治学的一些讨论我们也得关注一下，德国史是不是应该再拓宽关注一下欧洲史的内容，讲一下欧洲史里面的德国等。但无论如何，这都是单一学科的学术生产方式。另外一种知识生产方式可能就是跨学科的方式。跨学科的知识生产具有多学科和多区域的属性，历史学当中现在大家都在讲大西洋空间，或者讲帝国学，这是在跨学科的基础上开发出的一套核心概念和理论方法。

我们的区域国别学在知识生产领域到底采取哪种方式？就我现在来看，第一种方式是最多的，这也是让我最困惑的一点。如果第一种方式是最多的，我们把它设为一级学科的意义到底在什么地方？它的核心概念、核心方法、核心理论到底是什么？尽管周边国家研究院也希望在整个区域国别研究当中做出自己的特色，但我们的队伍都是历史学出身的。尽管历史学也在使用跨学科的一些方法，也在做理论，但我们自己内部在讨论的时候常常也是有一些困惑的，不知道在采取跨学科的方式下我们的知识生产是不是能够产生一种新的模式？在这一点上，刚才吴老师前面所谈到的内容中有一点我是很赞同的：中国的跨学科发展到底有没有后发优势？我们站在今天再来讲 Area Studies 的时候，从方法到理论，和 20 世纪 50 年代美国开始做这方面研究的时候到底有什么不一样的地方？我们真的可以超越时间的局限，作出一些回应吗？对此，我是感到怀疑的。我最近翻译了一本书，主题是关于民族国家历史的反省。这本书很好地把我们目前所知道的各个国家文化的自我身份认同进行了解构，因为这种身份认同都是在 19 世纪民族国家形成的浪潮当中慢慢形成的。今天我们站在一个新的时代回看民族国家的很多话语建构，都是存在很大问题的。在这样的情况下，我们的跨越何以可能？这是我刚才听几位老师发言后的一些感触。

叶海林：回顾区域国别研究在过去 200 年的学术史，我们会发现曾经出现过两波高潮，一波是英国全球殖民帝国建立前后，另一波是冷战初期。这两波研究热潮的出现都具有强烈的国家导向。不论是英国的东方学研究范式还是 20 世纪 50 年代美国的区域研究，它们之所以能够在当时成为全世界（至少是资本主义世界）的学术标杆，是由这两个国家的国际地位决定的，这两个国家成为当时世界体系的主导者，他们需要建立自己对全世界各个地方的认知系统。换言之，区域国别能够成为非常重要的学术热点，归根到底并不是因为人们的好奇心，而是因为国际体系主导国家原有的知识结构不能满足国家经略世界体系的田野知识需求。中国的情况也有类似，区域国别学在中国的发展就是中国国力提升的一个非常重要的结果，但同时它也是为了满足中国国力继续提升的需求，它的政策导向和战略需求是不容否认的。

关于区域国别研究的导向问题，我们到底要建立一个什么样的学术标准？事实上，很难重新建立一个中国的学术框架去取代西方的话语体系，至少在区域国别研究领域，似乎也没有重新发明轮子的必要。当前西方话语体系在全球范围内占有明显优势，中国的区域国别研究更应该考虑的是创新的同时如何兼容的问题，就像北斗系统对GPS的策略。这个问题的重要性不仅在于中国学术话语如何区别于西方优势话语，形成自己的识别特征，更关键的问题是中国的话语体系需要嵌入到研究对象当地的话语表达当中，进而成为当地自我认知的组成部分。清华做了一定的尝试，它的发展中国家研究博士项目把人派到各发展中国家研究对象国去，开展独立于西方的直接对话。但是，中国的整体学术评价标准还是西方的标准，当前各大学包括政策研究机构仍把进入西方的学术评价体系并且努力排在前面做为自己的工作绩效标准。这一点不发生变化，区域国别研究的中国特色就很难形成。我们的区域国别研究如果最后是为了让大学在西方的排名榜里面更靠前一步，那除了以他们的学术标准和偏好为圭臬，别无他法。而那种"进步"能满足我们国家的知识需求并更好地服务我们的战略利益吗？这个问题上，我们要认真思考西方的他者文化知识生产在上世纪50年代和100多年前兴盛的原因。

姜景奎：前面几位老师借着"跨学科的区域国别学"这样一个议题引出了许多重要的问题，比如说"抢蛋糕"的问题，区域国别学的学科内涵，学科导向问题，是基础研究还是政策研究，我在这里也发表一下个人的看法。国内近来一直在说区域国别学，什么时候开始说的？大概是大家都觉得可能国家要注重这块的时候。各个学校都要建立自己的区域国别研究机构，光是我亲身参与评审工作的就有不下十所大学。大家都在嚷，说我成立区域国别学院了。有一次，某个学校建立区域国别学院，我去发言的时候说区域国别学院最重要的任务是做基础研究。但他们之前一直说我们要写报告，我们要提建议，我们要做智库。我说智库绝对不应该是高校的第一任务，高校的第一任务是培养人才，第二任务是做基础研究。

我们回过头来看什么叫区域国别学？区域国别学和区域国别研究

概念是不一样的。区域国别学是什么？在我看来，区域国别学是基于地域的领域之学，地域一定是空间、地理、环境。领域是什么？领域是各个学科，所以它必然是具有跨学科属性的。我现在正在给一个外国语言文学出身的区域国别学学生做培养方案，我在想怎么做这个方案。我想，我门下的这个孩子，他一定要具备三个学科的素养，第一，宗教学；第二，地理学；第三，人类学。我的想法是一定要让学生拥有跨学科的视野，要不然他就不算区域国别学学科下的学生。这是我想分享的几点看法。

二、跨区域视野下的区域国别学

叶海林：关于区域国别学的研究单位和层级问题，首先，不管怎么分，最后总是要回到国别上的。不可能说区域国别学作为一级学科，二级及以下的分类最后分不到具体的研究国家，那就不叫区域国别学了。但如果就按照地区、国别的地理关系分设学科层级，也可能产生次级研究领域的研究层级比上一级学科还高的问题。按照既有的区域国别学分类方法，区域国别学叫 Area Studies，是一种研究。区域国别学大的概念下又可以被分为亚洲、东北亚、东南亚、南亚等等。在传统的地区分配法当中，遴选确定学术层级，最低一层是具体的国家。然而，仅以南亚地区举例，印度研究对应的概念到底该是 India Study 还是 Indology，后一个概念不是国际关系领域的，也不是政治学的，是民族学、文化学、人类学里面经常用的一个概念。而这个概念的范围远比 South Asia Study 要悠远和复杂。这种情况下，学科分层就陷入了矛盾，如果把 Indology 作为一个三级的子类别，在南亚研究里面再搞出一个所谓印度学，给人的感觉就会是三级小学科其实是真正的跨学科，二级研究却是生搬硬套、堆砌起来的东西。如果搞一个印度学，再搞一个南亚研究，南亚研究把印度学抽掉以后，它的旁支就没剩什么，这是一个很现实的问题，这个问题该怎么解决？

这不是只有南亚和印度才存在的现象。

解决的办法可以是不接受西方定下的这套分类方法，比如以西方为中心的近东研究、中东研究、远东研究等等。从萨义德开始，学者便指出这些术语本身有殖民色彩、有霸权思想，应该被摒弃。尽管在价值层面这种批判有一定道理，却无法否认在这套分类方法所涵盖的区域之间，共性是客观存在的。近东是真实存在的，中东是真实存在的，远东也是真实存在的。名字可能起得不好，甚至在政治上和道义上不正确，但不等于这个区域不存在，其更细微的构成单元之间的共性也不存在。

当代世界是在200多年的西方殖民历程基础上体系化的世界，存在一个被分成多层级的结构，民族国家以上有次区域、区域，最后有大洲甚至是板块，这个结构是客观存在的。中国的区域国别学学科建设是要重建一个对世界的认知结构，这个结构不同于人们传统上对西方殖民体系演化出来的世界体系的认知结构，还是在接受西方认知结构的基础上提供自己的解释？就西方区域国别研究领域既有的知识结构而言，它的名确实不正（例如近东、中东、远东这种典型的西方中心论的表述），但很难不接受它的实，因为这些区域当中确实又存在着相当强的学术共性和政策共同需求。名和实之间的张力是中国的区域国别学亟待解决的问题。

其次，所谓跨区域研究，现在所说的跨区域研究的"区域"是一个定义不清的概念，跨区域就更加不清楚了。什么叫作跨区域？是两个区域之间的相互比较，还是打破原有的区域界限、建立新的认知框架？这些问题并不是纯理论问题，而是具有极强的战略和政策色彩。比如美国人提出印太概念的时候就是要突破传统的太平洋认知和印度洋认知。这里面存在明显的政策导向，也确实产生了效果。接受这种叙事还是拒绝？这其中更起作用的因素恐怕不在学术范畴内。

综上，个人认为，中国的区域国别学想要在短时间内完成自身的理论体系化构建，并不是一件很现实的事情。与其去打造一个过于宽泛的理论体系，莫不如掉过头来优先解决当下的突出问题，满足政策界和战略界的需求。如果不能求全，就应该求精，求精能服务于现实，使得这个学科获得长久的动力支持；如果求全，可能会在关键的历史窗口期错过发挥现实作用的机会。

吴小安：第二个议题是"跨区域视野下的区域国别学"，我觉得这个议题很好。跨区域是新时代，是新方向，也是新的趋势。无论是中国的区域国别学，还是世界的区域国别研究，跨地区都是一个新方向，是新时代背景下国际区域研究的一个新趋势。这不仅是针对区域研究过去的问题和危机而言的，而且也是中国新形势下区域国别学发展的一个重要突破口和构建学科特色的一个亮点。具体而言，中国的亚洲研究、欧亚研究、亚非研究，完全可以以海洋研究为共同的抓手实现范式突破。我觉得这是一个非常重要的亮点。然而，另一方面的问题是什么呢？我们的区域国别研究才刚刚起步，而跨区域的区域国别研究一般只有建立在区域国别研究的基础之上，才能成为可能；否则，那种超越是做不到的。就像理论一样，如果没有厚实的经验基础，如果没有长期的实践检验，谈论跨区域就是脱离了基本面。从学科设置的技术层面，还有专业方向、理论以及研究层面来讲，实际上区域国别研究的核心是什么？国别是区域研究的基本单元，这才是国别对区域研究的意义；反过来，区域则是国别的一个框架或者一个大的视角。这是我就"跨区域视野下的区域国别学"这一议题想要特别强调的重要一点。

龚浩群：我想回应一下关于区域和跨区域关系的问题，这也是我这几年做研究过程中觉得需要跨越的一个问题。我在 2002 年去泰国做田野的时候，主要思考的是如何从人类学的视角去描写泰国本土的社会与文化，但这些年我开始注意到泰国与中国之间的紧密联系。疫情之前，泰国到处都是中国游客，中国对泰国的影响非常显性。有了这样一重认知，当你在看很多泰国研究的时候你能看到中国的影子，泰国研究也可以从中国的视角来看。这些年我比较感兴趣的领域是跨区域的经济一体化，从人类学的角度去理解区域经济一体化问题。刚才吴小安老师说跨区域研究需要厚实的区域国别研究基础，这个我特别赞同。当学生在接受学科专业训练的时候，肯定是要老老实实地去学对象国的语言，到对象国去做调查，深入地就其历史、现状和相关问题进行阅读，这都是没有问题的。

尽管如此，今天的 Area Studies 其实在美国学界已经受到了很多质疑。从人类学的角度来讲，其实在冷战结束以后，我们看到越来越多跨区域、跨国的现象。那时候关于全球化的讨论是非常热的，人类学界内部也产生了很多反思。以前的人类学者在谈文化这一概念时，文化往往跟一个确定的地理边界、一个确定的人群绑定在一起，你是中国人就在中国，可是全球化进程将这种边界打破了，成为全球性的流动的文化景观。在这种情况下，我们再去看区域国别学，可能会发现我们需要的是全球视野下的区域国别学。这里面的确存在张力，我觉得这个张力其实可以从不同角度去理解。

一是从沃勒斯坦提出世界体系概念之后，我们不能把文化或者某个国家看成是一个完全跟其他区域独立区隔开来的存在，各国和各种文化之间一定有着千丝万缕的联系，只不过它们在一个大的世界体系中可能处于不同的位置。我觉得这实际上是我们今天谈区域国别研究的时候要想到的一点。

此外，刚才叶海林老师提到的名与实的问题，其实也存在很大的张力。就东南亚这一概念而言，到底何谓东南亚？事实上，在不同的历史时期，你能看到不同的建构方式。在殖民时期有殖民主义的建构，到了二战以后的后殖民语境当中，民族国家对这个区域有了新的想象，而当东盟这些年变得好像越来越实体化，这方面的话语越来越强的时候，又出现了在国家主义基础上的区域主义的诉求。所以我觉得我们看区域国别，还是需要全球视野下的区域国别，这里面实际上充满了张力。我举一个很小的例子。我在泰国北部做调研的时候，我研究的是当地种龙眼的农民，因为他们的龙眼 80% 出口到中国。当地一个小学老师跟我说我们这儿的学校都是国际学校，我问为什么？老师说因为有很多缅甸人去那边打工，所以他们的子女就在泰国当地的小学上学。因此，在一个小小的村庄里，你可以看到缅甸劳工、柬埔寨劳工、泰国果农和中国商人。仅仅是在这样一个非常小的村落里，我们便能看到不同区域、不同国家之间的社会联系。现在有一个说法，叫"世界是平的"。因为交通通信技术的发展，其实个体已经越来越多地拥有全球流动的资源，在这种情况下，我们应该怎么样去理解区域和国别？跨区域可能是我们需要考虑的一个维度。

姜景奎：刚才小安老师的观点，其实我是不太同意的。在我看来，区域和国别是分不开的。当我们研究印度的时候，我们能离开南亚这样独特的气候，这样独特的地理？研究印度能离开印度河、恒河、布拉马普特拉河这三条大河？研究印度能离开南亚这个区域的构成？研究越南能把越南跟中南半岛那些国家完全分开？越南一度跟柬埔寨不即不离，两者之间恩怨缠绵的关系能分得开吗？所以我觉得国别和区域是一和二、二和一的关系，两者是分不开的。

三、区域国别学中的田野定位

龚浩群：接下来，我围绕"区域国别学中的田野定位"问题谈谈自己的看法。今年实际上是现代人类学开端 100 周年。1922 年，著名的人类学家马林诺夫斯基出版了一本书，也是一本民族志作品，叫作《西太平洋的航海者》。这本书提出，现代人类学，应该通过长期的"田野调查"，撰写一部民族志，完成一个理论证明。从此以后，人类学的学科规范训练里面一定包含长期的田野工作。在田野工作基础上撰写的民族志就成为人类学最基本的一种文本题材。在这里面人类学所讲的"田野调查"其实有好几个非常重要的指标，一个是对语言的强调，就是你一定是要掌握研究对象的语言。另一个是对长时段的强调，就像马林诺夫斯基在那本书导言里面所说的，你一定要待在那里足够久，直到当地人已经不再把你当客人，你非常自然地融入当地人当中，才能说真正进入了那个文化。在这两个基础上，他还强调我们不仅要看到别人在做什么，还要知道他们在想什么，并就此提出了一系列的学科规范。

那么长时段的田野调查在区域国别研究当中的适用性在哪里呢？人类学的田野调查其实为我们设定了非常高的标准，正是这种高标准使其得以区别于一般的质性研究方法。人类学的田野调查是以自身为研究工具的，它要求研究者跟当地人建立起非常密切的关系，而且能够真正融入他们的日常生活。在这一过程中，研究者需要获得一种共情和反思的能力，如果没法建立起共情和反思的能力，就不能说完成了人类学意义上的田野调查。我参加清华的活动非常有感触的一点是，清华的发展中国家研究博士项目从一开始就有非常高的起点。它要求项目的博士生在对象国待两年，而且也要求掌握当地的一门甚至更多的语言，这种要求我觉得对于中国区域国别研究有一个很好的示范作用。它为田野调查设定了一个标准：不是说有一个研究问题就去对象国做一点问卷和访谈，或是搜集一点文字材料，田野工作就完成了；而是说它要求研究者沉浸到当地的社会文化当中，去了解普通人的日常生活，去了解他们的行为方式和思维方式。所以我在想，对于有志于从事区域国别学的学者而言，其实都需要有一个沉浸式的田野调查。这种沉浸式的田野调查是一个学者一辈子很重要的学术资本。只有当研究者在对象国从事过长期的田野调查之后，他和对象国才能建立起一种特殊的关系，这种关系是其他方式所替代不了的。

孙德刚：有关区域国别学的田野调查方法，龚老师谈得非常好。区域国别学的特点，也是清华大学国际与地区研究院的优势，就是重视田野调查方法，这一点是非常重要的。但是在实践中往往会出现一种现象，即做田野调查的人，轻视文本研究和理论研究；做文本与理论研究的人往往轻视田野调查。有些人认为田野调查仅仅停留在"讲故事"的浅层次，没有抽象化、理论化、概念化，怎么叫"学"？但是有很多做田野调查的人强调"没有调查就没有发言权"，认为做文本研究的学者从概念到概念，从抽象到抽象，不接地气，没有把论文写在对象国的大地上。所以这个问题恐怕在未来区域国别学建设中亟待解决。区域国别学的发展，需要经过一个从理论到实践、从实践再回到理论的循环。田野调查法和文本解读法都是区域国别学的研究方法，二者并不存在对立关系。

龚浩群：我澄清一下，我觉得在区域国别研究中人类学需要学习的东西很多，尤其需要向政治学、历史学、外国语言文学这些学科去学习。这些学科在我们国家有比较长的历史，而人类学相对而言是个非常年轻的学科，我们自己的根基并不牢固。就算自己根基牢，但其实当你进入田野的时候，你是进入到一个语境当中，你不可能脱离历史性的语境去谈一个事情。我认为在人类学的海外研究中，不能用做国内研究的进度去要求海外研究，对于海外研究而言，任何一个小的问题或描述都可能牵扯到很大的语境，研究者需要对这个语境做还原。人类学做海外民族志的时候实际上是在还原语境，还原语境的过程就需要多学科的视角。研究者不能仅仅看到此时此地发生了什么，还需要知道为什么此时此地发生这样的事情，这时就需要向其他学科学习。我去年在厦门大学组织了首届"人类学与国别区域研究对话论坛"，当时我们请了国际关系、世界史等其他学科的学者参与对话。论坛先由人类学学者发言，然后请其他学科的学者来批评我们。人类学实际上是非常谦虚的，我们一直认为人类学在海外社会文化研究当中非常需要向传统优势学科学习。

吴小安：听了孙老师的发言很受启发，我回应一下。做图书馆研究的，我们叫文献研究，它和实地研究是不脱节的，并不是两个孤立的层面，而是一体的。就像交叉学科和单一学科之间的关系一样，它们不是两个孤立的层面，实际上也是一体的，两者同样重要。另外，就"田野调查"而言，它是有很高的要求的。不是你进田野，就是做田野研究的，就能做田野调查的。进入田野之前，是需要严格论证的，需要论证一系列问题：你为什么选择这个点作为田野调查的单位？你选择田野调查要突破什么？你的框架是什么？你的核心观点是什么？你的田野调查时间是多久？所有的田野选点都是这样，你要先待1个星期到3个星期，才锁定这个点。你觉得选点可以了，然后才开始田野工作，最低6个月，一般8个月甚至更长（中间穿插短暂性离开）。最理想的是，最后还有第三次1—2个月的时间做查漏补缺的工作。

四、区域国别学的学科方向设置

李紫莹：刚开始看到给我的这个题目（学科方向如何设立）时，我就想这个问题我恐怕回答不了。但刚才各位专家讲了之后，我觉得还是可以说一说的。因为大家的想法在很多方面实际上是一致的。区域国别传统上是一个研究的范畴，但作为"学科"，现在是从无到有的一个过程，这个过程也不是一蹴而就的。不是说我们现在讨论讨论，或者开几个会之后，这个体系就建立起来了，恐怕不是这样。

有关学科方向设立的问题，这方面的讨论、见诸报端的文章、各种发表、各种会议挺多的，因为接到今天对话活动的任务，我简单梳理了一下。首先，很多学者指出区域国别研究和区域国别学不是一回事，这一点我非常认同。我们讲研究的时候，它是问题导向的，无论什么研究，本质是依赖于特定问题而存在的。学科就不一样了，大家谈学科建设的时候，大致来讲无外乎就这几个问题：第一，学科的边界；第二，学科的理论；第三，学科的方法；第四，学科的方向，或者说二级学科的设立问题。

讨论学科边界的问题就必须强调区域国别学的交叉属性，它既有领域的问题，又有地域的问题，或者说首先有地域的问题，同时又有领域的问题。就理论而言，现在根据教育部公布的学科目录，区域国别学可授予四个学位，包括历史、经济、法学、文学。是不是这些学科的理论都在其中？或者是应当有自有的独特的理论创新？接下来是方法，毋庸置疑，人文社会科学的一般方法都应该用，同时还有一个问题——是不是有特殊的方法？其实上面谈到的这三方面内容都是问号，尚未得到解决，现在处于一个各抒己见的过程中。

聚焦于给我的任务，即学科方向或二级学科设立问题，这方面我也学习了一下。大家说得最多的一种分法是说按区域划分。传统上还没有这个学科，只有区域国别研究的时候是这样分的，包括美国研究、东亚研究、欧洲研究、拉美研究等。现在一级学科成立了是不是还这样分？刚才叶海林老师已经提了他的观点，即按现有的西方地区研究的划法。但即便这样还存在一个问题，如果是按区域，那么非洲、东亚、欧洲、拉美没问题，但如果是按国别，美国是国别学，既然有美国学，是不是还应该有日本学、智利学、毛里求斯学等等？因为各国是平等的，这个划法可能会面临一个难以全覆盖的问题。

还有一种主张是按照区域与领域交叉划分，就是某某区域的政治或者某某跨区域的经济研究，或者某某区域的文化研究，或者区域治理研究，这是另一种分法。第三种划分法是按主题维度分，有些学校甚至在招生的时候已经按这个来培养了。比如说全球经济治理、涉外法治治理、区域一体化、国际组织、跨境治理等等。这是现在我看到的和了解到的一些情况。因为区域国别学科建设正在经历从无到有的过程，所以大家都在各抒己见，都在探索。

之所以这个问题会变得这么复杂，其实有这么几个原因。第一，区域国别研究的维度比较复杂。在这方面，我特别同意北大王缉思老师的观点。他说区域国别有四个维度，分别是空间维度、历史维度、文化维度、社会维度。空间维度就是说地理环境、领土、网络等自然地理、地域和空间的划分，就是我们讲的地域。历史维度是基于世界各个地区不同民族之间的经验积累，他们有这样的历史发展的脉络。文化维度就是语言、文学、宗教、文化、人文学科的领域。最后是社会维度，就是政治、经济等等社会学科的领域。正是由于它的维度多，所以它复杂。

第二，我们现在讲区域国别，大家都认可的是交叉，研究也好，学科也好，人才培养也好，一定要交叉。交叉这个事情，其实是很复杂的一件事情，就是怎么交叉？不能是拼盘，不是说把所有的东西都摆上了就是交叉，说我学西班牙语了，同时我又学了国际政治就是交叉了。不是的，这个交叉不能像拼盘一样拼在一起，实际上这个交叉是领域交叉、视野交叉、方法交叉。在实践的时候无论是具象的研究，还是人才培养，这种交叉其实是非常复杂的一个动态的过程。

孙德刚：区域国别学的二级学科方向设立，实际上是学界经常讨论的一个问题。我看到两种不同的观点，一种认为二级学科应当按照议题来，比如按照政治、经济、法律、环境来确立二级学科。还有一种观点，认为应该按照区域来定二级学科方向。刚才叶老师主张基于区域设立二级学科，我是非常赞同的。当然这里可能有一个问题，那就是我们长期用西方的概念来确定区域，会存在局限性。比如中东、近东、远东的概念模糊，地理范围不够明确。中国和印度的外交部门没有用"中东司"，而是用西亚北非司。使用地理概念能够避免西方话语的影响。如果按照区域设置二级学科，可能需要明确研究对象的地理边界到底在哪里，如阿富汗算中东、中亚还是南亚？叶老师是南亚问题专家，可能说阿富汗是南亚，但中东学术界往往把阿富汗算作中东，认为阿富汗是西亚的一部分；中亚学术圈也把阿富汗作为自己的研究对象。再比如说北非，很多国外非洲研究的期刊是不包括北非的，关于北非的文章它是不发的。中东学界对于研究对象也存在不同观点，有"小中东"、"中东"和"大中东"之争，而美国政府和学者笼统地使用"中东和北非"。北非究竟属于非洲研究的范畴，还是属于中东研究的范畴，历来是存在争论的。因此，如果按照地理概念去划分区域国别学的二级学科方向，恐怕需要明确各自的边界。

姜景奎：学科方向或二级学科到底怎么定，这是一个重要的问题，但就当下而言，交叉学科为什么一定要设二级学科呢？现在学科到底怎么定义？公说公有理，婆说婆有理。二级学科如何设定？我有我的看法，你有你的看法，既然大家讨论不清楚，我们清华大学国际与地区研究院觉得可能还是暂时不设二级学科更好。

五、区域国别学的人才培养

孙德刚：根据今天的议程，我主要从四个方面来谈谈区域国别学的人才培养问题。第一，是否应该开展区域国别学的本科生教育？针对这一问题，钱乘旦老师、冯少雷老师等都发表过论文，专门论述区域国别学人才培养方案，但各位专家的观点不太一致。有些专家认为区域国别学的建设应该从研究生起步，而有的学者认为应该从本科生抓起。如果要开展本科生通识教育，恐怕要从基础做起，要把金字塔的塔底打牢固，形成知识体系。在区域国别学建设过程中，不少高校都在布局区域国别学的本科生教育。其次，对于那些已经有研究队伍但是没有招生学科点的机构来说，区域国别学可以使它们从研究型转向研究与教学并重型。这些研究机构出于生存方面的考虑，积极布局区域国别学本科生和研究生学科点，以增量改革的方式扩大自己的功能。最后，对于那些已经有了外语语言文学、世界史、世界经济、政治学等学科的教学单位来说，从本科阶段设立区域国别学，可以实现规模效应，把蛋糕做大，增加体量，以扩大招生规模和增加一个一级学科点来实现。

区域国别学研究生与本科生教育，每个学校应根据各自的情况因材施教，根据自己的优势、特色、体量和办学条件因地制宜，选择合适的区域国别学培养方案。有些学校只有1个一级学科，做不到学科交叉，可以采取"1+X"模式，即以专业学习为主（"1"），加上通识教育（"X"），把对象国和地区的政治、经济、文化、历史搞清楚。第二类是有2—3个一级学科的高校，可尝试"1+1"模式，即学生在一个专业的基础上，可考虑再辅修一个专业。在上海，不少高校开放跨校辅修第二专业，就是"1+1"模式。外语类学校可尝试"1+2"模式，即1门专业+2门外语。1门大语种是英语，再加1个研究对象国的小语种。最后是综合性大学，有实力，有学科群和人才培养资金的优势，有优秀的本科生和一流的研究生资源作为保障，这些学校可以考虑"2+2"模式，即学有余力、条件允许的高校学生可考虑2个专业+2门外语的培养模式。

　　第二个问题是，区域国别学究竟应该培养专才还是通才？我觉得现在的区域国别人才培养，有两种不同的类型。一种是清华大学和伦敦亚非学院的模式，它们推行的是精英培养模式，在基础研究领域培养出类拔萃的人才，成为这个领域真正的青年才俊。这种模式其他高校也在复制，基于精英人才培养理念，打造研究型人才。现实中还有一种模式是应用型人才，即区域国别学不是为了培养专才，而是培养通才，做到百花齐放，服务社会，这种方式也是社会所需要的。

　　第三个问题是，区域国别学培养出来的学生到底应该具备什么素养？我想首先要有非常扎实的学科训练，这一点就像金字塔的塔底。金字塔的第二层就是语言，学生要掌握对象国语言。以中东研究为例，阿拉伯语、波斯语、希伯来语、土耳其语等，需要至少掌握一门。如果条件允许，恐怕还要懂地方方言，埃及方言和标准阿拉伯语差别就很大。第三是扎实的田野调查，一定要有真正的生活体验，这是金字塔的第三层。只有这样，学生才能具有复合型、综合型素养。

最后一个问题是，如何培养区域国别学复合型人才？培养环节有什么需要注意的事项？我提出以下五个建议。第一个建议是，全国高校的区域国别学人才培养要错位竞争。现在个别地方在一窝蜂地抢学科、争资源。全国的高校可以分为综合性大学、理工类大学、师范类大学、外语类大学等。每个学校的专业群不一样，建设区域国别学的基础也不同。在这种情况下，要根据每个学校的特色和优势形成各自的区域国别研究特色。清华大学国际与地区研究院树立了一个标杆。要避免大而全、小而全。一味喊口号，恐怕会延误区域国别学人才培养的契机。

第二个建议是，在培养环节要扩大和增加外籍专家的比例。我注意到清华在这块做得非常好，但是其他高校的区域国别学实际上国际专家的占比很小，不利于复合型人才的培养。

第三个建议是，我们一方面要培养中国的区域国别学人才，另一方面要帮助发展中地区培养区域国别人才。在区域国别学人才培养方面，对象国的生源有自身的优势。在哈佛大学中东研究中心和牛津大学中东中心，很多专家都是来自于研究对象国的学者。他们有本土生活的体验，研究出来的问题能够经得起时间的考验。

第四个建议是，要加强校内统筹，避免另起炉灶。高校内部可以实施双聘制，尽量避免内部消耗，避免各二级学院抢生源、抢教室、抢资源，避免赢者通吃。区域国别学是交叉学科，是"没有围墙"的开放学科，有助于打破传统学科之间的壁垒，避免形成新的条块分割。

最后一个建议是，在区域国别学的人才培养过程中形成评价体系。怎么样的人才是好的人才？怎么样的学科才叫优秀的学科？学科评价体系是"指挥棒"，需要建设好。要欢迎和鼓励青年学者做"小国"研究、"穷国"研究、冷门研究和敏感问题研究。中东民族问题、宗教问题研究，发表难、出版难，不利于中国区域国别学的学科繁荣。

李紫莹：就我个人的学术历程而言，我是学西班牙语出身的，但从博士开始一直做拉美政治研究，算是接受过基础的学术方法训练，主攻拉美政治和国际关系，同时又有语言背景和田野经验。从这样一个学术历程出发，基于我个人的经验，我特别同意刚才很多老师讲的，我们的学科任务是培养人才。究竟应该培养怎样的区域国别学人才呢？北大的钱乘旦老师反复说过多次，我也非常同意。第一，要有对象国语言；第二，要有专业或者叫领域的知识；第三，一定要有对象国的田野。在此基础上，我可能还建议加上一点研究方法的东西，特别是当前的一些大数据定量研究方法的引入和应用。

我觉得区域国别人才的培养应该宽基础、精领域、重交叉、厚田野。就像刚才龚老师讲的，要沉浸式田野，不是蜻蜓点水15天、1个月乃至3个月。不是的，要沉浸式田野。我们学外语的人讲，叫作通事、通心。做国别研究的人才，应当是把根扎下去，把学问做出来。毋庸置疑，区域国别学科的建设，或者区域国别学科的应运而生，绝对是有政策导向，有当前国家的需求等等。但是刚才叶老师也说了，这个需要不是一时一事的需要，或者说至少不仅仅是应急的需要，还有国家战略发展、人才储备的需要。我们中国人讲做学问有两句话我很喜欢，也适用于我们区域国别学的人才。一句话叫"文章千古事，得失寸心知"，要有坐"冷板凳"的精神，要见微知著，培养把学问从细小处做起来的精神。第二句话叫"铁肩担道义，妙手著文章"，我们这个领域的学者确确实实是要有担当的，说来容易做来难，和大家共勉。

孟钟捷：之前姜老师说我们在大学里面讨论区域国别学的主要目的是为了人才培养，我非常赞成。学科建设，最终还是要看人才培养的结果。在人才成长培养的问题上，因为我最近三年都在教务处工作，所以也有一些自己的看法。我现在做的最大的工作就是砍专业，所以当我看到议题中有是否应该设立本科生教育这样一个内容的时候就很紧张。区域国别学能变成一个本科专业吗？对此，我其实是持高度怀疑态度的。专业跟学科是不一样的，两者存在很重要的区分。今年我们学校刚开了关于要怎么砍专业的会，因此我专门去查了学科和专业的定义。按照字典上的说法，学科是知识体系的科目和分支，按照知识的内在逻辑组织，是探索某一知识体系的人类未知领域，它出于学者的好奇继而满足社会需求，多指向研究生教育。专业是什么？专业是根据社会分工需要而划分的学业门类，按照社会应用的逻辑来组织的，要满足社会需求，主要指向本科教育。说白了，我办一个专业，首要目的就是这个社会需要有这部分的毕业生，而不是为了满足机构利益。

刚才孙老师分析了现在很多高校试图推动本科生教育的两方面考虑，这两方面因素实际上是我们现在大学在办学的过程中经常容易有的误区。或许过去的十年到二十年间，我们很多的专业是通过这样的方式办出来的，但是现在来看，特别是现在的社会经济在缩减的过程中，而且是在向所谓的"内涵式发展"的转换过程中，我们原来的这两套思路都是有问题的。第一层考虑，"我要维持生存"。因为我们有这样的学院，所以我为了我的生存，就是要本科生。当然，这是一个很好的谋生策略，只要有本科生，要把这个学院砍掉是很难的，因为这里面牵扯到很多学生的利益，还牵扯到毕业生、老师和校友的利益。就拿华师大来说，最近三年，教务处已经停招7个专业。毕业生或杰出校友就开始质问，我们原来的专业为什么没有了？事实上这些专业在华师大的办学历史上曾经都是很好的，但现在就是不适合社会需求了，所以我们办专业真的要当心。第二个策略就是"扩大体量"。刚才孙老师也谈到了这一点，总结得非常到位。因为要把学科迅速建设起来，所以办一个专业。通过这个专业有关师生比的要求，赶快招人进来，保证了师资队伍，至于这个专业到底能不能办成功，社会到底需不需要，则是无所谓的。这里，其实大家要打破一个思路：一级学科一定要有一个专业吗？前面有老师已经提到了，一级学科为什么会出现？事实上是国家对于专有人才的需求，但这个专有人才不是本科生，它是对更高层次人才的需求，所以硕士、博士是有需求的。所谓扩大并不是指扩大区域国别这个本科毕业生的量，而是要扩大基础学科的量，比如说语言学的，我们要保证小语种的发展，历史学、文化、哲学都需要有相应的保证，这样它才有可能往区域国别方向发展。

从这个角度来讲，就牵扯到第二个路径，即通过对普通本科生的培养方案进行调整，是可以为区域国别的硕士、博士培养打好基础的。刚才孙老师提到"1+1"的辅修模式，还有"1+2"的外语学院模式，或者综合类院校的"2+2"的模式，都提供了相应的方案。其实现在有更多的选择，比如复旦目前本科生教育里面有"2+X"，是过程性培养，也就是你只要完成某一个方向的培养，你只要完成学分要求，我就承认你有这方面能力了，这对他未来是有好处的。

如果在这个基础上我们再往前一步，比如推广最近几年大家都做得比较多的微专业，通过少部分课程的系统化的构建，对于本科生做一些引导，可以为区域国别学孵化潜在人才。比如说华师大西班牙语这个专业本身发展得并不太好，但我们认为西班牙语对我们未来的区域国别研究一定是很有帮助的，因此我们鼓励老师们开一个西班牙语的微专业，为我们的历史、中文包括国际政治都提供相应的语言支撑。微专业学分少，它可以帮学生先入门，而不是像辅修——辅修学分特别多，要专门把周末时间拿出来。通过微专业这样的方式，我们可以快速把一部分同学引领进去，到硕士、博士阶段就会出现两类不同的人群。我自己是历史学的本科、硕士、博士，我到大四的时候才开始学德语，然后我做的是德国史。但我们德语系的老师，德语是本科，到了硕士、博士的时候，可能就像刚才几位老师的经历一样，关注的是这些国家的政治、经济发展。这两类学习经历其实都有意义。就像我上半场所谈到的，在一个超越性的学科理解还没有完全形成的基础上，这两类形成状态都是挺好的。

在硕士和博士阶段要怎么做呢？我刚才听姜老师的发言，觉得很有启发。一个是所谓补课型的。如果是外语出身的同学，就应该补相应的文学的基础、史学的基础、哲学的基础；如果你是学文学、哲学的，就算你学了二外，事实上你的基础也是不扎实的，你的外语基础也仍然是需要补的。这是补课型的课程建设，需要我们有一些灵活学分的处理，它不作为一个必修课程，可以作为补修的或者是必备的，不算到学分里面，但是导师可以有指引。第二类是属于高位型的，跟我们的理论与方法是结合在一起的，可以让导师跟学生分享在区域国别学研究当中的前沿进展，教学相长。

姜景奎：大家在谈学科和专业的问题。我们现在所谓的新学科、一级学科，那是研究生教育专业的学科目录，和本科生没有关系，是交叉学科下面的。本科生不讲学位委员会，也不讲学科评议组，所以那是研究生的交叉学科，我不认为本科生可以交叉起来。

可能我觉得新的学科，就像刚才孟钟捷老师说的，国家是需要这类的人才，不是需要专业的本科生人才，一定是高层次的学科交叉方面的人才，所以提出交叉门类下的学科。学科一定是研究生以上的，硕士生是最低的，博士生我认为是比较合格的。

最后，我也分享一下清华地区院的人才培养经验。在人才培养方面，我们推行"四个+"的方案。第一，"地区+学科"，透过传统学科的视角研究特定地区的问题；第二，"语言+田野"，它要求学生掌握对象国的语言同时在对象国从事两年的田野调查；第三，"基础研究+议题"，学生基于特定议题扎根基础研究；第四，"南方+北方"，南方很简单，就是研究对象国，北方则指的是学习发达国家区域国别研究的成熟经验。所以我们的博士生培养推行"1+1+1"三导师制度，比如我是我学生在中国的导师，但他还必须找一个研究对象国当地的导师，如果他去美国访学，还需要再在美国找一个导师。没有南方我们研究不了，没有北方我们借鉴不了。

六、区域国别学的课程体系建设

郭洁：我分到的议题是"区域国别学课程体系建设"。拿到这个议题的时候，我觉得可能比之前几位老师的要稍微好一点，因为不想纠缠那些特别难说得清的问题，大家都是一脑子困惑，诸多问号，讨论来讨论去大概不容易形成清晰的共识。这个议题相对来说具体一些，以下就技术性地跟大家分享一些我目前的想法。

当我们讨论课程体系建设的时候，首先需要明确具体针对的是哪个学生序列。比如说，本科生和研究生两个课程体系的建设肯定是不一样的。如果是招收区域国别专业或者是所属二级学科的本科生，我现在想到两种比较可行的路径。

第一种是针对那些设立了专门的区域国别学院的学校。我不知道是不是已经有了这样的学院，如果有的话，它大概会考虑设置本科教育。在具体教学方面，我觉得可以借鉴北大元培学院的模式，学生可以在全校范围内跨专业、跨学科自由选课，到了高年级再选定具体的学科或者专业和方向。当然，培养方案应该给出具体的引导，比如规定哪些课程为必修课，或者再宽泛一点，在一个课程单里面要修够多少学分。关于语言的学习，比较好的办法是跟本校的外国语学院建立战略合作关系，采取某种联合培养的方式，即让本学院的本科生跟着外国语学院相关外语专业的学生从大一开始一起上课，使其完全进入一种专业的学习状态。有些时候可能还需要展开校际合作。比如，有学生可能对阿富汗研究有兴趣，但不是任何一个外国语学院都提供普什图语或塔吉克语的课程，这种情况之下，就需要寻找和借助校外资源。

另一种路径针对的是像北外这种比较特殊的学校。这些学校本来已经有了很丰富的外语教学资源，需要做的可能是在招生或其后的培养环节，分设出区域国别的方向，对相关方向的学生同时加强语言的训练和相关专业的学习。比如，大一和大二主攻语言，大三加入相关专业课程，大四到相关对象国进行交换，同时从事一定的实地调研。我觉得以上两种都是可以培养本科生的模式。

根据我们的议题清单，接下来要讨论的是课程设置。这方面大家似乎有共识，又好像没有。我个人感觉，一说跨学科就无边无际了，如果总是这样，就很难操作，事实上也无法规划。所以，可能还是需要限定一下，我个人觉得人文社科这个范围大体应该差不多了。或者可以考虑再缩小一点。从事区域国别研究，语言、历史肯定是基础，这个大家有共识。相信大家也都很清楚，国家将其设立为一级学科，在很大程度上是出于比较实际或功用性的考虑。从这个角度来讲，政治学、经济学、社会学等，可能是比较重要的几个学科，课程设置过程中需要做相应统筹。

课程设置的时候到底应该按学科还是按区域来区分课程？我觉得两种都可以，有能力的话可以两种选项都提供。就第一种来说，相关基础学科的课程（特别如概论类）最适合本科生学，可以考虑列为必修课。另一种为区域国别研究课程，我们学院有许多这样的课程，一般课名统一为"XX 政治与外交"或"XX 政治、经济与外交"。我目前主讲的本科课程"拉丁美洲政治与外交"即在此列。其实，这类课程在实际授课过程中一定是跨学科的。我们知道，学科很大程度上都是人为划分的，我们的知识体系并不是由单一学科构成的，学生也是如此。所以，学科与学科之间的界限不要太神话它。如果是这种情况，像我们这种课程就比较适合给这个专业的学生开，或者可以在学生的培养计划里列明应该选多少门这样的课程。在本科阶段，学生通常不太可能特别清楚未来会从哪个区域或国别去做，所以可以向学生多提供一些这样的课程，学习过程中自然产生出的某些好奇或兴趣兴许慢慢就将其引入未来研究的区域中了。

除此之外，语言学习肯定要放在本科学是最好的，而且应该是必修。至于方法类的课程，通用类研究方法课程也应该是必修，但是数量不能太多，因为研究方法太多了。质性研究和量化研究一般是比较大类的两种，学生不一定清楚比如自己的思考方式或所具备的技能更适合从事哪种类型的研究，因此在课程安排上可以考虑向他们提供一个更加开放的选择。

接下来是议题清单中的第三个问题，即如何平衡语言学习与学科学习。如果是本科阶段，我觉得这不是一个很大的问题。18岁到22岁是最能学的时候，可塑性很强，时间和精力都相对充裕和充沛，同时完成双重学习任务，应该是不难做到的。

不过，回过头来，坦白讲，我个人认为区域国别学可能更适合做研究生而非本科生的招生专业。如果是这样，课程设置上当然就会有很大不同。比如，对于硕士研究生来说，理论上在这个阶段就不应该花费很多时间去学习语言了，招生的时候可以相应做些遴选。如果学生已具备了一定的语言基础，语言类的课程也就不要做必修要求了。专业课程的设置则应该更加精细化，不能停留在地区概论或国情介绍这个层面，而应更侧重于理论、议题与实操等。另外，培养方案要跟学生具体的研究方向和问题相匹配，在较短的学制内实现人才培养的目标。对于博士研究生来讲，四年的时间也得用在刀刃上。我觉得课程的要求不要太多，甚至数量上越少越好。留给学生更多的时间读书、田野、写作以及参与相关的学术和研究活动等。

所以，我觉得无论硕士还是博士，语言学习都不要做课程要求。如果学生已经拥有一定的语言基础或者本来就是语言出身，这个时期的语言要求应该放在专业文献的阅读上。我经常发现一些外语专业毕业的同学，语言底子很好，但对专业外语的理解就不一定很到位。这中间还是有一个门槛要跨越，加强专业文献研究和对现实世界的阅读是重要一环。此外，作为理解和解释当前问题的一种方式或启发，阅读经典也是至关重要的。我之前看美国一些比较政治学学者的访谈录，很多人都不约而同地提到了阅读经典的意义。比如，菲利普·施密特（Philippe Schmitter）说，当面对一个研究问题时，他会问自己："谁（的经典）已经对它说了些什么？"同样，胡安·林茨（Juan José Linz）、吉列尔莫·奥唐奈（Guillermo A. O'Donnell）都声称，每当开始一个新项目时，回顾比如韦伯的研究几乎是一个规定动作。好了，我大概就讲这些吧，仅供参考，谢谢。

姜景奎：我也同意郭洁老师的意见，到研究生时外语绝对不是你最重要的东西，但把课程设置限定在人文社科这个范围内，这点我持保留意见。南亚地区跟我们中国有天然的山、水的联系，比如说印度河、恒河、布拉马普特拉河，这些河流都是跨境的，这里面有很多值得研究的问题。出于这方面考虑，地区院今年招了一个从事南亚地区水利学研究的博士生，从而打破了人文社科的学科界限。另外，在博士生培养的课程体系建设方面，清华地区院目前在探索"2+3+6"的课程体系，"2"是指两门基础的区域国别核心课程，"3"是指选三门各自学科方向的课程，"6"是指六门地区方向的课程。

七、区域国别学的师资团队建设

孟钟捷：就师资团队建设而言，一般来讲，目前我们所看到的方式都是基于传统学科的。职前要有相应的要求，至于职后成长，一般我们会看到比如教研室的扶持、教学的听课、教研文化的引领，以及相应成熟的课程体系。当然，学术大佬的引领也很重要，比如我们华师大周边国家研究院的沈志华老师。沈老师很早就开始布局，从学术的角度对很多年轻人的成长进行指引。另一个重要的方面是课程群的建设。在这方面，周边国家研究院的课程群就能跟我们的本科生结合在一起。再就是一般性教学方法的训练，学校应该在职称升等的过程中提出质和量的要求。尽管如此，区域国别学还是有很大的特殊性，因为目前国内可以说没有一步到位的师资力量。有些情况我不是很清楚，比如有没有从美国毕业的相关领域的博士回国任职的情况？如果有，恐怕这类人也是很好的人选。

其次，很多区域国别研究机构都是从各学科抽调力量组合而成的，不论具体采取哪种形式，其实各有千秋，也各有问题。从各学科抽调力量，如果合作得好，可以共赢，如果都变成抢资源，可能问题会比较大。至于引进人才，则有可能本土化的过程会相对更漫长一点。

在我自己的设想中，现在国内推动的虚拟教研室是一个很重要的平台。其实清华也可以出来做这么一个平台，从教学角度、从人才培养角度来牵头，其实也是有必要的。以基础学科为例，它都会有核心课程，每个核心课程我们都请一所学校出来牵头，大家来讨论课程里面的教学内容、教学方法和主要评价方式到底是什么。如果通过这样的方式把课程讨论清楚了，或许我们跨学科的融入性也会相应增强。

第三，在教学的师资培养过程中，权威教材的编写是一个重要的版块。据我所知，目前区域国别学其实还没有广受认可的教材。如果教材编写还不能完全实现，其实通过教参，通过教学资料的解读，可以部分满足我们师资培养的相应要求。

最后是关于评价机制的问题。区域国别研究的评价有部分是有一些困难，刚才孙老师谈到的一些问题是我们周边国家研究院一直碰到的。很多论文发表起来很困难，于是只能向智库提建议的方向转变。在这方面，沈老师有一个基本的想法：历史学首先还是学术研究，如果在学术研究的基础上还能为国家作贡献，那再好不过；但是如果实在不能为国家作贡献，那也是很有价值的研究。

针对上述问题，我们现在准备向学校提出一个解决办法。如果专著实在找不到合适的方式出版，我们自己请学术专家组成学术委员会，让学术委员会给出一个评判。如果学术委员会觉得它是符合要求的，那么我们人事处也会跟进，承认这份研究成果。当然，现在人事处还在考虑当中，还没有完全接受我们的方案。另外，我们的区域国别研究一定跟翻译有关，但译著在职称评定过程中究竟应该获得多大程度的认可,这个值得考虑。外语学院在这方面想做一点突破,但其他学院可能就不认。事实上,对于区域国别学的学科发展而言,译著还是一个非常重要的学术支撑。究竟译著能不能算作学术成果,这方面还需要在全国的区域国别学同行中达成共识。

八、区域国别学的海外田野工作站建设

沐涛:针对这一议题,我主要是介绍华东师范大学的做法,供大家参考。目前华师大世界史学科在全球范围内建设了5个工作站。最初设立工作站的想法,起源于2011年8月份,沈志华老师负责的国际冷战史研究中心,在美国华盛顿威尔逊国际研究中心设了一个工作站。最初设立的工作站主要做两件事情,一是双方联合开展系列讲座,二是组织一些联合性的讲习班,之后才扩大到人员的互访和进站研习。经过11年的运行,这个工作站为我们国家培养了一批有潜力的世界史研究青年人才,特别是在国内外期刊上发表了一些高质量论文。这个工作站的成功经验给了我们很大的启发,即必须及时了解国际上最新的科研动态,要把青年学者们送到国外去进行实地考察。

在此基础上,我们学科从2018年7月份开始又陆续在德国南部的奥格斯堡大学、非洲的坦桑尼亚达累斯萨拉姆大学、越南的社会科学与人文大学和日本的早稻田大学,先后建立了4个工作站。工作站的作用主要是推动学校之间、院系之间的合作,包括师生的互访,联合培养博士生和开展合作研究。

从我们过去的经验来讲,海外工作站主要做了四个方面的工作。第一,开研讨会,或者办工作坊,推动双方的学术交流,就某一个共同关心的问题进行专门的研讨。对于这5个工作站,最初我们想的是一年召开一次研讨会,但是从2020年开始,由于受疫情影响,这个计划就搁置了。第二,推动教师的互访,主要是通过派出老师来推动

短期的访学交流项目，推进自己的科研工作，包括查找资料。第三，联合培养硕士和博士研究生。这个项目主要是派出一些世界史专业的研究生到对方国家的高校，收集博士论文的相关资料，掌握一些最新的国际研究动态，同时提高外语的应用能力。学生访学的时间在3个月以上，这两年派出留学生虽然停顿了，但是我们5个工作站一直是正常运作的。第四，联合研究，就一些共同关心的问题进行联合研究。主要是邀请外方的学者共同研究一些重大问题。我们曾邀请德国和其他国家的学者来开展比较视野下的公共历史教育研究，后来在这个研究的基础上，去年我们专业申请到了由孟钟捷教授领衔的国家社科基金重大项目。

至于田野工作站应该扮演什么角色？我认为主要是两个。第一是作为基地，每个工作站都有一个固定的办公空间，提供电脑等办公设备。第二是起到牵线搭桥的作用。出国研修或访问交流需要邀请函，我们的工作站长期有人驻扎，通过工作站协议和对方联系人发放邀请函会更方便一点。

上面提到的5个工作站在选点过程中考虑到了以下因素：第一，过去双方有合作的基础，这些研究单位或者是院系要有对应的合作点，也就是说说话办事能行之有效，否则研究开展起来很麻烦。第二，要有覆盖面，工作站所在的国家和地区要有覆盖性。第三，也是现实考虑，就是安全和稳定的问题，工作站所在的国家和地区需要具备安全和稳定的科研环境。

最后是国内高校之间设立工作站有哪些合作的可能性？一是不定期召开国际研讨会；二是开展联合研究；三是在布点设置方面要尽量避免与国内其他高校重复，互帮互助，形成互补优势。

我主要是介绍了华师大海外工作站的一些做法，供大家参考。谢谢！

雷定坤： 谢谢沐老师！感谢您分享的华师大海外田野工作站的建

设经验，之后还希望有机会能继续向您讨教相关问题。至此，今天我们学人对话活动的八个议题均已讨论完毕，最后我们有请姜老师针对今天的活动作总结发言。

姜景奎：区域国别学一级学科的设立是件好事，但大家应该意识到，该学科最重要的任务是培养高层次人才和从事基础研究，而非智库建设。区域国别学是基于地域的领域之学，"地域"指地理、气候、环境等；"领域"指学科，含括政治学、经济学、社会学、外国语言文学、历史学等多个学科。就研究对象而言，区域国别学中的区域与国别是分不开的，两者是你中有我、我中有你的关系。目前，区域国别学尚处于起步阶段，在一个从无到有的过程中，学界不宜急于考虑二级学科分类及设置问题，先做好扎实的基础研究才是正道。总体而言，区域国别学是一个综合性的、交叉性的学科，其学科建设要重视四个"+"，即地区+学科、语言+田野、基础+议题以及南方+北方，这八方面因素缺一不可。本次学人对话意义重大，成果丰富，与会学者对区域国别学的路径规划和行动方针均提出了宝贵意见。清华大学国际与地区研究院将继续坚持现有的发展路径，优化培养模式，努力为国家培养区域国别研究领域的高层次人才和进行高质量的基础研究。

（责任编辑：丁辰熹）

《区域国别学》征稿函

一、本刊简介

《区域国别学》（*Area Studies*）是由清华大学国际与地区研究院主办、商务印书馆出版的综合性学术研究集刊，每年出版两卷。本刊服务于国家区域国别学一级学科建设，旨在为区域国别研究学者提供一个高水平的学术交流平台，探讨区域国别学的研究对象、研究主题、研究理论以及研究方法，同时以议题为导向增进区域国别研究的新知。

《区域国别学》常设"专题""历史与地理""田野调查"和"评论与争鸣"四个栏目。"专题"栏目深度挖掘区域国别研究中的共享议题，围绕特定议题发表跨国别、跨学科的原创性研究论文。"历史与地理"栏目重点关注区域国别研究中的时间与空间要素，兼具历史纵深与地理广延。"田野调查"栏目聚焦区域国别研究中的经验要素，涉及田野调查之方法、理论、反思、实践四个纬度。"评论与争鸣"栏目则为区域国别学者提供一个论辩的平台，学者可就特定学术观点、方法或理论展开讨论和批评，文章包括但不限于评论、书评等形式。

二、稿件要求

1. 稿件须为原创性研究论文，选题新颖、方法科学、论证充分、行文流畅，具有较高的学术价值和较强的创新性。

2. 稿件正文字数（含注释）须在 12 000 至 20 000 字之间。

3. 论文类来稿请附中英文标题、中英文摘要、中英文关键词、作者简介及项目信息。中文摘要字数在500字以内为宜，应充分体现文章的核心观点和创新之处。关键词3—5个，应高度概括文章内容及核心观点。作者简介应包括所有作者的姓名、二级工作单位、职务或职称、主要研究领域以及主要作者的联系电话和电子邮箱。基金项目须提供项目名称及编号。评论类来稿除正文外仅需提供作者的二级工作单位、职务或职称以及主要作者的联系电话和电子邮箱。

4. 引证文献采用脚注形式，放置于当页下，注释序号每页单独排序。引证文献无须在文末单列。

5. 注释中的非连续出版物第一次在文中出现时，依序标注作者、文献题名（若系析出文献，依序标注析出文献题名、文集责任者、文集题名）、出版地点、出版者、出版时间、页码。

6. 注释中的连续出版物依序标注作者、文献题名、期刊名、年期（或卷期，出版年）。

7. 注释中的电子文献依序标注作者、电子文献题名、出版年（更新或修改日期）、获取和访问路径、引用日期。

8. 为保证印刷效果，图片需尺寸合适并清晰（分辨率为600dpi的tif格式图片，或可编辑的矢量图）。

三、说明

1. 稿件采用双向匿名专家审稿制，杜绝各类学术不端现象，请勿一稿多投。

2. 在尊重原作的前提下，本刊对来稿可作必要修改或删节，有异议者请事先申明。

3. areastudies@tsinghua.edu.cn为本刊唯一投稿渠道。来稿时请将Word和PDF版稿件一并发至该邮箱，并同时提交一份隐去作者个人信息的论文版本，用于匿名评审。若来稿3个月内未收到录用或修改通知，作者可自行处理。

四、著作权使用说明

本刊已许可中国知网等网络知识服务平台以数字化方式复制、汇编、发行、信息网络传播本刊全文。本刊支付的稿酬已包含网络知识服务平台的著作权使用费，所有署名作者向本刊提交文章发表之行为视为同意上述声明。如有异议，请在投稿时说明，本刊将按作者说明处理。

图书在版编目（CIP）数据

区域国别学. 第 2 期 / 姜景奎主编. —北京：商务印书馆, 2023
ISBN 978-7-100-22572-4

Ⅰ.①区⋯ Ⅱ.①姜⋯ Ⅲ.①国际关系—研究 Ⅳ.①D81

中国国家版本馆 CIP 数据核字（2023）第 099952 号

权利保留，侵权必究。

区域国别学

（第 2 期）

姜景奎 主编

商 务 印 书 馆 出 版
（北京王府井大街 36 号 邮政编码 100710）
商 务 印 书 馆 发 行
北京虎彩文化传播有限公司印刷
ISBN 978-7-100-22572-4

2023 年 6 月第 1 版　　开本 710×1000　1/16
2023 年 6 月北京第 1 次印刷　印张 16½

定价：126.00 元